俄罗斯
经济发展研究
（2021—2022）

Исследование
развития
экономики России
（2021-2022）

本书编委会　编

当代世界出版社
THE CONTEMPORARY WORLD PRESS

图书在版编目（CIP）数据

俄罗斯经济发展研究：2021—2022 / 本书编委会编. -- 北京：当代世界出版社，2023.10
ISBN 978-7-5090-1766-1

Ⅰ.①俄… Ⅱ.①本… Ⅲ.①经济发展-研究-俄罗斯-2021-2022 Ⅳ.①F151.24

中国国家版本馆 CIP 数据核字（2023）第 172895 号

书　　名：	俄罗斯经济发展研究：2021—2022
出 品 人：	吕　辉
策划编辑：	刘娟娟
责任编辑：	刘娟娟　杨啸杰
装帧设计：	王昕晔
版式设计：	韩　雪
出版发行：	当代世界出版社
地　　址：	北京市地安门东大街 70-9 号
邮　　编：	100009
邮　　箱：	ddsjchubanshe@163.com
编务电话：	（010）83907528
发行电话：	（010）83908410（传真）
	13601274970
	18611107149
	13521909533
经　　销：	新华书店
印　　刷：	北京新华印刷有限公司
开　　本：	710 毫米×1000 毫米　1/16
印　　张：	15
字　　数：	201 千字
版　　次：	2023 年 10 月第 1 版
印　　次：	2023 年 10 月第 1 次
书　　号：	ISBN 978-7-5090-1766-1
定　　价：	79.00 元

如发现印装质量问题，请与承印厂联系调换。
版权所有，翻印必究；未经许可，不得转载！

本书编委会

主　编

关雪凌　谢尔盖·苏德林

副主编

王宪举

编　委

张长乐　柳德米拉·波波娃

徐坡岭　童　伟

前　言

本书是由中国人民大学和圣彼得堡国立大学等高校的经济学家共同撰写的中文系列著作①的续集，向尊敬的读者介绍中俄学者联合研究的新成果。在本系列的第一部专著中，作者们选择将外部冲击条件下俄罗斯经济发展作为研究对象，不过令他们意想不到的是，现实生活很快就迫使他们再次回到原来的研究主题——虽然仅是一个外部冲击因素，但影响极为深远。

2019年12月31日，世界卫生组织获悉，武汉报告了多例不明原因的肺炎病例。2020年2月7日，中国政府确认了该疾病的病原体是一种新型冠状病毒，该疾病被命名为"新型冠状病毒肺炎"。尽管起初采取了很多措施，但疫情仍然迅速蔓延至全球。世界卫生组织将此疾病定名为"COVID-19"，并于2020年3月11日正式宣布将"新冠肺炎"疫情归类为大流行病。如今它已成为地球上数十亿居民生活轨迹的一部分。

毫不夸张地说，在21世纪前20年国际社会面临的一系列挑战中，新冠肺炎疫情占据着特殊的、独特的地位。实际上，一方面，冠状病

---

① 关雪凌、谢尔盖·苏德林主编，《俄罗斯经济发展研究（2019—2020）》，北京：新华出版社，2020年版；关雪凌、谢尔盖·苏德林主编，《俄罗斯经济发展研究（2020—2021）》，北京：新华出版社，2021年版。

毒的扩散确实是全球性的。世界上几乎所有的国家都或多或少受到了疫情的直接影响。据估计，仅2020年因新冠肺炎死亡的人数为3 940 122人。这个数字几乎是1989—2020年间世界上因武装冲突受害人数的50%，是1980—2020年40年间因地震、饥荒、干旱、风暴、海啸、洪水、流行病和交通事故死亡总数的20%。① 在本书截稿时，新冠肺炎疫情致死总人数已超620万。②

另一方面，至少在公众对此的看法上，新冠肺炎疫情属于近年来经常提及的"黑天鹅事件"③，俄语称之为"如天外飞来"。尽管在2020年春，塔勒布和一些医学专家声称已提前预测到疫情的暴发，但在我们看来，即使这些事后发表的观点被认为是真实的，这些预测也没有被国际社会、媒体、商界、政界和国家监管部门听到或被恰当地理解。

必须要强调的是，在阻止疫情蔓延的关头，国际社会未能团结一致，合力对抗新冠病毒，这令人扼腕叹息。此外，新冠肺炎疫情在许多方面使得整个国际关系格局（在经济、政治和社会维度）中的国家利益与全球利益的冲突更加尖锐化，并更具有现实意义。美国权威刊物《世界政治评论》指出，在新冠肺炎疫情背景下充分表现出来的"疫苗民族主义"暴露出我们坚持的普世原则的局限性，以及在虚伪主张背后无耻的口是心非。从相互依存的角度来看，世界可能变得越来越连成一体，但构成世界的国家却并非如此。④ 最直观的证据是新冠肺

---

① Word Trade Organization, "World Trade Report 2021: Economic Resilience and Trade", https://www.wto.org/english/res_e/booksp_e/wtr21_e.pdf.
② https://github.com/CSSEGISandData/COVID-19.
③ 由黎巴嫩裔美国散文家、作家、统计学家、前交易员、风险管理经理纳西姆·尼古拉斯·塔勒布（Nassim Nicholas Taleb）提出，而后被广泛使用。
④ "When the Chips Are Down, It's a 'Me First' World", https://www.worldpoliticsreview.com/articles/29927/vaccine-nationalism-afghanistan-and-the-hypocrisy-of-universal-ideals.

炎疫情背景下突然加剧的所谓药物纠纷。① 更为普遍的是，在疫情中被广泛采用的挽救国民经济的方案，其中多数都包括了危机时期的典型工具，监管机关惯于借助这些工具，试图用损害外国竞争对手利益的方式来解决本国实体经济的问题。

上文提到的国家监管部门在防治新冠肺炎疫情行动中缺乏国家间协作，导致了在实践中，尤其在初始阶段，无论是在单独的国家层面，还是在各自国家经济的某些领域中，都采取了完全不同的方法来解决感染人数激增的问题。从其有效性来看，这种解决方式的多样性未曾达到、也无法达到良好的效果。与此同时，它为研究人员提供了新的研究机会和动机，也就是本书的作者们尝试实现的事情。本书的每一章都详细探讨了新冠肺炎疫情对俄罗斯国民经济部分行业的影响。同时，作者们也力求客观地评价在抗击疫情和尽量减小其负面影响上取得的成果和遭遇的难题，特别强调了形成目前局面的原因。

最后，作者团队希望本书的内容能够引起读者的兴趣。我们将非常感谢您的反馈和意见，反馈和意见请发送至邮箱：worldec@ spbu. ru 或 952650627@ qq. com，我们会在后续的研究中予以考虑。

谢尔盖·苏德林
2022 年 5 月

---

① 实际上，这里所讲的是普通民众对于医药科学最新成果的可获得性。对于一些发展中国家和最不发达国家来说，这个问题尤其严重。一方面，这些国家的工业不具备自主生产必要药品的能力；另一方面，其消费者无力购买由研究机构和专利持有人定价的药品。因此，比如说以强制许可的方式寻求可行的折衷方案，其内容本身并不新颖，但在新冠病毒肆虐的背景下，争端又再次爆发。印度和南非提议，要求在大幅减少专利持有者与疫情有关的权益的保护，直至完全取消药公司对其研发成果的垄断。然而这种做法与发达国家的利益背道而驰，首先就触犯了美国、欧盟和瑞士的利益。

目 录

前 言 谢尔盖·苏德林

徐坡岭
俄罗斯2021年宏观经济政策主线与经济较快复苏 // 1

殷 红　张 阅
西方经济制裁下的俄罗斯进口替代战略：背景、政策与成效 // 17

柳德米拉·波波娃　谢尔盖·苏德林
2020—2021年俄罗斯的对外贸易联系 // 42

童 伟　宁小花
俄罗斯公共卫生支出改革：启示与借鉴 // 68

张 猛　闵 静　雷日金娜·安吉丽娜
俄乌冲突后重新审视俄罗斯农业的战略机遇与挑战 // 85

张长乐
俄罗斯自然人房产税改革初探 // 108

陈小沁　王 妃
能源转型背景下中俄低碳能源合作的现状与趋势 // 133

格列布·鲍里索夫 奥列夏·韦列久克
俄罗斯的劳动力市场和人力资本：新冠肺炎疫情和趋势 // 154

玛丽杨娜·古比娜
新冠肺炎疫情大流行对俄罗斯医疗卫生系统的影响 // 176

亚历山大·波戈尔列茨基
新冠肺炎疫情对税收的影响：世界经验与俄罗斯立场 // 193

王宪举
欧亚经济联盟应对新冠肺炎疫情的举措及其成效 // 213

后　记　关雪凌 // 226

俄罗斯 2021 年宏观经济政策主线与经济较快复苏

徐坡岭[*]

【摘要】 2021年俄罗斯经济延续了上一年疫情影响下的基本走势，在积极的宏观政策下实现了快速复苏。宏观经济政策也在俄经济适应了疫情常态化形势下，从防疫反危机转向中长期结构调整，同时积极促进经济增长。俄罗斯在防疫反危机过程中实施的结构性政策，使得政府越来越深入地介入市场经济活动。俄罗斯经济体制有回归经济计划和政府干预的倾向。积极的财政货币政策取得了良好的效果，俄罗斯在全球经济中实现了较快复苏，全年国内生产总值增长4.7%。2021年俄罗斯的经济恢复具有全行业性质，几乎所有行业都对经济恢复作出了贡献。经济快速复苏还伴随着其他一些特征，包括通货膨胀超过预期、财政运行状况良好、净出口增加、外汇储备达到历史最高水平等。在促进经济增长的诸因素中，国际能源价格持续上涨仍是最主要的动力。

【关键词】 俄罗斯；宏观经济政策；经济走势

俄罗斯经济在2020年第四季度逐渐适应新冠肺炎疫情冲击，疫苗

---

[*] 徐坡岭，中国人民大学-圣彼得堡国立大学俄罗斯研究中心特约研究员，中国社会科学院俄罗斯东欧中亚研究所俄罗斯经济室主任，教授，博士生导师，邮箱：xupoling@163.com。

接种率提升和渐次取消社交限制帮助经济走上稳定轨道。进入2021年，随着国际能源市场行情的好转，俄罗斯经济在3月份之后进入加速复苏状态。根据世界银行和国际货币基金组织的报告，俄罗斯2019年第四季度至2021年前三季度的经济增速在20国集团中排在第五位。俄罗斯经济2019年第四季度至2021年前三季度的复合年均增长率达到1.4%（剔除能源价格上涨的影响），排在中国（5.3%）、土耳其（5.1%）、韩国（1.7%）之后，与澳大利亚（1.4%）持平。排在俄罗斯之后的是印尼（0.9%）、美国（0.8%）、巴西（0.2%）、加拿大（-0.4%）、南非（-0.7%）、印度（-1.3%）、欧元区（-1.6%），以及日本、阿根廷、法国、墨西哥、德国、沙特、意大利、英国（-3.0%）等。2021年俄罗斯全年国内生产总值增幅达到4.7%。在促进俄罗斯经济较快复苏的诸因素中，除了2020年基数较低和能源价格上涨之外，积极的宏观经济政策发挥了重要影响，扩张的财政货币政策也造成了通货膨胀率的上升。

一、俄罗斯2021年宏观经济政策主线：从防疫反危机转向中长期结构调整和经济增长

俄罗斯经济能够在2021年实现稳定和较快复苏，很大程度上得益于积极的财政货币政策和推动经济复苏的刺激措施。首先，在疫情最严重的时期，俄罗斯大幅放松财政政策和货币政策，实施逆周期调节。其次，俄罗斯联邦政府分阶段实施了反危机和经济复苏措施，包括向困难的个人提供补贴和收入支持、补贴企业以降低其经营成本、推迟企业和个人缴纳税款和保险费、提供优惠贷款等。

2021年俄罗斯一方面继续向受疫情影响的困难群体和企业提供支持，另一方面为实现经济增长的长期可持续性，制定和实施了一系列结构性政策。

（一）长期结构性政策

总结米舒斯京政府的全年政策安排，其中的长期结构性政策主要

集中在四个领域。

一是绿色发展和能源转型。俄罗斯认为，绿色发展议程将在未来成为俄罗斯经济融入全球经济的硬约束。因此，俄罗斯从消极应对欧盟的碳边境调节税转为积极的气候政策，试图把能源转型给俄企业带来的挑战和风险转变为机遇，确立了以氢能源和核能源为主线的绿色能源战略，同时启动国内碳税交易市场，利用俄罗斯的森林资源优势，建立基于生态系统的碳中和战略。

二是利用全球最低所得税（15%）协议，促使俄离岸企业回归俄罗斯，并建立一个有利的投资激励机制，提高俄罗斯的投资吸引力。

三是改善国内投资环境，制定具体政策，吸引国际投资。包括启动了新的特别投资合同机制（SPEC 2.0），建立与国际接轨的保护和促进投资协定的现代化框架。俄罗斯目前正在扩大投资税收抵免的范围和其他优惠待遇，进一步设立和健全在远东地区和单一城市的超前经济和社会发展区。

四是推动经济数字化转型。俄罗斯把经济数字化视为未来经济现代化的乘数机制，要求所有企业和组织制定数字化方案，加快与数字政务系统的一揽子融合试点，尽快确立选定数字解决方案。为此，对企业信息技术改造（包括智能传感器、企业业务流程自动化、大数据、人工智能、物联网、虚拟和增强现实、3D 打印等）实施政策扶持。俄罗斯希望通过上述措施，推动和实现本国工业 4.0 转型。

（二）以国家项目计划为主线，制定和落实 2024 年和 2030 年前中长期社会发展规划

2021 年 10 月 6 日，俄政府第 2816-P 号令批准俄罗斯联邦 2030 年前社会经济发展的 42 项举措。每项举措都在 2024 年和 2030 年这两个时间节点上确定了具体成果。到 2024 年实施以上举措将需要 4.6 万亿卢布，这些资金将从联邦预算和国家福利基金中提取，并吸引私人投资加入。

2021年10月1日的第2765-P号政府令,确立了《2024年前俄罗斯国家发展目标》和《2030年俄罗斯经济社会发展战略》的统一实施计划,确定了政府今后十年的战略优先事项。在这个统一计划中,一方面规定了恢复经济和建立收入稳定增长轨道的短期任务,另一方面也规定了解决经济长期稳定增长问题的举措,包括按年份确定实现国家发展目标的目标值,确定影响每一项国家发展目标的关键因素,确定体现国家发展目标完成度的指标体系,确定保障国家发展目标实现的政策工具,确定实现国家发展目标的联邦主体地方责任和政府高级官员的权责评估指标系列。[①]

(三) 以数字政务系统确保国家发展目标的实施

俄政府继续打造数字政府系统,作为监测国家发展目标实现情况的信息系统的基础。监测系统汇总来自政府方案和国家项目监测系统的具体活动。该系统不仅能直接监测国家发展目标的实施进展,还应具备查明和分析差距的功能,以便政府及时调整联邦中央和区域两级的必要举措。为了确保政策实施的灵活性,统一计划每年调整一次,与预算进程挂钩。在2021年的监测系统中,俄政府根据2020年的实际指标制定了2021—2024年的目标。

(四) 继续实施有效的疫情防控和对企业、个人的经济扶持措施,以扩张性财政货币政策助力经济恢复和增长

首先,在防疫方面,限制与国外的人员、货物往来;实施社交限制和隔离制度;开展大规模疫苗接种和病毒检测;推行大规模远程教育;为医疗产品发放优惠贷款;完善医疗机构建设,支持医疗实验室和相关研究;向各区域提供防疫补贴;简化药物和医疗产品注册及药物标签程序。

---

① "Указ Президента Российской Федерации от 04.02.2021 г. №68", http://www.kremlin.ru/acts/bank/46402.

其次，在支持经济复苏方面，实施主要用于维持经济组织的就业和业务活动的工资基金补偿方案3.0；允许营业牌照及许可证的自动续期；实施优惠贷款、担保贷款、小额信贷支持；延迟企业和个人欠款追缴；延期支付拖欠的租金；降低保险费；为中小企业提供流动资金贷款和赠款；暂停对小企业进行例行检查；非工作日和带薪休假税收减免；医疗采购所得税减免；为失业人员提供就业创业补贴；提高国家项目合同预付款比例；免征知识产权个人所得税和中小企业利得税；重组公民和企业的债务。

二、2021年俄宏观经济走势及结构性特征

在积极的财政货币政策推动下，加上油价上涨和需求增加等有利的外部环境，2021年俄罗斯经济的复苏和增长呈现逐渐加速的趋势。

（一）国民经济实现恢复性增长，国内生产总值增速达4.7%，几乎所有经济部门全面恢复

根据俄联邦国家统计局初步估算，2021年俄联邦国内生产总值为130.79万亿卢布（卢布现值），扣除物价上涨因素，俄罗斯2021年国内生产总值增长4.7%。

从增长率看，2021年是俄罗斯自2008年以来经济增长最快的年份。2010年俄罗斯经济从次贷危机的冲击中恢复之后，2012年增速曾达到4%，之后逐年递减，2013年增长1.8%，2014年增长0.7%。2015年受克里米亚危机制裁和油价暴跌、卢布贬值等影响，国内生产总值增长率为-2%，2016年增速恢复到0.2%，2017年增速提升至1.8%，2019年达到2.2%。2020年受新冠肺炎疫情的冲击，国内生产总值再次负增长，增长率为-2.7%。

从结构特征看，2021年俄罗斯经济增长是在几乎所有经济部门生产全面恢复的基础上实现的。如表1所示，与2020年相比，增幅较大的行业或部门依次是：酒店和餐饮业增长24.1%，供水、水处理、废

弃物回收和利用、污染治理增长13.8%，金融和保险业增长9.2%，文化和体育产业增长8.4%，批发和零售业增长8.1%，信息和通信业增长8.1%，运输和仓储业增长7.8%，其他服务业增长6.9%，电力、天然气和热力供应增长6.1%，建筑业增长5.8%，科学技术服务业增长5.1%，加工制造业增长4.6%，采掘业增长4.2%。特别是随着实体经济复苏，对银行和保险公司服务的需求增加，导致金融和保险业的产值同比增长9.2%。

表1 俄罗斯2020年和2021年国内生产总值与部门产值及增速

	2021年产值（十亿卢布）	2021年同比增速（%）	2020年同比增速（%）
名义国内生产总值总量	130 795.3		
国内生产总值总增加值	117 513.1	4.7	-2.7
其中：			
农业	49 635.0	-1.3	0.2
采掘业	15 029.4	4.2	-6.6
加工制造业	18 888.9	4.6	0.5
电力、燃气、热力供应业	2864.6	6.1	-2.8
供水、水处理、废弃物回收和利用、污染治理	656.3	13.8	0.5
建筑业	5938.7	5.8	-2.0
批发和零售业、机动车和摩托车维修业	15 261.3	8.1	-2.6
运输和仓储业	7097.2	7.8	-10.7
酒店和餐饮业	987.9	24.1	-24.1
信息和通信业	3247.4	8.1	1.8
金融和保险业	5442.6	9.2	8.7
房地产业	11 703.9	0.9	-1.9

续表

	2021年产值 （十亿卢布）	2021年同比 增速（%）	2020年同比 增速（%）
科学技术服务业	5233.4	5.1	-0.5
管理服务业	2211.9	2.0	-8.2
国家管理与军事社会安全	8272.7	-0.1	2.7
教育	3677.5	0.6	-3.1
卫生健康社会服务业	3887.2	1.2	-1.5
文化体育产业	1040.1	8.4	-10.6
其他服务业	663.1	6.9	-5.7
家庭自助服务业	445.4	10.6	-27.7
产品净税收	13 282.2	6.3	-4.7

资料来源：俄罗斯联邦国家统计局：《俄罗斯经济社会状况》，2021年第12期、2022年第1期。

考虑到2020年的低增长率，把观察时间拉长到疫情暴发之前，可以更客观评估2021年俄罗斯经济恢复的强度。根据俄罗斯联邦国家统计局数据，2021年9月俄经济恢复到2019年疫情之前的水平。与2019年相比，2021年俄国内生产总值增长了1.9%，大多数行业都超过了2019年的水平。如表2所示，其中，供水、水处理、废弃物回收和利用、污染治理比2019年增长了14.3%，信息和通信业增长了10.1%，批发和零售业、机动车和摩托车维修业增长了5.2%，加工制造业增长了5.1%，建筑业增长了3.6%，电力、天然气和热力供应增长了3.2%。

从经济增长的性质看，2021年俄罗斯经济的增长仍然是恢复性的。这是因为，虽然从绝对值上看，2021年的增长是一种快速增长，但考虑到2020年经济衰退造成的低基数，这种增长在性质上仍属于快速恢复的增长。当然，放眼全球，俄罗斯经济恢复的速度则是相对较快的。

表 2　2019—2021 年俄罗斯主要行业的增长率

(单位:%)

经济活动类型	2021 年与 2020 年相比	2020 年与 2019 年相比	2021 年与 2019 年相比
农、林、牧、渔业	-1.3	0.2	-1.1
采掘业	4.2	-6.6	-2.8
加工制造业	4.6	0.5	5.1
电力、天然气和热力供应;空调	6.1	-2.8	3.2
供水、水处理、废弃物回收和利用、污染治理	13.8	0.5	14.3
建筑业	5.8	-2.0	3.6
批发和零售业、机动车和摩托车维修业	8.1	-2.6	5.2
运输和仓储业	7.8	-10.7	-3.7
酒店和餐饮业	24.1	-24.1	-5.9
信息和通信业	8.1	1.8	10.1
金融和保险业	9.2	8.7	18.7
房地产业	0.9	-1.9	-1.0

资料来源:俄罗斯联邦国家统计局;《俄罗斯经济社会状况》,https://www.finam.ru/publications/item/ekonomika-v-2021-godu-rekordnyiy-s-2008-go-rost-vvp-i-cenovogo-indeksa-neravnomernost-vosstanovleniya-po-sektoram-20220221-092300。

(二)2021 年俄罗斯经济的快速复苏伴随着通货膨胀率超预期攀升

2021 年俄罗斯消费价格自 3 月后持续上涨。根据俄联邦中央银行的报告,2021 年年底俄通货膨胀率超过 8.4%,而年初的货币政策通胀目标预期值为 4%。其中,食品价格平均上涨了 10%,蔬菜和水果价格上涨了近 20%。这已经对居民生活造成影响。根据俄央行分析,一半以上的俄罗斯人实际感受到的通胀率超过16%，是官方公布通胀率的两倍。原因是这些人日常消费所购买的主要物品涨幅更大：鸡肉价格上涨了30%，土豆上涨了74%，卷心菜上涨了87%。俄罗斯传统假期和节日消费的诸如圣诞树、红鱼子酱的价格涨幅更高。这是普京总统在2021年12月的工作会议上要求在2022年把通胀率降至4%的最主要原因。

俄罗斯2021年通货膨胀逐渐加剧，两个方面因素的叠加推动了这一过程。

一方面，全球大宗商品价格和普通商品价格持续上涨。其中，粮食价格自2017年以来一直处于持续上涨中，并在2021年加速，世界粮食价格飙升（同比增长31%）①。另一方面，卢布汇率在2021年整体表现较弱，卢布贬值与世界商品价格上涨，使俄罗斯的通货膨胀具有显著的外部输入性。据测算，2021年俄罗斯商品价格增长加速的50%—70%是由外部因素造成的。同时，俄罗斯第二季度和第三季度经济实现了快速恢复和消费激增，但外部却面临着国际供应链中断，这造成了局部的市场短缺，推动了价格上涨。

2021年，俄罗斯更高的经济增长伴随着更高的通货膨胀，这给未来的增长前景和政策空间留下了隐患。到12月份，俄央行年内第7次提高关键利率至8.5%以应对通货膨胀。2022年俄罗斯联邦国家统计局第一次国民经济核算公布的2021年国内生产总值平减指数为116.4%。

（三）在2021年俄罗斯国内生产总值的支出结构中，净出口增加，家庭支出占比下降，就业形势好转，实际可支配收入微弱增长

如表3所示，截至2021年年底，最终消费支出在俄罗斯国内生产总值结构中所占份额为67.9%（88.412万亿卢布），2020年为

---

① "Экономика России 2021. Итоги, прогнозы", https://corp.wtcmoscow.ru/services/international-partnership/analitycs/ekonomika-rossii-2021-itogi-prognozy/.

71.2%。其中，家庭支出占国内生产总值的比重从50.7%降至49.7%，公共行政支出占国内生产总值的比重从20.1%降至17.8%。与2020年同期相比，为家庭服务的非营利组织的支出占比保持在0.4%。总积累在国内生产总值中的份额也有所下降，从23.6%降至22.5%，其中，固定资本总积累份额从21.6%降至20%，企业库存份额从2%增至2.5%。在国民经济的使用方向上，净出口（出口减去进口）的比重从2020年的5.2%增至2021年的9.6%。俄罗斯联邦国家统计局指出，这是由于出口燃料和能源商品的价格大幅上涨导致的。

表3 2021年俄罗斯国内生产总值支出结构

指标	2021年 数额（十亿卢布）	占总额的比重（%）	2020年 数额（十亿卢布）	占总额的比重（%）
国内生产总值	130 795.3	100.0	107 315.3	100.0
其中：				
最终消费支出	88 412.3	67.9	76 077.4	71.2
家庭消费支出	64 784.6	49.7	54 120.3	50.7
公共行政支出	23 124.7	17.8	21 500.4	20.1
家庭服务的非营利组织支出	503.0	0.4	456.7	0.4
总积累	29 379.5	22.5	25 202.0	23.6
固定资产投资	26 109.6	20.0	23 119.7	21.6
企业存库	3269.9	2.5	2082.3	2.0
净出口	12 500.1	9.6	5473.6	5.2
统计误差	503.4	—	562.3	—

资料来源：俄罗斯联邦国家统计局：《俄罗斯经济社会状况》，2021年第12期。

随着俄罗斯经济从2020年的衰退中复苏，并在2021年9月超过危机前的水平，俄罗斯劳动力市场的情况有了显著改善，甚至略好于危机前就业状况。在新冠肺炎疫情暴发前,俄罗斯的失业率为4.6%—4.7%。2020年6月,由于疫情隔离和经济衰退,俄罗斯的失业率一度升至6.4%。2021年的就业形势随着经济复苏逐渐好转,根据俄罗斯联邦国家统计局公布的数据,2021年俄罗斯的失业率为4.4%。

2021年俄罗斯名义工资增长9.8%,剔除通胀因素,实际工资增长2.9%。居民可支配收入自2013年以来首次实现3.1%的增长。在收入结构中,俄罗斯联邦居民的现金收入显著增加,2021年比2020年增加了3.4%。这些现金收入主要来自创业活动、薪酬和其他现金收入。与此同时,居民的社会福利和财产收入的占比有所下降[①]。

(四)2021年油价上涨和外需强劲使得俄罗斯的出口快速增长,经济增长吸引资本流入,净国际收入不断攀升,国际储备再创新高

2021年俄罗斯外贸总额7980亿美元,比2020年增长了39.3%。其中,出口4940亿美元,同比增长48.2%,进口3039亿美元,同比增长26.8%,外贸盈余1901亿美元。如表4所示,俄罗斯国际收支状况不断改善,国际储备屡创新高。2021年年底俄罗斯国际储备达到6225.01亿美元。

表4 2021年2月至2022年1月俄罗斯国际储备数据(按月度计算)

(单位:百万美元)

日期	国际储备	外汇储备	货币黄金	SDR账户	外币
2021年2月1日	590 685	453 900	136 785	6999	441 370
2021年3月1日	586 266	455 963	130 304	6992	443 634
2021年4月1日	573 322	448 035	125 287	6885	435 984
2021年5月1日	590 476	459 622	130 855	6976	447 411
2021年6月1日	605 232	465 733	139 499	7018	453 449

---

① "Реальные располагаемые доходы россиян в 2021 году выросли на 3.1% – Росстат", https://finance.rambler.ru/economics/48101034/? utm_content = finance_media&utm_medium = read_more&utm_source = copylink.

续表

日期	国际储备	外汇储备	货币黄金	SDR 账户	外币
2021 年 7 月 1 日	591 745	461 306	130 440	7038	449 027
2021 年 8 月 1 日	601 003	466 129	134 874	7050	453 838
2021 年 9 月 1 日	618 181	485 484	132 697	24 642	455 583
2021 年 10 月 1 日	614 122	485 464	128 658	24 377	455 953
2021 年 11 月 1 日	624 237	491 378	132 859	24 491	461 593
2021 年 12 月 1 日	622 501	489 762	132 739	24 238	489 761
2022 年 1 月 1 日	630 627	497 557	133 070	24 218	468 075

资料来源：https://www.cbr.ru/hd_base/mrrf/mrrf_m/。

（五）经济快速增长和油气贡献增加，确保了联邦预算的平稳运行，俄罗斯全年财政状况良好，金融系统风险可控

根据俄罗斯联邦国家统计局的数据，2021 年联邦统一预算收入 481 184 亿卢布，占国内生产总值的 36.8%，支出 470 726 亿卢布，占国内生产总值的 36.0%，预算盈余 10 458 亿卢布。[①]

俄罗斯财政状况的改善，一方面得益于防疫反危机支持政策暂告段落，另一方面还得益于能源部门的贡献。同时，也与俄罗斯联邦政府的中期预算制度和联邦预算法确立的预算规则得到有效执行密切相关。

俄罗斯联邦执行中期预算制度，在联邦预算法中设立预算规则。2021 年的预算和财政运行体现了政策目标和预算原则。2021 年 1 至 5 月，俄联邦预算总收入为 179 502 亿卢布，预算支出为 167 568 亿卢布，预算盈余为 11 933 亿卢布。第三季度预算收入和支出同步增长。增值税收入（占比 19.6%）、自然资源使用税收入（占比 15.8%）、

---

① "Консолидированный бюджет РФ в 2021 г. исполнен с профицитом более 1 трлн руб.", https://www.interfax.ru/business/822679.

企业利润税收入（占比 12.7%）、企业强制保险收入（占比 19.2%）和个人所得税（占比 9.6%）是总预算收入的主要来源。总预算支出主要用于以下领域：社会文化项目 60.4%，国民经济发展 12.5%，国家管理 5.8%，国防支出 8%，国内安全 5.1%，住房 4.3%。

俄联邦财政由赤字转为盈余，能源部门的财政贡献大幅上升。同时，俄罗斯提升发债总额也作出了贡献。截至 2021 年 10 月 1 日，俄联邦主权债务总额 20.94 万亿卢布，其中内债 16.68 万亿卢布，外债 4.26 万亿卢布，外债约合 586 亿美元，相当于国内生产总值的 3.4%。

2021 年俄罗斯金融系统平稳，金融风险可控。2021 年上半年俄企业财务状况良好，受疫情影响，逾期债务比重有所增加，但总债务水平可控。金融系统债务和经营、资产风险水平微弱提高，风险可控。俄罗斯中央银行继续加强对银行违规经营的监控和处罚力度。截至 2021 年 5 月，合规银行金融机构共 379 家，比 2020 年 6 月 1 日减少 49 家。

（六）固定资产投资比重有所下降，经济增长仍存在可持续性风险

2021 年俄罗斯经济投资增长了 6%。投资活动的恢复在很大程度上是企业利润率上升和预期改善的结果，特别是经济增长率高于预期刺激了企业的投资活动。尽管如此，2021 年俄罗斯的固定资产投资占国内生产总值的比重仍然有所下降，从 2020 年的 21.6% 降至 2021 年的 20.0%。固定资产投资占比低，以及其他一些因素，使得俄罗斯经济增长的可持续性存在一定风险。

首先，从短期看，2021 年推动俄罗斯经济复苏的动力具有不可持续性。一是全球能源价格上涨的动力存在不确定性。全球经济复苏缓慢，疫情影响短期内难以消除，使原油需求承压。若缺少油价持续上涨带来的出口收入增量抬升，俄罗斯的消费主导型经济将无法持续增长。二是本次需求增长对经济增长的贡献是延迟消费带来的一次性贡献。目前俄罗斯居民的可支配收入状况不支持消费的持续增长。三是

通货膨胀高企正在破坏俄罗斯经济健康运行。疫情背景下的供应链中断、一次性释放的消费需求,以及输入性通胀压力共同造成的通货膨胀,其影响具有持续性。俄罗斯中央银行把关键利率提高到 8.5%,对投资造成巨大压力。

其次,固定资产投资占比和增速都没有达到推动经济持续增长的要求。2021 年俄罗斯固定资产投资增长为 6%,占国内生产总值的比重为 20%(上年为 21.6%),仍没有达到推动经济持续增长所需要的增速 8%,占国内生产总值的比重 25%的最低要求。

三、俄罗斯经济的未来走向

俄罗斯经济在 2021 年的快速恢复没有改变俄罗斯经济运行的模式特征,俄罗斯经济运行中表现出来的消费主导、增长动力依赖能源和投资不足等问题仍没有得到解决。

(一)俄罗斯经济体制有回归计划和政府干预传统的倾向

俄罗斯在防疫反危机过程中实施的结构性政策,使得政府越来越深入地介入市场经济活动。从 2019 年以来的结构性政策看,俄罗斯已经基本消除了转型以来新自由主义的影响。

俄罗斯政府正全面介入经济活动,以国家项目为主线、以国有经济组织为载体、以公共物品提供为手段,全面主导或引导投资、产业发展和对外经济关系。这些均是新转型方向的主要特征。

需要关注的是,俄罗斯发展道路与世界格局的变动是相互塑造的过程。苏联解体塑造了冷战后的世界格局,之后 30 年,美国霸权和全球资本霸权塑造了俄罗斯的发展道路。未来 10 年,俄罗斯的选择将对世界新格局的塑造产生很大影响,同时也将对中俄经贸合作产生重要影响。在俄罗斯外部环境不断恶化的情况下,俄罗斯为了维护自己在开放和国际竞争中的经济利益,政府的干预和对产业的引导力度将越来越大。在数字政务系统等技术手段的支持下,俄罗斯的经济体制有一种回归国家干预和经济计划的倾向。

（二）投资问题仍是制约俄罗斯长期经济增长的根本性问题

作为世界上唯一一个自然资源可以实现完全自给自足的国家，俄罗斯拥有一个1.46亿人口的大市场，同时拥有比较完整的工业体系和国民经济体系，经济的安全性和抗冲击方面具有其他国家无可比拟的优势。但是，俄罗斯经济也存在一系列内在的问题，包括经济的垄断性高、外资进入的门槛高以及地缘政治风险较大等，这些都严重制约着俄罗斯经济中的投资积极性。

2021年1月至11月，俄罗斯的净资本外流为73.9亿美元，是2020年48.9亿美元的1.5倍。据俄罗斯中央银行估计，在此期间，俄罗斯当年新增全部利润的三分之二（111.4亿美元）流出本国。该利润水平创下近七年最高纪录，这主要归功于在国际市场商品价格上涨的情况下出口商收入的增加。俄罗斯中央银行报告指出，由于其他部门主要以直接投资的形式收购外国资产，私营部门金融交易的净余额增加了1.5倍。其中近一半出自大型企业的经营活动，这些企业以直接投资塞浦路斯和其他管辖区离岸结构的资本的形式提取资金。2021年，75%的俄罗斯人共投资616亿卢布购买外国股票，自2020年年初以来的累计对外投资总额为1.09万亿美元，是之前两年（90亿卢布）的12倍。①

俄罗斯企业家之所以大量投资海外而不是投资国内，其根本原因仍是国内投资机会和盈利机会不足。经济学副博士、俄罗斯企业家和租户联盟主席安德烈·布尼奇认为，用行政方法打击资本外流毫无意义。由于俄罗斯经济政策效率低下，投资者在国内已无处投资，一切都处于垄断之中。某些正在进行的投资，也只能由狭窄的圈子和最大的公司进行。正因为如此，新增盈利的资本化不是在国内而是在国外

---

① "Отток капитала из России в 2021 году достиг 7-летнего рекорда", https://infinica.ru/ottok-kapitala-iz-rossii-v-2021-godu-dostig-7-letnego-rekorda.php.

完成的。体制条件制约、地缘政治条件不稳定、经济政策效率低下和前景缺乏导致投资者不愿长期投资。

长期来看,俄罗斯经济的主要问题首先仍然是投资不足。低积累率、低投资率和低投资增长率是制约俄罗斯经济长期发展的关键。造成低积累率、低投资率的深层次原因是俄罗斯经济的结构问题,包括能源依赖、经济的垄断性和主要领域的低开放度。这使得外资流入不足,国民经济与国际产业链的关联度弱,进而造成与全球制造业的技术前沿差距拉大。

(三) 俄罗斯经济在中长期不会改变低速增长的轨迹

2021年俄罗斯国内生产总值增长4.7%,已经恢复到2019年疫情暴发之前的水平。在其他条件不变的情况下,俄罗斯经济只能实现低速增长,中长期平均国内生产总值不会超过2%。如果俄罗斯要实现更高速的经济增长,只能要么改变当前的垄断性经济结构和对外资的限制,要么使2019年开始的政府主导的新投资周期真正运转起来。

西方经济制裁下的俄罗斯进口替代战略：
背景、政策与成效

殷红 张阅*

【摘要】 2014年克里米亚危机爆发后西方对俄罗斯实施全面经济制裁，为应对制裁及危机形势，俄罗斯提出了进口替代战略，涵盖了军工、农业及民用制造等领域，目的是再工业化抑或是新工业化的进口替代。其中有两大动因：一是修正转轨时期"去工业化"造成的经济结构扭曲；二是追赶国际金融危机以来以高端制造业本土化为引领的新工业化趋势。七年来，俄罗斯进口替代战略在不同领域取得了成效，但在效率及可持续性方面也显露出局限。受西方经济制裁及俄罗斯进口替代的影响，中俄贸易结构发生了重要变化，期间俄罗斯从中国进口的工业机械和设备的占比明显增加；2017年中国成为俄第一大贸易伙伴，而且由之前的俄对华贸易逆差转为顺差。俄乌冲突爆发后，西方对俄罗斯实施新一轮经济制裁，进口替代再次成为重要发展政策。针对高端制造业的进口替代是这一阶段的重点，这与其提出的制造业数字化转型的战略目标一致。

---

* 殷红，辽宁大学国际经济政治学院、辽宁大学俄罗斯东欧中亚研究中心教授，中国人民大学-圣彼得堡国立大学俄罗斯研究中心研究员；主要研究方向为俄罗斯经济及中俄经济合作；邮箱：yinhong1967@126.com。张阅，辽宁大学国际经济政治学院2019级硕士研究生；主要研究方向为世界经济；邮箱：1135915415@qq.com。

【关键词】 俄罗斯；乌克兰危机；西方经济制裁；进口替代；再工业化

一、俄罗斯进口替代的理论基础与主要背景

（一）再工业化的进口替代

所谓进口替代，简单讲，就是用本国制造替代进口。回望世界经济史的发展历程，不难发现，已经完成或正在完成工业化的现代国家，都或多或少地经历了进口替代的发展阶段，18—19世纪的德国、美国乃至日本，二战后以苏联为代表的计划经济国家，以及拉美和东亚国家，无一不是在进口替代的基础上建立起了独立的工业体系进而实现工业化乃至经济现代化。

工业化进口替代实现了一国工业"从无到有"。具体来看，它是后发国家为应对先发国家对其工业、制造业的占领，出于自主性和独立性的安全考虑以及发展现代工业进而实现现代化的现实需要，通过提高关税等贸易保护措施对其幼稚产业采取保护和扶持政策的国家行为，其根本目的是促进本国工业化。进口替代在历史上对后发国家的赶超发展作出了积极贡献，然而发生在20世纪70—80年代拉美国家的进口替代却凸显了其作为发展政策的一系列消极影响而饱受诟病，如半封闭且受保护的市场环境抑制了企业的进取精神、受保护的产业因效率低而难以获得国际竞争力、国际收支经常性项目长期逆差导致国际收支状况日益恶化，以及贸易保护和倾斜性政策造成市场信号失真进而导致资源配置扭曲和产业结构失衡，等等。

俄罗斯的进口替代战略很大程度上是再工业化的进口替代，即在已经形成了的、较完整的工业体系和发展基础之上，通过进口替代来推进其产业结构的优化调整与发展模式的转变。总体看，其根本目标不是工业化而是再工业化，抑或是新工业化的工业结构优化。

"再工业化"或曰"新工业化"是 2008 年国际金融危机以来世界经济出现的重要趋势。美国作为世界上最具竞争力的经济体，在遭受金融危机后，提出重振制造业战略，其目标是抢占先进制造业的全球制高点以及促进美国制造商成为全球创新引领者。德国作为世界上最具竞争力的制造业大国之一，于 2011 年公布了"工业 4.0"战略方案并提出，如果德国能够顺利实现"工业 4.0"，将意味着德国不仅能够继续保持其在装备制造业的世界领先地位，而且将在制造业的未来发展上引领世界。之后五年内又有英国等超过 12 个欧洲国家的倡议书中涉及与"工业 4.0"相关的主题。[①] 亚洲的日本作为世界制造业强国之一，也于 2009 年和 2010 年发布了《日本制造业竞争策略》和《日本制造业》专题报告，提出要促使实体经济的主体——制造业回归经济发展主体的地位，利用大数据、人工智能和物联网等重塑日本制造业全球竞争力。促使发达国家走上再工业化道路的重要背景是以制造业空心化为主的"去工业化"问题，这一方面使其丧失了经济快速增长及充分就业的重要源泉，另一方面面对中国等新兴经济体制造业表现出的强劲增长动力和国际竞争力，发达国家意识到其经济安全及优势地位面临威胁。

俄罗斯再工业化的主要背景是其市场化转轨时期的"去工业化"导致经济结构能源原料化。1991—1998 年激进的市场化转轨造成俄工业生产总体下降超过 50%（超过国内生产总值降幅），其中，加工制造业受损尤为严重，产业普遍萎缩，一些产业甚至完全消失。如果说推动发达国家"去工业化"的内生因素是生产率的提高、持续的增长和收入不断增加的话，那么，伴随俄罗斯"去工业化"的则是产出和收入的严重下降以及经济效率的严重恶化，是消极的或过早的"去工业化"。[②] 其结果是形成了过度依赖能源原料出口的增长方式与结构，

---

① 乌尔里希·森德勒：《无边界的新工业革命：德国工业 4.0 与"中国制造 2025"》，北京：中信出版集团，2018 年版，第 11 页。

② Dani Rodrik, "Premature Deindutrialization", http://www.nber.org/papers/w20935.

制造业严重依赖进口，这些弊端在国际金融危机中显露无遗。

尽管俄罗斯没有正式提出诸如德国"工业4.0"或"中国制造2025"那样系统的再工业化战略，但强调加工制造业复兴并以此扭转能源原料化的经济结构，是其自21世纪初恢复增长以来的发展重心。俄罗斯的再工业化也是新工业化，核心是产业结构的转型与升级，主要途径是制度与技术的创新，而这正是俄罗斯实现从原料经济向创新经济转变的关键所在。正如俄著名政治家普里马科夫所言："扭转俄罗斯成为世界能源原材料附庸趋势的只能是新工业化，换言之，是旨在建立有科技含量的工业部门特别是加工部门的深入的结构调整。"①

（二）西方经济制裁倒逼俄罗斯进口替代战略的提出

1. 西方经济制裁与俄罗斯反制裁

2014年克里米亚危机爆发后，美国、欧盟和其他一些国家以干预乌克兰内政及克里米亚入俄为由对俄罗斯实施制裁，经济制裁是其核心，制裁范围涉及从金融到实体的各部门。金融制裁的主要措施是切断俄罗斯的对外投融资渠道，破坏其金融体系的稳定与发展，包括限制俄罗斯重要大型公司和银行进入欧美资本市场融资、对俄罗斯联邦储蓄银行进行制裁、禁止向俄罗斯大型国有银行提供贷款业务等。经济制裁的另一项主要措施是针对俄罗斯实体经济部门实行技术、设备及零配件禁运，主要集中在食品和农产品、化工产品、机械设备和车辆三个领域。这些领域存在严重的进口依赖，以2014年为例，这三个领域的进口额分别占总进口额的13.9%、16.2%和47.6%。据俄罗斯国内媒体报道，2014年俄罗斯重要进口设备已经覆盖了石油天然气领域的60%、能源行业的50%、农业领域的50%，而在机械和制药领域

---

① Евгений Примаков，"Нам нужна новая индустриализация"，https://rg.ru/2012/01/13/primakov-site.html.

则有90%设备需要进口。① 这些领域自然成为美欧对俄实施经济制裁的主要目标。

为应对西方经济制裁与制裁下的经济危机，俄罗斯采取了一系列宏观调控与发展措施，如2015—2016年分别制定了大规模反危机计划以确保经济社会稳定，② 又如奉行"通胀目标制"以解决长期高通胀问题、采取"去美元化"以应对西方经济制裁和预防银行美元兑换业务风险，以及建立俄罗斯银行金融信息系统（SPFS）以确保在与环球银行金融电信协会（SWIFT）断开时金融信息的不间断传送，并保证金融信息服务的安全性和机密性。正是由于上述措施特别是反危机计划的实施，即使是在2014年，俄罗斯经济也未出现灾难性震荡。然而，俄罗斯的反制裁目标不限于此，利用西方禁运、卢布贬值等机会实施进口替代成为其应对制裁和危机的重要政策。

2. 进口替代战略的提出

2014年3月，时任俄罗斯政府总理梅德韦杰夫提出把进口替代作为经济工作的优先方向；2014年9—10月俄政府颁布了一系列刺激工业、农业进口替代的政府决议，其中明确了进口替代的产品名录、替代比率及完成期限等具体内容；2015年1月俄罗斯经济发展部确定了19个进口替代优先领域，从中挑选出国家支持的优先项目，并给予高额财政支持；2015年6月圣彼得堡市政府成立了进口替代与本土化中心；2015年8月由梅德韦杰夫直接领导的"俄罗斯联邦政府进口替代委员会"成立。在2015年12月31日发布的《俄罗斯联邦国家安全战略》中，俄罗斯就进口替代提出了具体要求："实行积极的进口替代战略，降低对外国技术和工业品的依赖，加快农业综合体和医药产业的发展""加快高技术领域的发展，巩固在航空和原子能领域的既有地

---

① "Импортозамещение как фактор экономической безопасности страны", https://promdevelop.ru/importozameshhenie/.
② 殷红、崔铮：《西方制裁下的俄罗斯经济形势与政策》，载《国际经济评论》，2017年第3期，第129—144、7—8页。

位，恢复传统工业领域（重型机械、航空和成套设备）的领先地位""把国防工业作为俄罗斯工业现代化的发动机，加快国防工业的发展，在新的技术基础上重组国防工业综合体的产业基础"，等等。2014—2021年，尽管西方对俄罗斯制裁不断，但俄罗斯的进口替代战略也持续推进。

3. 进口替代从产业政策升至国家发展战略的现实意义

有俄罗斯学者指出，"如果不是西方经济制裁，进口替代根本不会成为国家政策"。① 正是西方在技术、设备及零配件领域的禁运倒逼俄罗斯将进口替代提升为国家发展战略并全面实施。

在西方经济制裁之前俄罗斯已经历了两次进口替代进程，一是1998年金融危机期间的进口替代，二是西方制裁前针对军工、农业等部门实施的部门进口替代。

俄罗斯首次广泛和公开讨论进口替代是在1998年金融危机期间，当时俄罗斯经济跌落到转轨后的谷底，但危机中通过卢布贬值的货币调控政策带来了经济复苏。如表5所示，1998—2004年间，俄罗斯工业生产出现较快增长，1999—2000年期间的增长最为明显，因为那时卢布贬值的影响最为强劲。

表5 1998—2004年俄罗斯不同工业部门生产增长率

（单位：%）

生产部门	1998年	1999年	2000年	2001年	2002年	2003年	2004年
全部工业	94.8	111.0	111.9	104.9	103.7	107.0	106.1
电力工业	97.7	98.8	102.3	101.6	99.3	101.0	100.3
燃料工业	97.4	102.5	104.9	106.1	107.0	109.3	107.1
黑色冶金工业	92.4	116.8	115.7	99.8	103.0	108.9	105.0

---

① А. В. Готовский,"Вклад импортозамещения в экономический рост России", *Вопросы экономики*, № 4, 2014, с. 61.

续表

生产部门	1998年	1999年	2000年	2001年	2002年	2003年	2004年
有色金属工业	95.7	110.1	115.2	104.9	106.0	106.2	103.6
化工和石油化工业	94.3	123.5	114.9	104.9	100.7	104.6	107.4
机械和金属加工业	91.4	117.4	119.9	107.1	101.9	109.2	111.7
林业、木材加工和纸浆-造纸业	100.4	117.8	113.1	102.6	102.4	101.5	103.0
锯材工业	93.7	110.2	113.1	105.5	103.0	106.4	105.3
轻工业	89.7	112.3	120.9	105.0	96.6	97.7	92.5
食品工业	100.8	103.6	114.4	108.4	106.5	105.1	104.0

资料来源：http://www.politjournal.ru/index.php?action=Articles&dirid=36&tek=4090&issue=117。

因为1998年金融危机后的进口替代很大程度上是由卢布贬值带来而非有计划的发展政策使然，所以有学者称之为"自发的进口替代过程"[1]。2000年之后油价飙升及俄罗斯经济恢复增长，卢布升值，这使得加工工业部门进口替代的有利条件逐渐丧失。此后，自发的或作为宏观调控政策的进口替代，进入到以部门政策为引领的自主性进口替代阶段，即针对军工、农业等部门的进口替代，而这"一直得到了俄罗斯国家层面的政策支持"[2]。

确保食品安全是这一阶段进口替代政策的重要目标。俄罗斯食品行业严重依赖进口，这一方面会导致俄缺乏经济独立性和自主性；另一方面当俄罗斯与乌克兰、欧盟以及美国因地缘政治利益爆发政治或军事冲突时，会因过度依赖外国进口而面临食品安全的困境。2009年颁布的《俄罗斯联邦2020年前国家安全战略》提出，"国家食品安全

---

[1] 徐坡岭：《俄罗斯进口替代的性质、内容与政策逻辑》，载《俄罗斯东欧中亚研究》，2016年第3期，第6页。

[2] Э. Ш. Веселова, "Импортозамещение: не допустить кампанейщины", *ЭКО. Всероссийский экономический журнал*, № 3, 2015, С. 46-58.

要通过发展基本食品生产方面的生物技术和进口替代来保证"①。在这一阶段被列入进口替代扶持计划的还有高技术和资本密集型的机械制造业、电力工业、化工及汽车制造业。②俄罗斯在这些部门有计划地实施进口替代政策,个别部门甚至实施了系统性的综合发展计划,其手段包括提高进口关税、对投资项目提供有针对性的政府补贴,以及对外国在俄投资生产制定新标准和实施专门规定等。

因此,包括食品行业在内的一些加工工业部门在西方经济制裁之前已经实现了不同程度的进口替代。例如,2013年俄罗斯鸡肉的自给自足率已经达到了89%,鸡蛋的自给自足率达到了94%。③同时,高技术和资本密集型产业在摆脱进口依赖方面也有所进步。俄罗斯从零基础建起了电气火车、柴油火车、客运电气机车和车厢,以及国际RIC级车厢(这种车厢在苏联时期从未研制和生产过)的生产链条。④2012—2014年间,为完成电力工业的进口替代计划,俄罗斯实施了一些电力设备和组件的本土化生产的大型项目,包括2012年投产的沃罗涅日西门子变压器厂,该厂按照德国技术生产电力和牵引变压器,以及2013年滨海边疆区阿尔乔姆市成立的生产开关设备的现代电气系统公司等。

国际金融危机后经济复苏带动内需增长也刺激了俄罗斯重工业的发展,俄本土企业掌握了高铁用长轨的生产技术,使得俄罗斯铁路公司终于摆脱了以往只能使用日产长轨的进口依赖。2013年俄罗斯投产了两家生产聚丙烯的大型企业,其生产能力不仅能够完全保证俄罗斯增长的市场需求,而且还能够部分出口。⑤

---

① "Стратегия национальной безопасности Российской Федерации до 2020 года", http://federalbook.ru/files/OPK/Soderjanie/OPK-8/VI/strategiya%20nacionalnoy%20bezopasnosti.pdf.

② Э. Ш. Веселова, "Импортозамещение: не допустить кампанейщины", ЭКО. Всероссийский экономический журнал, No 3, 2015, С. 46-58.

③ 同②。

④ 同②。

⑤ 同②。

可见，在西方经济制裁之前，俄罗斯已经充分意识到实施进口替代的现实必要性和紧迫性，并为此作了努力和准备。当然，在高油价和相对有利的外部环境下，俄罗斯依然难以摆脱依赖能源原料出口的发展惯性，进口替代的动力不足。而西方经济制裁为全面实施进口替代提供了前所未有的机遇，首先是西方对技术、设备、零配件的禁运倒逼俄罗斯加快本土化生产来确保产业链、供应链最低程度受损；此外，卢布大幅贬值再次为进口替代提供了有利条件。作为俄罗斯应对制裁和建立新发展模式的主要手段，进口替代从行业发展政策升级为国家发展战略可以说是水到渠成。

二、俄罗斯进口替代的政策及措施

（一）进口替代政策总体概况

西方经济制裁后俄罗斯进口替代的政策制定及大规模实施集中在2014年下半年至2015年下半年，其启动的标志是2014年9月30日颁布的第1936-P号政府命令，这份文件因"其政治性至今未公开"，但官方和媒体公布了其中关于实施工业进口替代促进计划（工业进口替代路线图）的内容[①]。这份文件提出了2015—2020年期间降低俄罗斯民用制造业对进口和外国技术依赖的目标，明确了实现这一目标、建立进口替代政府扶持和激励机制的2014—2016年度的具体措施。

在之后的一年时间里，俄罗斯陆续公布了多部涉及工业特别是民用制造业及农业等领域的、涵盖联邦层面和地方层面的进口替代政策文件。在民用制造方面，俄政府确定了19个优先进口替代产业部门、2284个优先进口替代产品，并分别制定了19个产业部门的进口替代计划。各产业部门选择了优先进口替代项目，这些项目由联邦各部委

---

① Д. В Мантуров и др. "Планирование импортозамещения в российской промышленности: практика российского государственного управления", https://institutiones.com/industry/2888-planirovanie-importozamescheniya-rossiiskoi-promyshlennosti.html. s.

和地方政府提出，有4000多个项目被列入部门进口替代计划，其中2059个项目获批。① 在确定的项目中，有100项被列为高准备度，即既有生产条件最为完备，根据要求这些项目需在2015—2016年完成进口替代。②

与进口替代政策相配套的还有诸多短期和长期经济计划。除了2015年、2016年反危机计划，西方经济制裁之后俄罗斯也制定一些产业发展计划，如2014年12月31日颁布的《俄罗斯工业政策法》（又译《俄罗斯产业政策法》）和2014年4月颁布的《工业发展及其竞争力提升》国家规划。前者提出了建立确保经济从原料出口型向创新发展型过渡的高技术、有竞争力的工业等发展目标，也明确了建立和发展现代工业基础设施、建立可与外国工业相竞争的工业环境等八项任务；后者则确立了从农用机械制造到产业园的20个分规划，其目标是"确保建立在世界先进技术融合市场中有竞争力、稳定、结构平衡的俄罗斯工业"。③ 该规划中还包含了20个分规划的实施期限及财政拨款金额，成为实施进口替代的重要政策依据。

国家工业发展基金是为工业部门提供政策扶持的主要渠道，④ 同时也是俄罗斯实施工业部门进口替代的主要机构，2015年该基金通过了74个总额为246亿卢布的工业进口替代项目，国家工业发展基金为这些项目拨款金额核计1365亿卢布。⑤ 地方层面的工业发展的主要途径则是产业（工业）园、产业集群等。

---

① "Совещание об обеспечении реализации отраслевых программ импортозамещения"，http://government.ru/news/17521.

② Министерство промышленности и торговли Российской Федерации № НГ-49483/02，"Об отраслевых планах по импортозамещетю"，от 16. 11. 2015.

③ Постановление Правительства РФ № 328，"Об утверждении государственной программы Российской Федерации 'Развитие промышленности и повышение ее конкурентоспособности'" от 15 апреля 2014 г.

④ Федеральный закон Российской Федерации № 488-фз，"О промышленности политики в Российской Федерации"，от 31. 12. 2014.

⑤ "О реализации планов импортозамещения в промышленности от 25 апреля 2016 года"，http://government.ru/info/22804.

在西方经济制裁的最初几年里，"进口替代不是经济政策的唯一目标，还有其他政策方向，如刺激出口、支持中小企业及其他一系列目标。但是，不论哪个目标，都要考虑到进口替代，要以此为导向"。①

（二）民用制造业的进口替代政策

西方经济制裁来临后，俄罗斯通过以下几个方面推进民用制造业领域的进口替代战略。

首先，明确民用制造业的进口替代部门并确定各部门的具体替代目标。被列入进口替代部门的有冶金、电力机械制造、运输机械制造、航空工业、森林工业、汽车工业、化工、公共和地面道路建设、造船工业、农用机械制造、石油天然气机械制造、重型机械制造、轻工业、制药工业、医疗工业、无线电子工业、食品和加工机械制造、机床工业和航空工业（飞机和直升机）。根据俄罗斯工业与贸易部发布的民用制造业进口替代计划，该领域"进口替代的总目标是2020年将大部分产业的进口依赖值降至50%以下"。针对各部门又提出了具体的替代目标及替代产品，例如运输机械制造的目标是进口比重从2013年的24%降至10.5%，替代的产品为机车车辆、火车机车车辆配件；农用机械制造的进口比重从56%降至24%，替代产品包括亚麻收割机，养猪、养鸡设备，各种牵引等级的拖拉机等。②

其次，对列入进口替代的19个民用制造业部门按照进口依赖程度划分出进口替代的优先等级，以及各部门的优先替代项目并据此制定扶持计划。俄罗斯工业与贸易部将19个民用制造业部门划分为从1至5不同的进口替代优先等级，然后又对各部门的进口替代项目优先等级再次划分。划分19个部门优先等级的主要依据是进口依赖的严重程

---

① "О реализации планов импортозамещения в промышленности от 25 апреля 2016 года", http://government.ru/info/22804.

② Федеральный закон Российской Федерации № 488-ФЗ, "О промышленной политике в Российской Федерации", от 31.12.2014.

度，进口依赖最为严重的（80%—100%）为 1 级，进口依赖最不严重的（0%—20%）为 5 级。划分项目优先等级的主要依据是产品生产的完备程度，例如，列为 1 级的是需要简单扩大生产及增加产量的、具备所有生产的必要条件的产品项目，而被列为最低优先等级 7 级的则是需要建设新的企业才能实现进口替代的产品项目。此外，还会根据进口依赖程度来划分优先等级，依赖度越高，替代优先等级越高。

按照上述划分标准，民用制造业进口替代优先等级指数最高的是机床工业（150），之后依次为：运输机械（138）、航空工业（飞机制造，136）、汽车工业（122）、石油天然气机械制造（105）、造船工业（85）、航空工业（直升机，83）、制药工业（73）、医疗工业（71）、电子工业（66）、化工（63）、农用机械制造（53）、轻工业（48）、电力机械（41）、公共和地面道路建设（41）、重型机械制造（21）、冶金（20）、食品和加工业机械（10）、轻工业（10）。①

最后，在前述两项准备工作的基础上针对民用制造业的扶持政策主要包括两个方面：一是调节政策，包括关税-税收调节、提供标准化与认证便利、政府购买（包括专门投资）、税收调节（包括签署专项合同）、政府担保；二是资金支持，包括资本支出补贴、周转资金补贴、创新研发补贴、国家工业发展基金的资金扶持、项目资金扶持及其他补贴。

2013 年年底至 2015 年，俄罗斯政府针对 19 个民用制造部门的进口替代颁布了不同的决议，明确进口替代的扶持政策各不相同。例如，针对重型机械制造业，俄政府将刺激市场对本国制造的需求、提高该部门进口关税、优先购买本国企业产品、禁止政府采购个别种类外国制造的机械制造产品等；而针对石油天然气机械制造的扶持政策则包括税收优惠、将企业购置新设备运行期间的投资纳税基数减半，以及

---

① Министерство промышленности и торговли Российской Федерации, "О разработке планов импортозамещения в гражданских отраслях обрабатывающей промышленности Российской Федерации".

与能源电力企业签订长期合同和利用政府和社会资本合作（PPP）建立由生产者与消费者共同组建的集团等。除有针对性的扶持政策之外，也有共同政策，如税收优惠、针对有相似国产设备和材料的进口商品提高关税、政府优先采购本国商品等。

（三）农业进口替代政策

1. 农业进口替代政府规划及其内容

俄罗斯实施农业进口替代的重要条件是自2014年8月开始实施的农产品进口禁令。根据2014年第560号总统令，俄罗斯对美国、欧盟、挪威、澳大利亚和加拿大的牛肉、猪肉、鸡肉及其他家禽肉、鱼肉、螃蟹等海产品、牛奶、乳制品、蔬菜、水果、干果、火腿以及其他乳制品禁止进口，[①] 这实际上是俄罗斯实施大规模农业进口替代的开端。2015年8月13日，俄政府又追加了禁止进口的农产品、原料及食品的国家名单，增加了阿尔巴尼亚、黑山、冰岛、列支敦士登及乌克兰。2016年5月27日俄罗斯取消了用于儿童食品生产的鸡肉、牛肉和蔬菜的进口禁令，9月10日禁止进口食品名单中增加了食盐，但不包括膳食补充剂盐和医用盐。2015—2020年，由于西方对俄罗斯经济制裁不断加码，第560号总统令也不断延期。

此外，俄罗斯实施了一些促进农业部门进口替代与发展的政府规划及措施，其基础文件是2012年7月14日颁布的《2013—2020年农业发展及农产品、原料及食品市场的调节国家规划》[②]。正如前文所述，以确保粮食、食品安全为目标的农业进口替代在21世纪头10年

[①] Указ № 560, "О применении отдельных специальных экономических мер в целях обеспечения безопасности Российской Федерации", от 06.08.2014.

[②] 该规划制定的重要依据是2006年12月29日颁布的第264号《农业发展俄罗斯联邦法》、2008年11月17日颁布的第1662-号政府决议通过的《2020年前俄罗斯联邦经济社会长期发展构想》、2010年1月30日第120号总统令通过的《俄罗斯食品安全原则》、2010年11月30日第2136号政府决议通过的《2020年前俄罗斯联邦农村稳定发展战略》、2012年4月17日第559号政府决议通过的《2020年前俄罗斯联邦食品及加工工业发展战略》。

就已经成为俄罗斯经济发展的目标，部门进口替代已经在悄然进行。在西方经济制裁及俄罗斯反制裁之前，一系列联邦的、部委的与农工综合体发展有关的，特别是以确保食品和粮食安全为目标的政府规划已经制定，① 这些文件也是西方经济制裁后俄罗斯全面实施进口替代的重要政策依据，而前期的进口替代经验及问题也为西方经济制裁与俄罗斯反制裁后的进口替代奠定了重要基础。换言之，近些年俄罗斯在农业领域取得的世人瞩目的成就，得益于其十几年来包括部门进口替代在内的农业发展政策，而不仅是西方经济制裁后进口替代的成果。

2014年12月19日，结合西方经济制裁与俄罗斯反制裁的新形势，为了加速农业进口替代，俄政府对2012年农业发展规划进行了更新。新版农业发展规划在原有规划基础上增加了五个分规划，具体为：《发展蔬菜大地和大棚种植及种薯种植规划》《发展乳牛养殖规划》《支持育种，选种和种子生产规划》《发展批发配送中心和社会餐饮体系的基础设施规划》《发展农工综合体的金融-信贷体系规划》。在共计11个分规划及联邦目标规划中，俄政府制定了55项基本措施（2012年为35项），明确了8个农业发展目标及10项具体任务，包括确保食品供应不受外部制约，加速肉类、牛奶、大地及大棚蔬菜、种薯及水果的进口替代，以及提高俄罗斯农产品在国内及世界贸易组织框架下的国际竞争力，等等。

2014年俄罗斯还颁布了15个促进农业进口替代的政府决议，其内容涉及为家庭畜牧场发展提供财政补贴，为家庭农业经营提供补贴、转移支付和同步帮助，提供投资信贷资金的转移支付，为牛奶加工企

---

① 这些前期基础文件有：2006年12月29日颁布的《农业发展法》、2008年11月17日通过的《俄罗斯联邦2020年前社会经济发展长期构想》、2010年1月30日总统令确定的《俄罗斯粮食安全条例》、2012年4月17日通过的《俄罗斯联邦2020年前食品及加工工业发展战略》、2010年11月30日颁布的《俄罗斯联邦2020年前农业地区稳定发展构想》、2008—2012年农业发展及农产品、原料及食品市场调节的国家规划，以及其他一系列联邦的、部委的目标规划。

业的销售和装卸提供补贴，返还增加奶羊等牲畜养殖支出，支持地方牲畜养殖的农业发展规划，等等。

显而易见的是，农业领域的进口替代规划文件规模最大、内容也最为全面、细致，这体现出俄罗斯农业进口替代及降低外部依赖的迫切性和重要性。当然还有一个原因是，相对于民用制造业，农业领域进口替代的潜力最大，替代难度相对小，见效也最快。

2. 农业进口替代的扶持措施

首先是关税调节措施，其制定原则一是为了满足居民的食品需求，二是为了促进进口替代。针对那些无法在短期内实现进口替代的食品，俄政府采取了鼓励从独联体首先是欧亚经济联盟国家进口的政策。但是，对亟须实现进口替代，并且有很大可能实现进口替代的领域，俄罗斯则采取了提高进口关税甚至是禁止进口的调节措施，例如食品和加工工业设备、食品包装设备等。可以说，关税的升降充分展现了政府的市场调节能力，为进口替代得以实施和实现发挥了重要的引导作用。

此外，俄政府还采取了其他扶持政策，如财政和金融扶持。首先，为完成农业发展国家规划，俄罗斯每年向该领域财政拨款超过2000亿卢布。其次，俄罗斯还鼓励银行提供贴息贷款的信贷支持。以2014年为例，这些贷款主要用于农业进口替代与发展的各类投资项目，具体投资项目及其占总贷款额的比例是：技术和工艺现代化项目占总贷款额的33.12%，蔬菜种植项目占25.77%，制糖工业项目占12.82%，高蛋白作物加工项目占10.54%，蔬菜仓储项目占7.63%，等等。[1]

为农工综合体提供风险管控也是俄罗斯农业进口替代战略的重要

---

[1] Распоряжение правительства Российской Федерации № 803 - р, "Национальный доклад о ходе и результатах реализации в 2014 году Государственной программы развития сельского хозяйства и регулирования рынков сельскохозяйственной продукции, сырья и продовольствия на 2013 - 2020 годы", от 06.05.2015.

扶持措施。自 2011 年起农作物收成和多年生植物的播种保险就已经通过立法的形式得以实施①，2014 年俄罗斯 85 个联邦主体中的 62 个参加了种植业支持保险规划，44 家保险机构、组织进行了相关的保险业务，共签署了 5827 份国家支持农业保险协议，比 2013 年增加 25%。得到国家保险支持的耕地面积达 1280 万公顷，占总耕地面积的 17.7%，仅 2014 年一年，农作物保险赔付总额为 15.447 亿卢布，为受损失数额的 68%，2015 年延续了增加趋势。此外，针对畜牧业的国家扶持保险计划于 2014 年正式实施，有 57 个联邦主体参加、31 家保险公司提供保险业务，被保险人的牲畜头数达到了 430 万头，包括牛、山羊和绵羊、猪、马、骡子和驴、鸡及蜜蜂，占牲畜总数的 16.9%。联邦财政支付农民应计保费（平均保险费率为 1.21%）补贴达到 4.122 亿卢布，实际拨款（支付给地方财政）3.996 亿卢布，其中支付到农户手上 2.913 亿卢布。②

三、进口替代的结果及影响

（一）农业和民用制造业的进口替代概况

1. 农业进口替代成果

农业是俄罗斯进口替代取得明显成就的领域，表 6 显示了 2014 至 2019 年三类农业主体农产品产值的增长趋势，农业领域总体实现了进口替代。

---

① Федеральный закон Российской Федерации № 260-ФЗ, "О государственной поддержке в сфере сельскохозяйственного страхования и о внесении изменений в Федеральный закон о развитии сельского хозяйства", от 25.07.2011.

② Распоряжение правительства Российской Федерации № 803-р, "Национальный доклад о ходе и результатах реализации в 2014 году Государственной программы развития сельского хозяйства и регулирования рынков сельскохозяйственной продукции, сырья и продовольствия на 2013 – 2020 годы", от 06.05.2015.

表6　2014—2019年俄罗斯三类农业主体农产品产值

(单位：亿卢布)

	2014年	2015年	2016年	2017年	2018年	2019年
三类农业主体农产品总产值	40 311	47 946	51 123	51 095	53 488	59 079
农业组织的农产品产值	20 830	25 886	28 184	28 185	30 221	34 385
种植业	9407	12 639	14 284	13 363	14 388	17 300
畜牧业	11 423	13 247	13 900	14 822	15 833	17 085
居民经济的农产品产值	15 384	16 549	16 592	16 554	16 567	16 657
种植业	7308	7814	7689	7642	7871	7800
畜牧业	8076	8735	8903	8912	8696	8857
农民（农场）企业的农产品产值	4097	5511	6347	6356	6700	8037
种植业	3152	4420	5130	4992	5302	6500
畜牧业	945	1091	1217	1364	1398	1537

资料来源：https://gks.ru/free_doc/new_site/business/sx/tab-sel1.htm。

在满足国内消费需求的同时俄罗斯农业出口也大幅增加。2014年俄罗斯食品和农业生产原料出口创下了自2008年后的最高记录，出口总额达189亿美元，比2013年增加了16.5%。出口总额的大幅增加主要得益于小麦、大麦、葵花籽油等产品出口的迅速增加，其中小麦出口增长60.4%，大麦出口增长72.5%，葵花籽油等出口增长22.5%。2014年食品及农业原料出口占总出口的比重达到3.8%，而且其中的

73.2%是出口到非独联体国家。①

2. 制造业的进口替代结果

自2016年起俄罗斯制造业进口替代的成效显现。首先,农用机械行业取得显著进展,产值增长59.1%,医药行业增长23.75%。在俄政府进口替代委员会2018年的年度总结会议上,时任总理梅德韦杰夫公布了一组机械制造业进口替代取得的成绩。机械制造业,包括汽车工业设备、农用机械及食品和加工工业设备的进口替代都取得了明显的进展。2017年,俄罗斯汽车制造产值增长了20%,俄罗斯的发展目标是电动汽车和无人驾驶汽车;作为卡玛斯系列的一部分,俄罗斯则将研制液化天然气(LNG)卡车牵引车作为重点,这种机车能够在不二次加油情况下行驶900公里;此外,适用于大城市的大型电动汽车也成为俄罗斯自主研制的目标。2017年农用机械的生产增长了21%,2018年俄罗斯农用机械市场超过一半(56%)产品为俄罗斯制造,这也是农业生产进口替代取得成就的关键因素,农用机械国产化提供了良好的技术和设备支撑。

特别值得关注的是,2014—2017年间,俄罗斯所有传统的农用机械模型均已更新,而且为了抢占新的市场,俄罗斯也扩大了无人驾驶农用机车的产能。俄罗斯农业机械公司研制了具有不同自动化水平的设备生产线,这一项目的初始程序设计由俄罗斯公司自主完成。2017年,在俄罗斯公共和地面道路建设设备中,超过27%是俄罗斯制造,其出口也大大增加。俄罗斯也研制了用于不同铰接设备使用的现代机械和设备,包括土地施工机械——载货挖掘机、沥青摊铺机和通用机械。俄罗斯的机械进口替代也包括工业垃圾处理设备,例如自推式破碎筛分机等。食品设备、肉类加工和牛奶加工设备进口替代在2017年

---

① 根据Министерство сельского хозяйства Российской Федерации,"Национальный доклад о ходе и результатах реализации в 2014、2016、2018、2019 году государственной программы развития сельского хозяйства п регулирования рынков сельскохозяйственной продукции,сырья и продовольствия на 2013-2020 годы"数据整理。

也有明显进展,这些设备的国产总量增长了约20%,更为重要的是,有三分之一的俄罗斯食品设备出口到国外。食品和加工工业设备进口替代的重要依托是粮食加工、奶酪生产、食品包装设备的国产化,而且这些机械设备都已经销往国外。①

(二) 进口替代的综合结果与影响

1. 民用制造业进口依然以欧盟为主的同时出现"西降东进"趋势

首先,西方经济制裁与俄罗斯反制裁,以及2014年卢布贬值等一系列因素,对俄罗斯工业设备和机械进口版图并未产生实质性影响,从欧盟进口的工业机械和设备的比重依然高居首位,但同时也出现了明显的进口贸易转移。以2018年为例,如图1所示,欧盟依然是俄罗斯工业机械和设备的第一大进口来源地,只是其占比从2011年的77%降至2018年的71%。② 以往排在第二梯队的美国和日本的份额和排位明显下降,其份额从2011年的33%降至2018年的22%;相应地,中国与印度的市场份额及排位都明显提高,其比重从2011年的19%上升至35%。此外,独联体国家的份额明显下降,其主要原因是俄乌贸易关系遭到破坏,而中东欧国家的份额也发生下降。③

在进口结构发生改变的同时,受进口替代及外部环境的影响,俄罗斯企业的进口偏好也发生改变。盖达尔经济政策研究院于2011年和2018年的问卷调查结果表明,"俄罗斯工业企业表现出对国产机械和设备的极大需求,在2011—2018年的7年里,俄工业企业对国产机械设备的偏好跃居第二位;位居首位的依然是欧盟制造,其比例高达69%;对从美国和日本进口机械和设备的偏好明显下滑,从2011年的40%降至2018年的27%,位居第三位。值得注意的是,俄企业对从中

---

① "Заседание Правительственной комиссии по импортозамещению, О реализации проектов импортозамещения в машиностроении", http://government.ru/news/32268/.

② "Российские промышленники предпочитают оборудование подешевле", https://www.kommersant.ru/doc/3960725.

③ 同②。

国和印度购买机械和设备并不偏好，其比重仅占8%，与独联体国家处于同一水平。尽管并不偏好，但在关于购买计划的问卷中，俄罗斯企业选择从中国和印度进口的比例却明显提升，达到了35%，其主要原因是"性价比高"。[①]

资料来源：Сергей Цухло，"Импортозамещение: инвестиционные предпочтения промышлненности"，*Экономическое развитие России*，№ 6，2018，с. 23。

图1　2011年和2018年俄罗斯工业机械和设备进口结构对比

2. 进口替代取得了数量而非质量的成果

俄罗斯高等经济大学2018年年初的调查认为，俄罗斯"进口替代取得了数量而非质量的成果"。2017年，65%的俄罗斯公司进行了折旧设备的更换，几乎一半的企业设备用龄达到10—30年，超过一半的被调查企业不认为投资能改变企业的竞争力；几乎45%的被调查企业也不认为2018年俄罗斯企业的竞争力被改变了。该调查报告认为："这说明，要求购买国产设备抑制了公司的劳动生产率，设备更新并未

---

① Сергей Цухло，"Импортозамещение: инвестиционные предпочтения промышлненности"，*Экономическое развитие России*，№ 6，2018，с. 23。

带来现代化"。①

进口替代的结果不仅体现在直观经济指标上，也体现在对产出及效率的影响方面，后者更多是质量上的长期成效。从长期影响的角度看，俄罗斯学界对进口替代的质量总体评价并不乐观，其主要观点是政策保护和扶持导致俄罗斯企业的生产效率下降而非提升。俄罗斯经济与金融研究中心的研究认为，如表7所示，受政府扶持的部门的产出增加会使其他经济部门的情况恶化，而且整体损失要大于整体收益，从而导致国内生产总值的下降。该研究认为，"在现有经济发展条件下实行进口替代政策并不符合其提高经济效率、发展和出口多元化的目标，而且在经济衰退的条件下这一政策只能加剧已有问题。"② 这是因为，受保护和扶持的进口替代部门挤占了更具有国际竞争力、效率相对更高的经济部门的资源，使得未进入进口替代政策扶持的经济部门的产量下降并损害消费者福利。

表7 受进口替代政策扶持部门的进口下降10%所导致的结果

	农业	冶金	机器、设备和计算机	汽车	船舶、飞行及太空装置	全部门
产业保护关税当量	2.90	3.00	6.10	6.70	5.60	—
消费品价格指数变化（%）	0.04	0.09	0.39	0.30	0.30	1.00
部门产量变化（%）	0.70	2.50	9.80	10.30	8.30	3.80

---

① Сергей Цухло, "Импортозамещение: инвестиционные предпочтения промышленности", *Экономическое развитие России*, № 6, 2018, с. 23.

② Н. А. Волчкова и Н. А. Турдыева, "Микроэкономика российского импортозамещения", *Журнал новой экономической ассоциации*, № 4, 2016, с. 140.

续表

	农业	冶金	机器、设备和计算机	汽车	船舶、飞行及太空装置	全部门
所有其他工业部门产出变化（%）	-0.2	-0.4	-0.5	-0.2	-0.5	-2.3
国内生产总值变化（%）	-0.002	-0.011	-0.023	-0.005	-0.018	-0.049
消费者福利变化（%）	-0.015	-0.020	-0.074	-0.041	-0.080	-0.215

资料来源：Н. А. Волчкова и Н. А. Турдыева, "Микроэкономика российского импортозамещения", *Журнал новой экономической ассоциации*, № 4, 2016, с. 143。

来自托木斯克理工大学的日龙京等学者通过对克麦罗沃州基础工业部门进口替代的研究认为，"进口替代是俄罗斯走上新工业化发展道路的发动机，但重要的是政府如何确保俄罗斯不陷入进口替代的制度陷阱"，这是指完全依赖政府"输血"的进口替代缺乏可持续性。俄罗斯总统国民经济与公共管理学院的巴尔茨万伊亚以汽车制造业为例认为俄罗斯陷入了"进口替代陷阱"，指出俄罗斯进口替代带来了短期积极效应，但其长期效应却是负面的，因为占据市场的俄罗斯企业只能依靠政府不间断的扶持和保护政策，而只有竞争条件下的进口替代才是长期有效、可持续的。[①]

俄罗斯国家评级机构根据其调查结果指出，"俄罗斯未能实现其主要产品、包括受到制裁的产品的进口替代，只是供货方从欧洲的变成了其他国家的企业。"因此，该评级机构的专家认为，"从整体看实现的不是替代，而是将相同的'限制产品'，主要是欧洲的'限制产品'再出口而已；从独联体范围内看，这一转移的方向主要是白俄罗斯，

[①] В. Р. Парцвания, "Ловушка импортозамещения в реалиях автомобилестроения", *Проблемы прогнозирования*, № 4, 2022, с. 119。

它成为食品及农产品的主要进口来源地;从世界范围看,产品的转移方向主要是中国、越南及拉美国家。"① 俄罗斯学界对本国进口替代的上述评价表明该政策目前仍存在诸多不足。

(三) 俄罗斯进口替代对中俄贸易的影响

1. 从贸易规模看进口替代对中俄贸易的影响

自 2014 年西方对俄实施经济制裁及俄罗斯大规模实施进口替代至今,中俄贸易关系发生了很大改变。从贸易规模可以看出,中国很大程度上替代了之前的俄罗斯主要贸易伙伴,例如荷兰、德国、意大利;但是,在西方对俄实施经济制裁及俄罗斯实施进口替代期间,中国从俄罗斯的进口增幅要超过出口,因此中国对俄罗斯贸易由顺差转为逆差。

首先,中俄(货物)贸易额持续增加。自 2010 年中国成为俄罗斯第一大贸易伙伴至今,中俄(货物)贸易额除 2015 年有所下降之外②其他年份均保持较快增长。特别是 2016 年,在俄罗斯出口整体下降 16.8%、进口下降 0.2% 的情况下,俄罗斯对中国出口仅下降 2.0%、进口则增长 9.0%。2018 年,中俄贸易额突破了 1000 亿美元大关。

表 8 2012—2019 年中国对俄罗斯货物贸易动态

年份(年)	贸易额(亿美元)	增长率(%)	出口(亿美元)	增长率(%)	份额(%)	排名	进口(亿美元)	增长率(%)	份额(%)	排名	贸易顺差/逆差(亿美元)
2012	750.9	3.8	510.4	12.3	17.6	1	240.5	-10.5	6.8	4	269.9
2013	683.3	-0.9	516.9	1.3	18.0	1	166.4	-30.8	5.7	6	350.5

---

① "'Санкционка' оказалась незаменимой", https://www.ru/doc/4603211?utm_source=yxnews&utm_medium=desktop.

② 该降幅低于俄出口总体降幅,更小于俄与其他主要伙伴国的贸易额降幅。

续表

年份(年)	贸易额(亿美元)	增长率(%)	出口(亿美元)	增长率(%)	份额(%)	排名	进口(亿美元)	增长率(%)	份额(%)	排名	贸易顺差/逆差(亿美元)
2014	884.0	29.4	508.9	-1.6	17.8	1	375.1	125.4	7.6	2	133.8
2015	635.5	-28.1	349.5	-31.3	19.2	1	286.1	-23.7	8.3	2	63.4
2016	661.1	4.0	380.9	9.0	20.9	1	280.2	-2.0	9.8	2	100.7
2017	869.6	31.5	480.4	26.1	21.2	1	389.2	38.9	10.9	1	91.2
2018	1082.8	24.5	522.0	8.6	22.0	1	560.8	41.4	12.5	1	-38.7
2019	1106.5	2.2	541.2	3.4	22.2	1	565.3	0.9	13.4	1	-24.1

资料来源：中华人民共和国商务部"国别报告"网站。

其次，中国在俄罗斯货物贸易中的份额持续增加，进出口均跃居第一位。如表8所示，自2014年起中国在俄罗斯货物贸易中的份额逐年增加，出口份额从2013年的18%升至2019年的22.2%，进口份额从5.7%升至13.4%，2017年中国在俄罗斯进口贸易中的排名也从2014年的第二位跃居第一位。

最后，俄罗斯对中国贸易从逆差转为顺差。根据中国商务部统计2010—2017年俄罗斯对中国的贸易一直保持逆差，中国是俄罗斯第一大逆差来源国，2013年俄罗斯对中国贸易逆差达到最大值350.5亿美元。受西方经济制裁及进口替代的综合影响，俄罗斯对中国出口贸易增速逐渐超过进口增速，贸易差额逐渐收窄。自2018年起，中俄贸易差额出现逆转，俄罗斯对中国出口超过进口，对华贸易顺差达到38.7亿美元，2019年为24.1亿美元。

2. 中俄货物贸易结构的变化

受西方经济制裁及俄罗斯进口替代的影响，中俄货物贸易结构也发生了改变。根据《俄罗斯数据》、《俄罗斯贸易》及中国商务部《国别报告》，中俄货物贸易结构总体变化情况与趋势如下：

第一，俄罗斯向中国出口仍以能源燃料为主，西方经济制裁和俄罗斯进口替代之后，由于国际能源价格下跌，其比重起初呈下降趋势，但 2017 年有所回升，2018 年达到高点。至于能源原料在双边贸易中的具体比重，俄罗斯联邦国家统计局的数据为 68.5%，而俄罗斯联邦海关署的数据为 71.3%。2014—2018 年能源燃料在中国从俄罗斯进口的货物总额中占比分别为 74.0%、66.1%、63.8%、64.9%、73.6%；中国商务部的数据则相应为 77.0%、69.0%、66.7%、67.8%、76.2%。

根据俄罗斯联邦国家统计局的数据，截至 2018 年，能源燃料在俄罗斯对华出口中的份额已增至 73.6%，这一趋势完全符合俄罗斯对外能源出口的总趋势。而且在多数年份里，这一占比要小于俄罗斯同其他主要贸易伙伴的能源出口占比。以 2018 年为例，俄罗斯对主要贸易伙伴的出口中，能源燃料的比重为：荷兰（俄罗斯第二大贸易伙伴）85%、德国（俄罗斯第三大贸易伙伴）85%、韩国 80%、英国 77.9%、日本 76.1%，均明显高于中国的 73.6%。

俄罗斯从中国进口的商品中，机电产品始终居于首位，其比重有所增加，从 2014 年 23.2% 升至 2018 年的 27.5%。[①] 自 2014 年起俄罗斯从中国进口的机电产品的比重呈上升趋势。2021 年这一趋势加快。该年度俄罗斯工业机械和设备进口占其进口总额的 49.2%，机械设备进口实际增加 26%，机电产品进口增加 21.8%，轿车及货车实际增长 40%。中国已成为俄罗斯工业机械和设备进口的主要来源地，其份额已经达到 41%。在西方经济制裁与俄罗斯反制裁背景下，俄罗斯进口向中国转移的贸易趋势不仅已经发生了而且呈加速趋势。

---

① "Торговля в России 2017"，https://rosstat.gov.ru/storage/mediabank/torg17.pdf.

2020—2021 年俄罗斯的对外贸易联系

柳德米拉·波波娃　谢尔盖·苏德林*

【摘要】 由新冠肺炎疫情引发的经济危机加剧了全球及国家发展的不确定性。国际贸易及其他跨境交易比单个国家的经济更易受到疫情的影响。2020 年上半年全世界企业几乎停产，随后经济活动缓慢恢复，这引发了世界市场的剧烈波动，以及物流和供应链的中断。在这种情况下，与世界整体态势相比，俄罗斯的对外贸易因其结构特点而表现出更大的波动性。但是 2020 年俄罗斯对外贸易额的下降幅度低于疫情初期的预测，而 2021 年则超过了 2019 年的水平。总体而言，俄罗斯继续朝着旨在实现商品和地区多样化的贸易政策目标前进。

新冠肺炎疫情导致了全球经济衰退，在世界贸易中引发了新一轮贸易保护主义，各国开始实行各种壁垒和限制措施。2020—2021 年，俄罗斯的出口同样也遭遇了新的贸易限制，所承受的经济和政治压力也普遍增加。此外，疫情期间西方经济体对俄罗斯实施的单边制裁范围甚至有所扩大。俄罗斯是世界上第一个注册新型冠状病毒疫苗"卫星-V"的国家，但随后世卫组织和欧盟一直拖延对该疫苗的认证。所谓的"疫苗民族主义"不仅限制了俄罗斯疫苗的出口，而且将危及全

---

* 柳德米拉·波波娃（Людмила Валерьевна Попова），圣彼得堡国立大学世界经济教研室副教授；邮箱：l. v. popova@ spbu. ru。谢尔盖·苏德林（Сергей Феликсович Сутырин），圣彼得堡国立大学世界经济教研室主任、教授，圣彼得堡国立大学世贸组织教研室项目主任；邮箱：s. sutyrin@ hotmail. com。

世界数百万人的健康和生命。

【关键词】 俄罗斯；对外贸易；贸易政策；贸易保护主义；疫苗；新冠肺炎

一、引言

众所周知，新冠肺炎疫情实际上已经波及了世界上每一个国家，几乎所有经济领域都受到了严重影响，世界经济联系——外贸往来、投资合作、劳动力迁移、国际货币信贷关系自然也不例外。可以肯定地说，与国民经济综合体的内部互动相比，在很多情况下对疫情影响更为敏感的恰恰是世界经济联系。应当指出，虽然新冠肺炎疫情在总体上产生了负面影响，但对于某些经济领域来说，它却成为一个增长因素。在本文中，作者试图梳理疫情暴发以来，在国际贸易及其调控方面发生的重大的与疫情相关的变化，特别是与俄罗斯相关的变化。

二、疫情时期的国际贸易

新冠肺炎疫情的广泛传播导致了国际贸易流量的急剧萎缩。根据世界贸易组织的评估，在疫情暴发的第一年——2020年，商品贸易额至少下降了8%，服务贸易额至少下降了21%。[①] 这种情况发生的因果逻辑是非常清楚的。包括企业全部或部分停产、关闭边界、限制交通运输等在内的疫情防控措施的实施，必然导致国际供应的减少。

同样重要的是，全球价值链的广泛扩展显著地放大了疫情的影响。全球价值链稳定运行的基础是半成品、零部件、组件等不间断的贸易，而这一基础因疫情而受到破坏。疫情造成的企业停产引发了连锁反应，

---

① 相关报告的作者同时多次指出新冠肺炎是造成这一下降的主要原因(如果不是唯一原因)。参见："World Trade Statistical Review 2021"，https://www.wto.org/english/res_e/statis_e/wts2021_e/wts2021_e.pdf。

一些国家的工厂因无法及时得到必需的零部件被迫停产,① 而这又阻碍了下一环节的外贸供货。

数据表明,国际服务贸易遭受的损失尤其巨大。出境旅游业出现的下降最为严重,这既是由于国家监管机构实行的各种限制措施,也是由于需求的下降。在疫情影响下,消费者必然会对出境游伴随的各种不确定性和风险的增加做出反应。房地产销售和运输服务业也受到了严重影响,后者衰退的深度与该行业在 2008—2009 年危机期间的经历相似,不同的是,现在蒙受损失的主要是客运而非货运。

尽管存在上述情况,我们仍然认为不应高估新冠肺炎疫情的破坏力。把新型冠状病毒看作所有问题和灾难的根源,显然是过分地简单化。为了证明这一点,我们提请注意以下情形。

首先,如果将考察的时间范围稍加扩展,可以发现,2020 年国际贸易的萎缩不过是延续了之前就已经显露出来的趋势,②尤其是早在 2019 年商品贸易额的增长速度就已经为 -3%。如果再看一下世界商品贸易实物量增速指标,那么下降出现得更早:2017 年为 4.3%,2018

---

① 例如,当武汉实行严格的隔离措施时,汽车制造商现代公司不得不将其位于韩国蔚山的主要工厂完全停产数日。

② 早在 2019 年,世界贸易组织就指出,最近十年世界商品贸易量和国内生产总值几乎"同步"增长,参见 World Trade Statistical Review 2019, Geneva, P.10。在早前一个相对较长的时期内,贸易量增长动态一直高于国内生产总值增长动态,二者之间有约一倍的差距,事实上这一差距意味着商品在其生产国以外的需求份额在逐渐增加。可以认为,上述的增长过程目前已经达到了某种"上限"。在我们看来,这种界限应该存在。的确,一个国家所有(或者是几乎所有)产品都在其境外被消费,而国内消费领域只包括(或者几乎只包括)从国外进口的商品,这种情况看起来完全不现实。换言之,至少在可预见的未来,除了上述"同步"增长之外,别无选择。
在上述关于对国际贸易发展前景的评估上,还应当注意一个问题,即为什么通常把国内生产总值的动态与世界商品出口动态相比较?要知道后者超过 60% 的构成是服务。实际上,分析包括工业和农业在内的所谓的实体部门的增长速度更合乎逻辑。根据世界银行的数据,包括林业和水产养殖在内的农业领域所创造的附加值份额,以及包括建筑业在内的工业部门所创造的附加值份额,在 21 世纪世界国内生产总值的结构中都呈下降趋势,2018 年略低于 29%。2018 年世界各国生产总值为 86.34 万亿美元。不难算出,实体部门约为 25.04 万亿美元。同年,世界商品出口达 19.67 万亿美元。换言之,制成品总量的 78.6% 进入了国际贸易渠道。我们认为,期待这一指标增加已不太可能。(详见:*Очерки по торговле и торговой политике России*/под общей ред. С. Ф. Сутырина. — СПб. 2022. С. 13-14)。

年为 2.5%，2019 年为 0%，2020 年为-5.0%。①

其次，谈论新型冠状病毒对国际贸易总体发展产生的负面影响时，也应注意到，对于一些特定市场来说，用"因祸得福"来形容非常恰当。事实上，2020 年农产品出口总额不仅没有减少，甚至增加了 0.9%，这再次证明一些国家对国际粮食供应的高度依赖。受疫情影响，对全系列个人防护装备的需求激增，带动纺织产品出口年增长 16%。当然，医疗产品（仪器、设备、药品）的供应也都增长了。在这一背景下，世贸组织记录的世界出口总额增长了 16.3%。②

即使是受新冠肺炎疫情影响比商品贸易严重得多的国际服务贸易，也不是所有部门都呈负面态势。例如，保险、养老金以及金融服务业 2020 年就增长了 3%—4%，而出口增长了 8% 的计算机服务业则成为绝对的领先者，③ 这反映了所有经营管理领域对利用计算机信息技术的需求的爆发式增长。

第三，也许是最重要的，在评估新冠肺炎疫情影响时，一方面必须考虑商业结构的适应能力，另一方面则要考虑到监管主体所做出的反应。确实，国际贸易参与者能够相当迅速地适应变化了的经济活动环境。同样，许多国家的监管机构则积极采取各种措施，对最脆弱的经济部门和最缺乏保障的群体提供经济支持，这些努力也产生了一定的积极效果。

因此，国际贸易由于新冠肺炎疫情所遭受的衰退整体上并没有持续太久。根据世贸组织的评估，贸易活动比最初人们的担忧表现出更高程度的韧性。④ 尽管从疫情开始后，全球患病人数和因新冠肺炎死亡人数的统计令人沮丧，但至少就商品贸易而言，从 2020 年第三季度开始就已经明显恢复。2020 年第四季度，无论是价值上还是物量指数水

---

① "World Trade Statistical Review 2021", https://www.wto.org/english/res_e/statis_e/wts2021_e.pdf.
② 同①。
③ 同①。
④ 同①。

平上，国际贸易交易额都有了实质性增长。2021年前四个月，大多数国家贸易额的动态数据已经超过了"疫情前的指标"。① 2021年全年都保持了这积极态势。

三、调整贸易政策应对疫情挑战

鉴于新冠肺炎疫情对国际贸易的负面影响，各国监管机构尝试对其贸易政策进行相应调整是完全合理的。目前来看，各国采取的这些措施与所谓应对对外部冲击的"传统反应式"的措施有很大不同，这一点值得特别关注。经济危机应对便是"传统反应式"措施最为典型的例子，通常是利用关税和非关税调节手段限制进口和刺激出口，对本国生产商发放补贴是非关税调节的重要手段，目的是提高（或至少保持在可接受的水平上）其产品的国际竞争力。所有这些都是为了从整体上刺激国家经济主体的商业活力，特别是以此保障就业和适当的税收收入。

这次应对疫情却是另一种情形：国家监管机构不单是使用了更广泛的贸易政策工具，还实质性地转移了其重点。根据世贸组织秘书处有关新冠疫情的贸易政策措施的报告②，截至2022年3月25日世贸组织成员共出台了267项此类措施。③ 这些措施可以被明确分为两组：一是完全禁止和限制出口措施（共98项）；二是贸易便利化措施，尤其

---

① "World Trade Statistical Review 2021", https://www.wto.org/english/res_e/statis_e/wts2021_e.pdf.
② "Summary of Export Restrictions and Trade Easing Measures Relating to the COVID‐19 Pandemic", https://docs.wto.org/dol2fe/Pages/SS/directdoc.aspx?filename=q:/G/MA/W168R2.pdf&Open=True.
③ 有关这一类别的数据存在显著差异。例如，2021年4月世贸组织报告称，各成员国总共出台了348项与疫情有关的贸易措施。换句话说，在不到一年的时间里，报告的措施总数就难以置信地减少了81项。考虑到统计问题以及避免可能的不同理解，作者在本文中采用了2022年3月公布的数据。

主要是促进进口便利化（共169项）。①

第一组措施是完全禁止某类产品的出口（占此类措施36.3%），或者限制出口，包括数量限制、使用非自动出口许可证以及所谓的有条件出口禁令。这一组措施主要针对药品、医疗设备、个人防护装备和消毒剂等等，但并不局限于此。② 这些措施由世贸组织的58个成员国实施。值得注意的是，截至2021年下半年，其中有7个国家（美国、荷兰、马来西亚、法国、德国、比利时和爱尔兰），位列全球治疗和预防新冠肺炎产品的10大重要出口国，这7国出口占此类商品世界出口总量的44.9%。③ 在这一市场的主要参与者中，只有中国和墨西哥没有禁止或限制出口。

至于第二组贸易便利化措施，其目的是降低进口成本，丰富进口商品种类并让民众买得起，确保进口商的现金流和必要的流动资金量。这些措施主要包括取消或降低进口关税和其他相关税费、延期付款，以及简化海关程序。59个世贸组织成员国采取了这些措施，全球治疗和预防新冠肺炎重要产品的10个主要进口国无一例外都在其中。④ 截至2021年下半年它们进口的此类商品占世界进口总量的61.3%。⑤

新冠肺炎疫情对国际社会各国贸易政策的影响是短期的还是长期的，这一问题毫无疑问引人关注。也许正确的答案是在某种程度上两

---

① 公平地说，在采取这些旨在缓解疫情冲击后果的措施的同时，各经济体还实施了"传统措施"以限制进口。例如，2020年2月3日俄罗斯就对珍奇和观赏动物实行了临时进口禁令。其他国家也采取了类似的措施，尽管在某些情况下没有这么严格，如对入境产品必须提交相关的实验室检测结果。

② 例如，2020年3月底，吉尔吉斯斯坦对多种农产品实施出口禁令，其中包括小麦、小麦面粉、植物油、大米、通心粉制品、鸡蛋、盐、糖和牲畜饲料。

③ "Trade in Medical Goods in the Context of Tackling COVID-19: Developments in the First Half of 2021", https://www.wto.org/english/tratop_e/covid19_e/medical_goods_update_dec21_e.pdf.

④ 此数据所指的十个国家分别为中国、美国、德国、荷兰、马来西亚、墨西哥、日本、法国、比利时、爱尔兰，其中只有德国和西班牙在欧盟实施的措施基础上附加了国家监管机构相应的决议。

⑤ 同③。

者兼而有之。事实上，在世界卫生组织 2020 年 3 月 11 日正式宣布新冠肺炎疫情具有大流行特征前，早期的"抗击新冠肺炎疫情"贸易政策措施就开始实施了。早在 2020 年 1 月末，中国台湾、欧盟和新加坡就采取了相应的预防措施，智利、中国、阿曼和沙特阿拉伯也于 2 月跟进。而在 2020 年 3 月，疫情明显暴发，仅禁止和限制出口的措施在该月就出台了 48 项。①

在随后的几个月里，贸易政策措施的活跃度有所降低。某种程度上，这是因为人们最初希望疫情可以迅速得到控制（遗憾的是并没有）。同时，有必要关注实行"抗击新冠肺炎疫情"措施的期限。其中一些措施没有明确规定时间期限，另有一些措施的有效期则从两个月到一年不等，而还有七项措施有效期超过一年。根据世贸组织的统计数据，在禁止和限制出口方面，2020 年 4 月底生效措施数量达到峰值，同时生效了 71 项措施。到了 2021 年年初，这一数字下降到 30 多项，此后实际上一直稳定在这一水平。截至 2022 年 2 月，还有 31 项措施仍在生效。换言之，有效期满后，所采取的措施要么被延长，要么被新措施代替。在本文截稿时，最近的类似案例有：澳大利亚在 2022 年 1 月、吉尔吉斯斯坦在 2 月、摩尔多瓦在 3 月通过了新的第一组禁止或限制出口的措施，印度在 2021 年 10 月实施了新的第二组进口便利化措施。

总的说来，对于世界政治、经济和社会发展进程来说，会经常出现新的大规模风险，不确定性也会增加。在这种形势下，各个国家监管体系都应该做好充分的准备，迎接成群结队的新"黑天鹅"的出现。人类从新冠肺炎疫情中汲取了一些教训，但愿这些教训能够被长久地铭记。

---

① 值得注意的是，尽管这些措施出台的时间是 2020 年 3 月，但英国和美国采取的措施具有追溯效力，其中包括第一组措施适用于在 2020 年 1 月 1 日之后达成的交易，第二组措施甚至适用于在 2019 年 9 月 1 日之后达成的交易。

四、全球趋势背景下的俄罗斯对外贸易

最近十年来俄罗斯的对外贸易是按照 21 世纪头十年确定的方向发展的。从这一时期起，扩大非原材料产品在俄罗斯出口中的份额，推动由一些前苏联国家整合而成的欧亚经济联盟的一体化发展进程，以及依靠扩大与亚洲、非洲和拉丁美洲国家的合作以实现经贸伙伴关系的地区多样化，成为俄罗斯贸易政策的主要任务。2014 年，西方国家针对俄罗斯实施单边经济制裁，随后又扩大了制裁范围，这令此前确定的贸易政策领域的主要任务更具有现实意义。为此，俄罗斯成立了专门的国家机构并形成机制，推动俄罗斯非原材料产品进入国际市场。与此同时，俄罗斯与外国伙伴就消除针对俄罗斯农产品壁垒方面的谈判明显增多。

（一）俄罗斯出口情况

2020 年，俄罗斯的对外贸易趋势与世界一致，都呈收缩态势。与此同时，俄罗斯贸易额的下降程度更甚于总体国际贸易。2020 年俄罗斯商品出口总量下降了 20.7%，出口额和实际交货量都有减少。2020 年上半年下降得最为严重，随着经济复苏，2020 年下半年出口额和交货量开始恢复。同时，2020 年俄罗斯的外贸整体情况比第一轮新冠肺炎疫情时的最初预期要好得多。

2020 年 4 月，俄罗斯中央银行预测全年出口总量将下降 40%，该预测是根据年平均油价为每桶 27 美元作出的，而实际上该年年内油价为 41.7 美元。[①]

除了贵金属和宝石（以黄金为主）以及农产品，2021 年俄罗斯几乎所有类别商品的出口都出现了下降。能源燃料类商品（-36.6%）

[①] "Итоги внешнеэкономической деятельности Российской Федерации в 2020 году и I полугодии 2021 года", https://www.economy.gov.ru/material/file/ab03f167412ee7cbc60d8caf776bab70/itogi_ved_v_2020g_i_1_polugodie_2021.pdf.

和矿物肥料（-24.0%）的出口减少得最多。化学、冶金、木材和机械制造产品出口减少了3%—12%。与此同时，农业食品领域产品的出口量增长了19.2%，达290亿美元。①呈现增长的第二个商品类别是药品，2020年该类商品出口货物量增长了22%，这类商品增长的主要因素是从2020年年底起"卫星-V"疫苗开始出口。

2021年世界经济活力恢复②对俄罗斯的外贸活动产生了良好影响。与2020年相比俄罗斯的贸易额增长了近38%，超过了7890亿美元，为2014年以来的最高值。2021年，大多数俄罗斯商品在国际市场上价格上涨，令出口额增加至4916亿美元，比2020年增长45.8%。在实际出口量保持相对稳定的情况下（-1.7%），燃料和能源商品价格的急剧飙升（比2020年上涨了61%）③，使该类商品出口额增长到2670亿美元（上涨了59%）。由于俄罗斯实行出口关税和配额，尽管粮食、金属和木材的价格有所上涨，但这类商品的出口量并没有增加（下文将详细论述这一问题）。④

1. 俄罗斯能源出口情况

由于一系列原因，外贸活动的成果对俄罗斯经济有着重要的意义。首先，商品贸易（出口和进口）在国内生产总值中所占份额很高，

---

① "О внешней торговле в 2020 году", https://rosstat.gov.ru/storage/mediabank/26_23-02-2022.html.

② 根据联合国贸发会议的数据，2021年世界贸易增长了25%。参见："Global Trade Hits Record High of ＄28.5 Trillion in 2021, but Likely to be Subdued in 2022", https://unctad.org/news/global-trade-hits-record-high-285-trillion-2021-likely-be-subdued-2022.

③ 与2020年相比，俄罗斯能源出口价格上涨了61%，其中：石油上涨58%、石油产品上涨51%、管道天然气上涨10%、液化天然气上涨12%、烟煤33%。参见：А. Ю. Кнобель, А. С. Фиранчук, "Внешняя торговля в 2021 году: рост экспорта за счет скачка цен. Мониторинг экономической ситуации в России Тенденции и вызовы социально - экономического развития", https://www.iep.ru/ru/doc/37144/vneshnyaya-torgovlya-v-2021-godu-rost-eksporta-za-schet-skachka-tsen.pdf.

④ А. Ю. Кнобель, А. С. Фиранчук, "Внешняя торговля в 2021 году: рост экспорта за счет скачка цен. Мониторинг экономической ситуации в России Тенденции и вызовы социально - экономического развития", https://www.iep.ru/ru/doc/37144/vneshnyaya-torgovlya-v-2021-godu-rost-eksporta-za-schet-skachka-tsen.pdf.

2016—2020年间平均占50%。① 因为传统上俄罗斯的出口以燃料和能源商品为主，国际石油市场行情的剧烈波动明显影响到了俄罗斯石油天然气行业的公司和国家预算收入②。

新冠肺炎疫情以及新一轮国际贸易保护主义浪潮对俄罗斯的国际贸易活动产生了影响。2020年上半年，世界范围内企业的关闭和停产导致了全世界经济活力创纪录的下滑和对能源需求的下降。从2020年2月到4月，伦敦布伦特原油期货价格下跌了三分之二，每桶价格略高于20美元。2020年5月，欧洲市场的天然气价格跌到了历史最低点。对于经济严重依赖能源出口的俄罗斯来说，能源市场行情的急剧恶化对石油天然气综合体带来了负面影响，导致出口收入下降和卢布贬值。

疫情初期能源价格急剧下降主要是由于"欧佩克+"协议的延长问题被拖延而导致的。在俄罗斯的努力下，该协议最终于2020年4月初签署，这有助于市场的稳定。在协议框架内俄罗斯加入了石油减产，结果是与2019年相比2020年俄罗斯的石油开采总量减少了近9%。由于需求下降，2020年的天然气开采量下降了近6%。③

2021年上半年，由于一些国家成功实施疫苗接种计划，同时"欧佩克+"协议限制世界石油供应的措施取得成效，国际石油需求得到恢复，促进了市场行情的改善。"欧佩克+"开始逐渐增加石油产量，2021年7月成员国商定在限制措施结束前增加每月石油产量。从2021年年初起俄罗斯开始增加天然气产量，2021年前7个月，俄罗斯天然气产量大约比2020年同期增长了12%。2021年全年油价持续上涨，10月底达到近7年来的最高位（每桶86美元）。④

---

① "Trade policy review", https://www.wto.org/english/tratop_e/tpr_e/s416_e.pdf.
② 俄罗斯生产的能源超过一半都用以出口，石油天然气工业产品占俄罗斯联邦商品出口的60%以上，保证了俄罗斯40%的国家预算收入。
③ "Доклад об экономике России", https://documents1.worldbank.org/curated/en/099100111302157406/pdf/P177562047516f01709b360c30dafa5850d.pdf.
④ 同③。

2. 俄罗斯非资源和非能源商品（NNE）出口情况

增加俄罗斯非资源和非能源商品的出口是最近10年来俄罗斯贸易政策最重要的方向，金属产品、机械制造产品、粮食，以及包括药品在内的化学商品是非资源和非能源商品出口的主要构成部分。[①]尽管困难重重，但如图2所示，俄罗斯NNE的出口额在2014—2021年间仍增长了37%。农产品出口的增长尤其显著，最近10年来俄罗斯农业出口额增长了2倍。农产品出口的积极发展态势不仅是由于世界需求和价格的上涨，也是由于俄罗斯从2015年开始实施的出口扶持制度，以及拓宽俄罗斯产品在海外市场销路的措施。[②] 总的说来，俄罗斯出口中的非资源和非能源商品的比重受国际市场价格涨跌的影响而波动，但是整体呈上升趋势：从2010年至2021年非资源和非能源商品在俄罗斯对外出口中的份额从28.5%增长到了38.8%。[③]

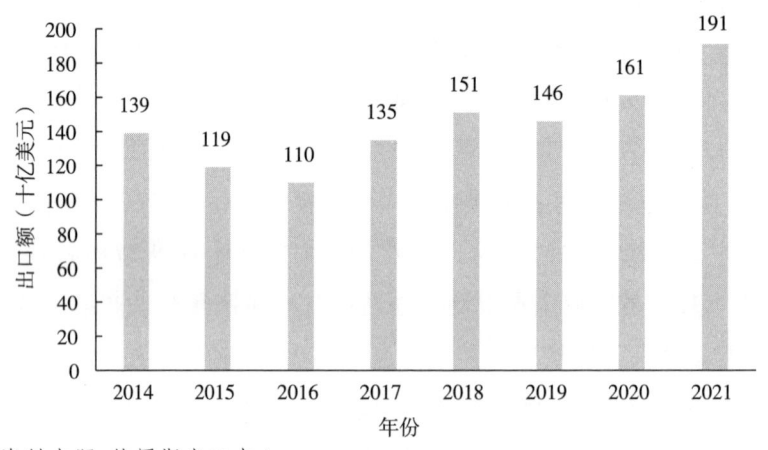

资料来源：俄罗斯出口中心。

图2 2014—2021年俄罗斯非资源和非能源商品出口额

---

① 统计非资源非能源商品方法上的困难在于此类商品的涵盖范围会发生周期性的变化。例如，2021年1月前非资源非能源商品目录中包括黄金。

② В. А. Архипова, " Реализация государственной поддержки экспорта в Российской Федерации", *Инновационное развитие экономики*, № 4-5, 2020, С. 67-77.

③ "Несырьевой неэнергетический экспорт России установил исторический рекорд и превысил $ 191 млрд", https://www.exportcenter.ru/press_center/news/nesyrevoy-neenergetichesikiy-eksport-rossii-ustanovil-istoricheskiy-rekord-i-prevysil-191-mlrd/.

在疫情背景下，与资源型商品相比，非资源和非能源商品出口表现出很大的稳定性。以价格计算的非资源和非能源商品出口增加了，达1610亿美元（扣除黄金后1410亿美元），这主要是由于贵金属出口的增加。除了此类商品，农产品、纺织品和服装的出口也增加了。[1] 2021年除能源外，金属和粮食的价格也明显上涨。特别是粮食价格，根据联合国粮农组织的数据，国际粮价一年内几乎上涨了四分之一，达到十年来最高价位。[2] 物流中断和生产链被破坏是2021年里全球商品价格上涨的主要原因之一。俄罗斯以价格计算的非资源和非能源商品出口也因此增长了36%，达到创纪录的1910亿美元。黑色金属和有色金属、肥料、机械制造产品、药品和木材是推动该增长的主要动力。尽管实际交货量有所下降，但由于价格上涨，粮食出口额增加了23%。[3] 俄罗斯非资源和非能源商品的主要进口国有中国（156亿美元）、哈萨克斯坦（144亿美元）、白俄罗斯（114亿美元）、土耳其（109亿美元）、美国（79亿美元）。

针对在新冠肺炎疫情下面临的挑战，俄罗斯提高了非资源和非能源商品在俄罗斯出口中的份额目标。根据2020年7月21日第474号俄罗斯联邦总统令《2030年前俄罗斯联邦国家发展目标》，2030年前俄罗斯非资源和非能源商品的出口额至少要增加70%，即达到2730亿美元。[4] 而在2018年，该出口额目标被定为至2024年达到2500亿美元。[5]

3. 俄罗斯疫苗出口情况

2021年，俄罗斯增加了对国际市场的抗新冠病毒疫苗供应。如表

---

[1] "Итоги экспорта России в 2020 г", https://www.exportcenter.ru/upload/%D0%90%D0%BD%D0%B0%D0%BB%D0%B8%D0%B7_%D1%8D%D0%BA%D1%81%D0%BF%D0%BE%D1%80%D1%82%D0%B0_2020.pdf.

[2] "World Food Situation", https://www.fao.org/worldfoodsituation/foodpricesindex/en/.

[3] "Доклад об экономике России", https://documents1.worldbank.org/curated/en/099100111302157406/pdf/P177562047516f01709b360c30dafa5850d.pdf.

[4] "Указ о национальных целях развития России до 2030 года", http://kremlin.ru/events/president/news/63728.

[5] В. П. Оболенский, "Внешняя торговля России в условиях пандемии и после нее", *Российский внешнеэкономический вестник*, № 10, 2020, С. 7–17.

9所示，该类商品出口量全年增长了多倍。在疫苗的生产和出口方面，俄罗斯以2.1%份额排名世界第五，位于欧盟（38%）、中国（36%）、美国（13%）、韩国（3.8%）和印度（2.4%）之后。[①]如图3所示，俄罗斯疫苗主要出口国家依次是阿根廷（2.04亿美元）、墨西哥（1.99亿美元）、阿联酋（1.97亿美元）、印度（1.12亿美元）和哈萨克斯坦（1.1亿美元）。除了阿联酋，上述国家都在其境内实现了"卫星"疫苗的本土化生产。

表9 2015—2021年俄罗斯疫苗*的出口与进口

（单位：百万美元）

	2015年	2016年	2017年	2018年	2019年	2020年	2021年
出口	21.7	33.2	52.0	50.6	60.6	70.9	1405.5
进口	92.9	119.1	125.6	146.0	175.8	184.5	239.2

资料来源：俄罗斯联邦海关署。

注：＊海关商品编码 HS 3002200009"其他人类用疫苗"。

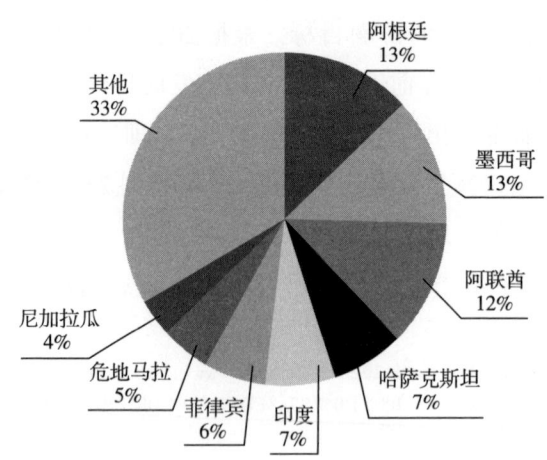

资料来源：Trademap。

图3 2021年俄罗斯疫苗主要出口方向

---

① "Россия заняла пятое место в мире по объему производства и экспорта вакцин от COVID-19", https://www.vedomosti.ru/business/news/2021/12/28/902944-rossiya-voshla-v-pyaterku-liderov-po-eksportu-vaktsin.

（二）俄罗斯进口情况

与出口不同，新冠肺炎疫情对俄罗斯的进口影响较小，2020 年减少了 5.3%。由于经济增速放缓，消费品（如交通运输工具，-22%）和投资产品（如化学产品，-11.4%；金属产品，-26%）的进口都减少了。药品的进口也大幅减少（-23%），这是国内同类产品部分实现进口替代和俄罗斯药品产量扩大的结果。包括电子产品在内的机械设备进口保持在 2019 年的水平。在疫情背景下，医疗设备，尤其是检测和外科设备以及此类设备配件的进口大幅增加，2020 年以价格计算此类商品的进口量增加了 11.2%。

2021 年俄罗斯进口额达 2934 亿美元，大大超过 2020 年（+26.7%）和 2019 年（+20.5%）。进口额的增长不仅仅是由进口商品价格上涨（与 2020 年相比上涨 10.4%）促成，也是由于实际商品进口量增加（比 2020 年增加 15.0%）。机械和设备类商品传统上在进口结构中的比重最大。和大多数国家一样，疫情影响下俄罗斯的线上贸易出现增长，2020 年线上贸易总体增长 58.5%。2021 年俄罗斯线上跨境贸易规模增长了 9%，低于疫情前的增长速度，[①] 大部分线上跨境贸易伙伴来自中国。

（三）俄罗斯对外贸易地区结构变化

在过去的十年里，俄罗斯对外贸易的地区结构更加多样化。如表 10 所示，商品流持续从欧洲方向转向其他地区的伙伴，首先是东亚国家，这主要是由于俄罗斯与中国之间的贸易额不断增加。与此同时，俄罗斯与印度、中东地区、拉丁美洲、非洲之间贸易的重要性也不断提升。2012—2021 年间，印度、中东、拉美、非洲在俄罗斯出口中的总份额从 9.7% 增加到了 16.6%，在进口中的总份额从 7.2% 增长到了

---

① 2021 年互联网贸易额在 3.6 万亿卢布，参见：https://www.kommersant.ru/doc/5217077。

8.7%。应当指出的是,中东地区出口份额增长很大程度上是由于土耳其成为俄罗斯管道天然气进口国。特别是在2021年,"蓝溪"管道输送的天然气总量达到了自2003年投入运营以来创纪录的159.8亿立方米。① 与此同时,欧亚经济联盟框架内推进欧亚一体化也取得了显著的成绩,各成员国间相互取消了壁垒,形成了共同市场,这扩大了俄罗斯非资源商品出口量。②

表10　2012年、2017年、2021年俄罗斯与主要贸易伙伴贸易额占俄总对外贸易比重

(单位:%)

国家/地区	2012年 出口	2012年 进口	2017年 出口	2017年 进口	2021年 出口	2021年 进口
欧盟(含英国)	46.80	41.96	44.70	38.30	42.80	33.50
东亚	13.70	29.80	17.70	37.80	20.40	40.25
中东	5.14	3.00	9.30	2.40	9.20	3.30
美国	2.48	4.90	3.00	5.60	3.60	5.90
印度	1.44	1.00	1.80	1.30	1.86	1.50
非洲	1.84	0.80	4.10	1.16	3.00	1.00
拉丁美洲	1.30	2.46	1.72	3.60	2.50	2.90
欧亚经济联盟	7.30	7.20	9.70	8.10	9.20	8.10
其他	20.00	8.88	7.98	1.74	7.00	3.55

资料来源:俄罗斯联邦海关署。

在能源价格剧烈波动的情况下,2020—2021年与主要出口伙伴之

---

① "Прокачка газа по'Голубому потоку'в 2021 году выросла до рекордных объемов", https://www.interfax.ru/business/818918.

② Г. В. Борисов, Л. В. Попова, "Интеграционные и дезинтеграционные процессы на постсоветском пространстве через призму развития внутриотраслевой торговли", *Очерки по торговле и торговой политике России*/под общей ред. проф. С. Ф. Сутырина, — СПб,2022,С. 112-151.

间贸易的下跌对俄罗斯的外贸额影响最大。2020年，欧盟仍是俄罗斯的主要贸易伙伴，但其在贸易额中的份额却下降至创记录的最低点33.8%（2016年为43.4%），而随着俄罗斯对欧洲市场供应的基础能源和其他大宗商品价格的回升，2021年这一份额恢复到了35.9%。

总体而言，疫情没有对俄罗斯对外贸易的地区结构产生实质性的影响，欧盟国家的份额降低与东亚国家（主要是中国）的比重不断提升的趋势仍在持续。十年来东亚国家在俄罗斯进出口中的整体比重不断提升，但俄罗斯与该地区不同国家的贸易情况则各不相同。[①] 尤其是当与日本之间的贸易交流在2014年乌克兰危机后不断走低时，俄罗斯与中国、越南、韩国以及其他一些地区和国家之间的贸易额却在迅速增长。2020年和2021年，东亚[②]在俄罗斯对外贸易额中分别占28.6%和27.8%，2021年中国作为俄罗斯最大的进出口市场，在俄罗斯的出口比重中占13.8%，进口比重中占24.8%。

俄罗斯出口的地区结构变化与能源出口从欧洲转向东亚方向有关。一方面，欧盟国家长期以来追求的降低对俄罗斯能源依赖的政策是这一进程的基础。2021年，欧盟这一政策又添加了转向生态清洁能源的"绿色议程"。同时，俄罗斯向东亚的转向也是由该地区整体经济发展更具活力和对传统能源需求更大决定的。如图4所示，2010—2021年间，欧洲在俄罗斯石油出口量中的份额从76.3%下降到了48.3%，在煤碳出口量中的份额从47.3%下降到了24%。而在同一时期，三个最大的东亚国家市场（中国、韩国和日本）在俄罗斯的石油出口量中的份额则从13.9%上升至38.3%，在煤炭出口量中的份额相应地从24.7%上升至40.4%。

---

① 格列布·鲍里索夫：《俄罗斯对外贸易结构完善的前景（以俄中产业内贸易为例）》，载关雪凌、梁赞诺夫主编：《俄罗斯经济发展研究（2018—2019）》，北京：新华出版社，2019年版，第128—154页。

② 东亚包括中国、日本、韩国、东盟十国、中国香港和中国台湾。

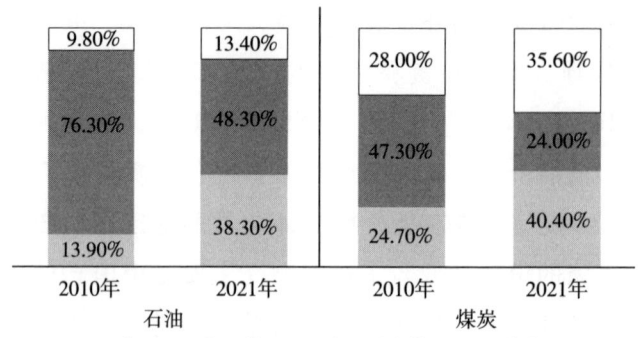

资料来源：俄罗斯联邦海关署。

图 4　2010 年和 2021 年俄罗斯石油和煤炭实物出口地区结构

至于进口的地区结构，2014 年以来，西方对俄罗斯经济一些关键部门所需的先进设备实行的出口限制政策，促成了俄罗斯向东亚的转变。这种政策的结果实际上使相应产品的中国和其他东亚的生产商替代了俄罗斯市场上传统的机械制造产品供应商，其中主要是德国的供应商。①中国机械制造产品（HS-84 和 HS-85 组商品）对俄的出口总量目前已经远超欧盟国家和英国此类商品的对俄市场出口量。

值得注意的是，从 2014 年起开始实行的对俄贸易限制措施并没有对俄美之间贸易产生明显的影响。多年来美国在俄罗斯的进出口中的份额甚至有所增长，贸易额也略有增加。引人注目的是，2021 年俄美两国彼此之间双向出口急剧增长。在俄罗斯对美国市场的出口中，石油和石油产品、肥料、贵金属，尤其是铂的出口增加。在俄罗斯从美国的进口中，"特殊分类商品"（HS99）以及涡轮喷气发动机、交通工具和药品有所增加。

独联体国家是俄罗斯的特殊伙伴，俄罗斯与这些国家之间的贸易实行免税制度。②尽管 2020—2021 年与这些国家的贸易额是增长的

---

① L. V. Popova and W. Zhou, "Russia's Trade with China: in the Face of Sanctions a Search For New Market Opportunities", *Russian Trade Policy. Achievements, Challenges and Prospects*, London: Routledge, pp. 171-201.

② 由于与欧盟的自由贸易区协定生效，自 2016 年起乌克兰被从这一制度中排除。

(分别是0.8%和30.2%)，但总体而言，在过去的十年中它们在俄罗斯外贸中的份额从14.6%下降到了12.2%。其中的主要原因是与乌克兰之间的经济合作大幅减少，从2010年至2021年，俄乌双边贸易减少了55.4%，从276亿美元降至123亿美元，此外大多数独联体国家在此期间发生的本国货币贬值，也导致了它们与俄罗斯双边贸易的疲软。

相反，欧亚经济联盟框架内一体化进程的发展，促使该组织成员国在俄罗斯外贸中的份额略有增加，从2015年的8.1%增加至2021年的8.8%（2020年一度达到9.1%）。欧亚经济联盟框架内的一体化是在西方对俄罗斯和自2020年起对白俄罗斯实施制裁的艰难背景下发展的。尽管2020年受新冠肺炎疫情的影响，俄罗斯与欧亚经济联盟国家之间的贸易额有所下降，但由于相互之间的供货更加多样化，俄罗斯与这些伙伴之间的贸易与俄罗斯整体对外贸易相比缩减得并不多。2021年，俄罗斯与欧亚经济联盟之间的贸易额增长了34.3%。[①] 因此，在世界经济危机的背景下，欧亚经济联盟伙伴国之间的相互贸易成为弥补其外部损失和抵消负面趋势的积极因素。

五、新冠肺炎疫情下俄罗斯贸易面临的压力及其调节措施

从2014年起俄罗斯的发展一直处于西方国家对其不断加强的贸易保护主义、使用不正当竞争工具、制裁以及直接的政治和经济压力之下。从2015年起针对俄罗斯的新的限制性措施几乎增加了一倍。作为对西方单边制裁的回应，俄罗斯不得不实行粮食禁运，并启动大规模的进口替代计划。随着西方对俄罗斯的制裁不断延长并扩大，俄罗斯同样采取了反制裁措施。[②]

---

① "Об итогах внешней и взаимной торговли товарами государств – членов Евразийского экономического союза", https://www.eurasiancommission.org/ru/act/integr_i_makroec/dep_stat/tradestat/analytics/Documents/express/Jan-Dec%202021.pdf.

② G. Borisov, et al, "Modification of Russia's Trade Pattern in 2014 and beyond", *Journal of Economic Integration*, Vol. 35, No. 2, 2020, pp. 296-325.

在新冠肺炎疫情下，针对俄罗斯的外部压力不仅没有减轻，反而加强了。2020年全年，俄罗斯"北溪-2"管道项目都面临更加严厉的制裁威胁。2021年管道建成完工，但其投入运营却出现新的障碍。2021年4月，拜登政府对俄罗斯技术部门实施制裁，扩大了对在一级市场购买俄罗斯债务的禁令。同时一系列与网络安全相关的俄罗斯公司也被封杀。① 在一系列针对俄罗斯的外部压力中，最有代表性的是世卫组织对俄罗斯新冠病毒疫苗"卫星-V"的注册程序的处理。

2020年8月，俄罗斯成为世界上第一个正式注册新冠病毒疫苗"卫星-V"的国家。2020年10月，俄罗斯向世卫组织递交了加快疫苗注册程序的申请，但该程序被推迟批准。直到2022年年初，世卫组织和欧盟都不承认俄罗斯的疫苗以及该疫苗相应的接种证明。但在过去的2021年里，世卫组织注册了10种新冠肺炎疫苗，其中包括美国的莫德纳、辉瑞、杨森，英国-瑞典的阿斯利康，中国的国药和科兴、印度的Covaxin和Covishield，以及Covovax和Nuvaxovid疫苗。② 尽管世卫组织和欧盟拖延认证程序，但到2021年年底，世界上已有70多个国家在国家层面上承认了俄罗斯疫苗的有效性。一些欧盟国家，特别是匈牙利、克罗地亚、保加利亚、希腊、斯洛文尼亚和塞浦路斯，不等欧盟监管机构决定便承认了"卫星-V"疫苗的接种证书。但是，俄罗斯公民在接种了"卫星-V"疫苗后前往欧盟其他国家时仍受到一系列限制。

世卫组织拖延俄罗斯疫苗的认证进度，在形式上并不违反世贸组织的规则，但俄罗斯认为这实际上是世界疫苗市场竞争的手段，目的在于限制俄罗斯疫苗扩大产品出口的能力。欧盟于2021年上半年实行

---

① И. Тимофеев, "Политика санкций: итоги 2021 года. 30 декабря 2021", https://russiancouncil.ru/analytics-and-comments/analytics/politika-sanktsiy-itogi-2021-goda/.

② "ВОЗ одобрила 10-ю вакцину от COVID-19 для использования в экстренном порядке", https://news.un.org/ru/story/2021/12/1416012.

疫苗出口禁令，世贸组织和世卫组织称之为"令人担忧的趋势"，① 这项禁令人为地给向有需要的国家供应俄罗斯有效疫苗制造了障碍。

对俄罗斯实行的进口替代政策，包括本土化生产和国家采购机制等措施，欧盟和美国都提出异议，这是对俄罗斯政治施压的典型例证。2021年7月，欧盟向世贸组织提出申诉，向俄罗斯索赔2900亿欧元。② 这一金额据称是欧盟公司在按招标程序向俄罗斯国有企业销售商品和服务时所受损失的评估数。美国也对俄罗斯的进口替代政策表示不满，认为这一做法背离了世贸组织的规则。③

俄方认为，欧盟的索赔要求毫无根据，准备在诉讼程序中捍卫自己的利益。欧盟委员会所抱怨的措施，完全符合俄罗斯在世贸组织框架内承诺的义务。以俄罗斯同类产品替代外国产品的政策与国际贸易规则并不矛盾。在加入世贸组织时俄罗斯没有加入《政府采购协定》，并不承担相应的义务，而一些行业实施进口替代正是由美国和欧盟2014年针对俄罗斯实施的部门制裁而引发的。俄罗斯专家指出，此前并没有人就进口替代政策向俄罗斯提出索赔。因此2021年欧盟向世贸组织上诉机构提起诉讼被认为具有政治色彩，其目的是在乌克兰局势背景下进一步激化与俄罗斯的矛盾。

西方对俄罗斯压力的不断加大，以众多限制形式的不公平竞争阻碍俄罗斯的发展，这些都在2021年7月2日普京批准的新版俄罗斯《国家安全战略》（以下简称《战略》）中得到了回应。该《战略》

---

① "Coronavirus: WHO criticises EU over vaccine export controls", https://www.bbc.com/news/world-europe-55860540.

② 参见："DS604: Некоторые меры в отношении отечественных и зарубежных товаров и услуг (истец – Европейский союз, ответчик –Российская Федерация)", https://www.wto.org/english/tratop_e/dispu_e/cases_e/ds604_e.htm; Спартак А. Н., "Ключевые мирохозяйственные тренды в текущем десятилетии", Российский внешнеэкономический вестник, № 12, 2021, С. 7–26.

③ "2021 Report on the Implementation and Enforcement of Russia's WTO Commitments", https://ustr.gov/sites/default/files/enforcement/WTO/2021%20Report%20on%20Russia%27s%20WTO%20Compliance.pdf.

的性质与2016年的版本不同，美国及其部分北约盟国首次被正式认定为不友好国家，而与西方的关系在俄罗斯国家外交政策优先事项清单中排在最后。《战略》主要强调深化与独联体国家的合作。俄罗斯外交政策的优先方向还包括发展与中国的新时代全面战略协作伙伴关系，与印度、其他亚洲、拉丁美洲和非洲国家之间的战略伙伴关系，以及深化与上合组织成员国和金砖国家的多方面合作。

新冠肺炎疫情造成经济增速放缓，引发了世界贸易中的新一轮保护主义浪潮，并导致各国针对出口商设置各种壁垒和限制。[1] 特别是在疫情第一年，俄罗斯的出口遭受了56项新限制措施，比前一年多19%。根据俄经济发展部的数据，至2020年年底，针对俄罗斯出口商品的限制措施共有195项，包括反倾销税、配额和制裁。其中大多数是欧盟和乌克兰（各25项）、土耳其（15项）、白俄罗斯和美国（各10项）实施的。对俄罗斯出口商品的限制性措施大多针对化学和冶金工业产品。[2]

根据欧亚经济委员会的数据，国际社会2021年针对俄罗斯和其他欧亚经济联盟国家实施了88项贸易限制措施。主要可分为技术性贸易壁垒（38%），卫生和植物检疫措施（33%），以及数量限制（15%）。[3] 限制措施主要针对的是食品（39项）、化工和橡胶制品（17项），以及一系列的商品（15项）。

需要指出的是，中国实施的大部分限制措施与疫情防控"动态清零"

---

[1] 2020年世贸组织成员国发起的反倾销调查数量达到最近20年来的最高值，而反补贴调查数量则达到该组织自成立以来的峰值。参见："Anti-dumping Initiations by Exporter 01/01/1995 - 30/06/2021", https://www.wto.org/english/tratop _ e/adp _ e/AD _ InitiationsByExp.pdf；"Countervailing Initiations by Exporter 01/01/1995 -30/06/2021", https://www.wto.org/English/tratop_e/scm_e/CV_InitiationsByExp.pdf。

[2] "Итоги внешнеэкономической деятельности Российской Федерации в 2020 году и I полугодии 2021 года Министерство экономического развития Российской Федерации", https://www.economy.gov.ru/material/file/ab03f167412ee7cbc60d8caf776bab70/itogi _ ved _ v _ 2020g _ i _ 1 _ polugodie_2021.pdf。

[3] Андрей Слепнев, "Комиссия активно осуществляет мониторинг доступа на внешние рынки", https://eec.eaeunion.org/news/andrey - slepnev - komisiya - aktivno - osushchestvlyaet - monitoring-dostupa-na-vneshnie-rynki/。

政策有关，其中主要包括限制货物、交通工具和人员的跨境流动。2020—2021年，中国加强了对俄罗斯煤炭和木材的边境防疫检查。此外，由于俄中边境口岸周期性关闭，建材、小型设备、服装、鞋类，以及一些食品的出口商都在一定程度上遇到了向中国供货的困难。

2020年和2021年上半年，俄罗斯设法消除或阻止了其他国家针对俄罗斯商品的总计58项限制性措施，估计减少年损失近40亿美元。[1] 其中，2020年俄罗斯通过世贸组织取消或暂停了7项针对俄罗斯出口的限制措施，估计减少年损失4亿美元。

和世界上大多数国家一样，俄罗斯在疫情初期也采取了刺激和限制性措施，用来调节对外贸易，保障食品和医疗安全。同时，这些措施在国家层面和欧亚经济联盟层面都得到了实施。刺激措施于2020年4月6日获得通过，其中规定简化个人防护装备、医疗设备和新冠肺炎检测试剂进口程序。[2] 从2020年3月21日起一个月内，简化大型连锁零售商和进口商在进口一系列必需品（包括食品、药品和医疗制品）时的进口程序。

实施临时限制出口措施的目的是保障民生需求产品供应和稳定国内市场的价格。从2020年3月24日起，俄罗斯开始对个人防护装备、防护和消毒用品、医疗产品和材料实行临时出口禁令，并从3月31日起对部分类型食品实行临时出口禁令，尤其是对葵花籽、大豆、大米和其他谷物实行临时出口限制。[3] 从2020年4月初至6月30日，欧亚经济联盟也采取了类似限制措施。[4]

为了稳定国内农产品和其他重要出口商品的价格（金属、矿物肥料、

---

[1] "Итоги внешнеэкономической деятельности Российской Федерации в 2020 году и I полугодии 2021 года", https://www.economy.gov.ru/material/file/ab03f167412ee7cbc60d8caf776bab70/itogi_ved_v_2020g_i_1_polugodie_2021.pdf.

[2] "Summary of Export Restrictions and Trade Easing Measures Relating to the COVID-19 Pandemic", https://docs.wto.org/dol2fe/Pages/SS/directdoc.aspx?filename=q:/G/MA/W168 R2.pdf&Open=True.

[3] "Trade Policy Review. Report by the Secretariat, Russian Federation", https://www.wto.org/english/tratop_e/tpr_e/s416_e.pdf.

[4] Экономика и экономическая политика в условиях пандемии / Под ред. Кудрина А. Л. — М.: Издательство Института Гайдара, 2021. c. 344.

木材），俄罗斯还调整了部分商品出口关税和出口配额政策。为限制谷物出口，对小麦实行固定关税政策，从 2021 年 2 月 15 日至 3 月 1 日为 25 欧元/吨，从 3 月 1 日到 6 月 1 日为 50 欧元/吨。①

除关税外，从 2021 年 2 月 15 日至 6 月 30 日，设定了出口欧亚经济联盟成员国以外的 1750 万吨谷物关税配额。从 2021 年 6 月 2 日起，俄罗斯开始实行谷物出口关税弹性机制，对小麦、玉米和大麦的出口实行浮动税率，其数额根据即时出口价格确定，征收的资金将被用于补贴农业生产者。2021 年 7 月，俄罗斯又提高了葵花籽和大豆的出口税（有效期至 2022 年 8 月）。2021 年上述措施落实后，俄罗斯谷物在得以继续出口的同时，其在国内市场价格的上涨也得到了抑制，国内谷物价格对国际价格变化的敏感性有所降低。

在国际市场价格急剧上涨的背景下，俄罗斯仍对其他重要的原材料出口商品实行了临时关税。从 2021 年 8 月 1 日到 12 月 31 日，俄罗斯对向欧亚经济联盟以外出口有色金属和黑色金属征收临时关税。② 从 2021 年 12 月 1 日至 2022 年 5 月 31 日对部分类型的肥料出口实施数量限制。

对部分类型的木材征收临时出口关税，但是 2021 年采取这些措施不仅仅是因为世界市场的行情很好，也是国家政策的一部分，目的在于刺激有高附加值的木材综合加工业产品的生产和出口。③ 2021 年 7 月，俄罗斯对部分种类的木材（未经加工的针叶树种木材和橡树木材）征收了临时出口

---

① "Итоги внешнеэкономической деятельности Российской Федерации в 2020 году и I полугодии 2021 года", https://www.economy.gov.ru/material/file/ab03f167412ee7cbc60d8caf776bab70/itogi_ved_v_2020g_i_1_polugodie_2021.pdf.

② "Сергей Глазьев предложил бороться с инфляцией как в 1990-е", https://www.vedomosti.ru/economics/articles/2021/12/02/898720-glazev-predlozhil-borotsya.

③ 从 2007 年起俄罗斯分阶段地提高了未加工木材的出口税。同时取消了大多数类型的木材加工产品的出口税。这一政策的主要目的是发展国内木材加工业和改变出口结构，提高高附加值产品的份额。2009 年木材加工产品的出口税本应达到 80%，然而由于世界金融危机和主要进口国芬兰的要求，实行的期限被推迟。2020 年，为了支持地方木材加工企业发展，俄罗斯总统确定了任务，从 2022 年 1 月 1 日起完全禁止未加工针叶树种和珍贵阔叶树种木材出口。在这一政策框架内，2021 年政府重新修订了 2018 年通过的《俄罗斯联邦至 2030 年森林综合体发展战略》（https://static.government.ru/media/files/pFdqtWFH8y9SfQjDE0Xnwd8eXW oJJMYB.pdf）。

关税，并提高了山毛榉和白腊树木材的出口关税。2021年11月，俄罗斯再次提高了对一些种类木材的出口关税，并将其有效期延长到2022年12月31日。① 根据《俄罗斯联邦至2030年森林综合体发展战略》，从2022年1月1日起，全面禁止出口未经加工的或粗加工的针叶树和珍贵的阔叶树木材。与此同时，俄罗斯还减少了木材出口关口的数量。预计这些措施将终结不受控制的原木出口，并刺激木材加工产品出口的发展。

2022年1月，欧盟很快对俄罗斯提高出口关税和其他政策措施提出异议，并向世贸组织提出了申诉。② 欧盟认为，俄罗斯对原木出口实施限制措施违反了其在世贸组织框架内的义务，对欧盟国家的木材加工业产生了负面影响。俄罗斯则认为，这些说法毫无根据。

六、结论

2020年是疫情的第一年，国际贸易额出现了大幅下降，服务贸易领域遭受的损失尤其巨大，而全球价值链的广泛延伸显著放大了负面效果。

同时，不应高估新冠疫情的破坏性潜力。首先，2020年国际贸易的缩减只是延续了早前就已经出现的外贸联系增速减缓的趋势。其次，在疫情之下一些商品的国际供应不仅没有减少，甚至有所增加，部分服务领域也有所增长。第三，国际贸易在新冠病毒影响下经历的下降总体上并没有持续很久。2020年第三季度就已经明显恢复，2021年全年都保持了积极发展态势。

鉴于新冠肺炎疫情对国际贸易的负面影响，各国监管机构尝试对其贸易政策进行相应的调整是有其合理性的。贸易政策调整的重点不仅在于使用适用范围更广的贸易政策工具，而且与应对全球经济危机时的措施相比，也发生了重大变化。这些措施明确分为两组：一是完全禁止和限制出

---

① "Trade policy review. Report by the secretariat, Russian Federation", https://www.wto.org/english/tratop_e/tpr_e/s416_e.pdf.

② "DS608: Russian Federation-Measures Concerning the Exportation of Wood Products", https://www.wto.org/english/tratop_e/dispu_e/cases_e/ds608_e.htm.

口措施；二是贸易便利化措施，尤其主要是促进进口便利化。在新的大规模风险经常出现和不确定程度增加的情况下，这些措施在未来被使用的可能性相当高。

2020年至2021年，在世界贸易萎缩和经济活力不稳定的背景下，俄罗斯的外贸因其结构特点表现出极大的波动性。疫情第一年俄罗斯的外贸额下降幅度大于整个国际贸易，而2021年俄罗斯与其他国家贸易的恢复速度超过了全球整体。

和世界大多数国家一样，俄罗斯在疫情初期也采取了刺激和限制性措施以调节对外贸易、保障食品和医疗安全。为了稳定国内农产品和其他重要出口商品（金属、矿物肥料、木材）的价格，俄罗斯开始更积极地采用出口关税和出口配额机制。俄罗斯政府努力保持宏观经济稳定，利用贸易政策工具熨平市场行情的波动，以减轻对俄罗斯经济的负面影响。

21世纪第二个十年之初，俄罗斯确定了其贸易政策的基本方向和任务，其中包括提高非资源和非能源商品在俄罗斯出口中的份额、贸易联系的多元化、推动欧亚经济联盟框架内的经济一体化进程，这些都没有受到疫情的实质性影响。尽管困难重重，俄罗斯在实现既定目标上仍取得了显著的成就。在多元化方面，欧盟国家的份额继续下降，东亚国家（主要是中国）以及其他非西方国家和地区的比重在持续扩大。

从2014年开始，俄罗斯的发展一直处于日益严重的保护主义、单边制裁，以及西方国家为了阻碍其发展而实施的直接的政治和经济压力之下。在新冠肺炎疫情下，俄罗斯所承受的外部压力不仅没有减轻，甚至还加重了，限制性措施和制裁范围扩大了，其中的很多措施具有明显的政治色彩。俄罗斯2021年版《国家安全战略》对西方国家以众多限制形式加剧不公平竞争作出了回应，首次将美国及其部分北约盟友认定为不友好国家。

"疫苗民族主义"成为疫情期间俄罗斯在国际市场遭遇的一种新的竞争形式。2020年8月，俄罗斯成为世界首个正式注册新冠疫苗"卫星-V"的国家，并于当年10月向世卫组织提交了国际注册申请。但是，俄罗斯认为疫苗在世卫组织和欧盟的注册程序以牵强的借口被拖延。这限制了俄罗斯抗病毒疫苗的出口,给接种过"卫星-V"疫苗的人员在国外旅行设置了障碍。

在本文的结尾,笔者想提请读者注意,在俄罗斯与乌克兰冲突造成的更大规模的冲击面前,疫情引发的震荡对俄罗斯外贸来说仿佛是一场序幕。但这全然是另一个题材,完全值得单独进行讨论。

本文译者:吕萍

中国社会科学院俄罗斯东欧中亚研究所俄罗斯外交研究室副研究员

俄罗斯公共卫生支出改革的内涵及其启示

童伟　宁小花[*]

【摘要】 人力资源投入不足、医务人员数量奇缺、卫生防疫力量薄弱、医疗服务缺口巨大、初级医疗机构设备陈旧、医疗服务水平亟待提升,此类问题曾长期存在于俄罗斯公共卫生领域,部分问题至今依然突出。为此,俄罗斯政府一方面以国家战略助推公共卫生支出快速增长,一方面改革公共卫生财政预算管理模式,通过引入规划预算,改变预算编制本位、优化预算管理流程、完善绩效评价体系,使公共卫生资源配置效应得以改善,公共卫生支出更加直观、具象和高效,为有针对性地解决俄罗斯公共卫生领域存在的重点难点问题,促进全民医疗健康状况的普遍改善以及公共卫生服务水平的全面提升构筑了良好的通道与平台。

【关键词】 俄罗斯;规划预算;公共卫生支出;启示与借鉴

公共卫生投入一直是世界各国满足人民对公共卫生服务需求数量和质量、提升人民群众健康福祉的重要来源和保障。公共卫生政策能否得到有效贯彻和落实、公共卫生资金能否得到高效使用,在很大程

---

[*] 童伟,经济学博士,中央财经大学财经研究院研究员,中国人民大学-圣彼得堡国立大学俄罗斯研究中心研究员;研究方向为政府预算、绩效管理、俄罗斯东欧中亚财政经济;邮箱:Tongwei67@ sina. com。宁小花,中央财经大学学科规划办副研究员;邮箱:ningxiaohua916@ 126. com。

度上取决于公共卫生投入的管理效率。俄罗斯政府以绩效预算为核心推进公共卫生领域预算改革,取得了一定的成效。

一、俄罗斯公共卫生领域绩效预算改革的背景与缘由

2005年前,俄罗斯公共卫生体系运行因政府财力匮乏、投入严重不足而困难重重,医务人员工资待遇普遍偏低,不到国内平均工资水平的80%。而在同等经济发展水平国家,医务人员工资约为平均工资2倍。"超低的收入使俄罗斯医务人员大量流失,人员严重不足:医生缺口约4万人,医护人员短缺27万人。随着大批苏联时期培养的医务人员陆续步入退休年龄,俄罗斯医务人员缺口还将持续增大"[1]。医疗设备也因缺乏资金更换而陈旧落后,基本公共卫生服务难以维系。

俄罗斯各类疾病的发病率也因之不断上升:循环系统疾病增加了约2倍,恶性肿瘤疾病患者增加了60%,疾病死亡率、住院感染率比同等经济发展水平国家高出1倍;艾滋病传播严重,艾滋病病毒携带者超过100万人,每年新增肺结核患者15万人,心血管疾病发病率和致死率全球第一,婴儿出生时预期寿命在全球226个国家中排名第164位,低于南美洲最贫穷的国家玻利维亚,甚至低于伊拉克和印度[2]。医疗服务的短缺还加重了寻租现象,同样患病程度的病患住院医疗等待时间不同、同种疾病享受的免费治疗技术和药物不同、能够免费获得高科技医疗服务的机会也大不相同,这使公共卫生行业成为俄罗斯腐败的高发地带。民意调查结果显示,一半以上的行贿行为发生在医疗服务领域。[3] 医疗服务也因此成为俄罗斯民众意见最为集中、批评最为严厉、满意度最为低下的公共服务领域。

---

[1] 童伟、庄岩:《俄罗斯医疗保障制度的启示与借鉴》,载《中央财经大学学报》,2014年第10期,第18—25页。
[2] О. Л. 雷巴科夫斯基、В. С. 苏多普拉托娃、О. А. 塔尤诺娃著,张广翔、王目坤译:《俄罗斯降低人口死亡率的潜力研究》,载《人口学刊》,2018年第3期,第52—61页。
[3] 迟连翔、齐晓安:《俄罗斯反腐败措施及其启示》,载《东北亚论坛》,2012年第5期,第91—97页。

为解决公共卫生领域上述问题，缓解民众不满，俄罗斯政府将公共卫生纳入国家优先发展项目，期望通过扩大公共卫生财政投入、提高医务工作人员工资、配备高新科技医疗设备、均衡地区医疗卫生资源，促进公共卫生服务水平和服务质量提升、预防及治疗流行性疾病、延长人均预期寿命、改善国民健康状况。

二、俄罗斯公共卫生领域财政预算改革的推进

俄罗斯自2003年开始实施以结果为导向的中期预算制度，力图通过预算决策与国家战略的紧密结合，以解决国计民生问题为目标，以履行国家职能为依据，合理配置预算资源。同时，通过赋予低层级部门更多预算权限，强化成本控制和结果导向，促使预算管理重心由传统的合规性监控转向对产出与结果的追求。通过对财政支出效率、责任感、公平性和有效性的监督与评价，将预算资金的管理责任直接指向公共部门及其管理人员，促使公共部门及其管理者关注财政资金的使用效益，提升公共服务质量。为此，俄罗斯不仅规范了中期预算的编制程序、国家财政中长期收支预测方法、财政赤字和国家债务的约束条件，还逐步将规划预算的理念与方法引入中期预算，试图通过规划预算的实施优化预算资源配置模式，强化预算资金对国家战略的支撑作用。规划预算也因此成为俄罗斯中期预算改革的重点，其中，设立国家优先发展项目是俄罗斯实行规划预算的尝试与创新。

2005年，俄罗斯总统普京指出，民众的需求就是政府的责任，政府应通过国家优先发展项目的实施将民众的需求转变为国家发展战略，促进俄罗斯民众生活质量的全面提升。[①] 公共卫生领域因民众关注度较高、影响范围广泛，以及改革的迫在眉睫成为俄罗斯首批入选的国家优先发展项目[②]。

---

① "История нацпроектов в России", https://tass.ru/info/6101471.
② 俄罗斯首批国家优先发展项目共有四项，分别为"医疗""教育""住房""农业"。

(一) 规划预算在俄罗斯公共卫生领域的试行：国家优先发展项目"医疗"

规划预算的编制应有明确的结果目标，应与国家战略及民众需求高度相关，同时还应设立相应的绩效评价指标体系，以保障规划实施结果的可考核、可衡量、可评价、可监督，从而使绩效预算改革的结果导向得到切实落实。设立绩效目标也因之成为规划预算的一个突出特征和明确要求，俄罗斯国家优先发展项目"医疗"也被赋予了明确的发展目标：改变公共卫生部门的落后状况，提高初级医疗机构服务质量，提高医务人员工资；创造有利于儿童出生和成长的医疗环境，满足居民医疗服务需求；健全流行病防疫防控体系，增强公共卫生服务的可及性；培养健康的生活方式，提高俄罗斯居民的健康水平，促使俄罗斯居民对医疗服务的满意度不断提升。[1]

为保障"医疗"国家优先发展项目战略目标的达成，俄罗斯投入了大量财政资金。2006—2008年，俄罗斯用于国家优先发展项目"医疗"的财政资金由789.8亿卢布逐步提高到1458亿卢布，增长了近85%，三年合计投入3560亿卢布，是俄罗斯同期四个国家优先发展项目中资金规模最大、增长速度最快的项目。相应地，其实施效果也最为显著：国家向上万家初级医疗机构提供了4.2万套诊断设备（X射线、超声波、内窥镜等），这些机构约有半数以上是第一次获得此类设备，大大缩短了患者等待检查的时间；国家还为医疗机构配备了13 000多辆装有特殊医疗设备的救护车，70%以上的救护车得到更新，急救车到达抢救地点的时间从35分钟缩短到25分钟；各类疫苗广泛投入使用，许多危险的流行病，如白喉、乙型肝炎、麻疹、腮腺炎、风疹、百日咳等的发病率大大降低；配备高科技设备的医疗机构不断增

---

[1] И. М. Шерман и С. В. Шишкин, *Русское здравоохранение: новые вызовы и новые задачи*, Москва: Издательский дом ГУВШЭ, 2009, с. 6.

多，享受高科技医疗服务的患者人数增长了四倍以上。①

为巩固国家在公共卫生领域取得的成绩，进一步提升俄罗斯公民的健康水平，2009—2012年俄罗斯国家优先发展项目"医疗"获得的财政拨款进一步扩大，4年累计6768亿卢布，同比增长近1倍。经过连续多年的努力，俄罗斯公共卫生服务得到进一步改善，医务人员平均工资提高2.6倍，5.3万名医生得到培训；8万名艾滋病患者和2万多名病毒性肝炎患者得到治疗，结核病死亡率降低3.6%，预防性体检查出的早期疾病患者超过1000万人；产前诊断设备不断现代化，母婴死亡率进一步降低，生育率不断提高，俄罗斯人口数量自独立后首次由降转升，反映出一种难得的积极态势；人均预期寿命由2005年的65.4岁延长到2012年的70.3岁，提高了4.9岁。②

（二）规划预算在俄罗斯公共卫生领域的正式推出——国家规划"卫生"

2010年，时任总理的普京提出了俄罗斯预算改革的进一步设想：全面推进规划预算，即政府各部门的预算管理工作应以国家规划为基础，充分反映国家战略思想及民生服务需求，通过国家战略目标及民生服务需求的对接，使纳税人每一卢布的支出都能着眼于取得良好的社会经济效益。③在联邦政府的直接领导下，俄罗斯自2011年起开始实施"国家规划"预算管理改革，国家规划预算总额最高时超过联邦预算总额的95%，成为俄罗斯政府预算编制的主要模式。

---

① 高际香：《俄罗斯医疗保障体系改革》，载李永全主编《俄罗斯发展报告（2014）》，北京：社会科学文献出版社，2014年版，第136—147页。

② "Сведения о выполнении сетевого графика реализации приоритетного национального проекта 'Здоровье' на 1 января 2012 года", https://minzdrav.gov.ru/documents/6914-svedeniya-o-vypolnenii-setevogo-grafika-realizatsii-prioritetnogo-natsionalnogo-proekta-zdorovie-na-1-yanvarya-2012-goda.

③ 为此，2010年6月俄罗斯联邦政府颁布《关于批准2012年前提高俄罗斯联邦政府预算支出效率规划》，2010年8月进一步发布联邦政府令《关于批准俄罗斯联邦国家规划制定、实施和评估的程序》。

俄罗斯国家规划的前期准备工作量极其庞大，国家规划的编制虽由某一政府部门具体负责，但往往需要多个部门协同，例如国家规划"卫生"的主管部门为俄罗斯卫生部，但参与部门有俄罗斯农业部、教育部、建设部、卫生检疫局、国家原子能委员会、俄罗斯联邦慈善基金会、社会保险基金委员会、联邦强制医疗保险基金委员会等部门，跨部门协调使国家规划的起草需要9个月乃至更长的时间。为此，俄罗斯政府不得不采取渐进的方式，成熟一个批准一个，在2011—2012年间先后批准了五大领域①42项国家规划，国家规划"卫生"即是"提高生活质量"领域下13项国家规划之一。俄罗斯原有的国家优先发展项目也逐步融入进新的国家规划之中，例如国家优先发展项目"医疗"就成为国家规划"卫生"的核心组成部分。

（三）规划预算在俄罗斯医疗卫生领域的发展与完善——国家项目"医疗"与"人口"

为准确反映国家战略及民生需求，俄罗斯规划预算需聚焦国计民生问题及时调整。2018年5月，俄罗斯总统普京发布"关于俄罗斯联邦2024年前国家发展目标和战略任务"（又称"五月法令"），俄罗斯随即依照新的国家发展目标对国家规划进行了重新定位，"卫生"成为新的46项国家规划之一。

"五月法令"还有针对性地提出了"人口""医疗""教育""住房"等12项国家战略任务②，并明确指出，国家战略任务的实现方式是国家项目，国家将投入25.7万亿卢布用于实施国家项目。对于俄罗斯来说，25.7万亿卢布是极为庞大的支出规模，2019年俄罗斯国家财政支出总额31.7万亿卢布，这意味着，俄罗斯每年要拿出全国近72%

---

① 俄罗斯国家规划分布在提高生活质量、建设高效国家、保障国家安全、平衡地区发展、经济创新与现代化等五大领域。
② 俄罗斯2019—2024年国家重点发展战略任务主要包含人口、医疗、教育、住房、生态、道路、就业、科学、文化、企业发展、数字经济、国际合作等12个方面。2024年前"大型基础设施现代化和扩展综合计划"也被纳入其中，使俄罗斯2019—2024年国家项目达到13项。

的财政资金用于国家项目的实施,这样一种财政资金的配置也充分体现了俄罗斯对国家项目支持的决心。

基于"五月法令"将"人口"作为一个单独的国家战略任务提出,也基于俄罗斯面临的严峻的人口形势,"人口"被从国家优先发展项目"医疗"中分离出来,成为一个全新的国家项目。自此,俄罗斯国家规划"卫生"下辖的国家项目拓展为两个,即"医疗"和"人口",俄罗斯国家优先发展项目也自此正式更名为国家项目。

(四) 俄罗斯公共卫生领域规划预算的发展趋势

2019年11月俄罗斯2024年前国家规划"卫生"正式获批,此版国家规划"卫生"预算总额30万亿卢布,约为前期国家规划"卫生"投入的5倍。其战略目标十分明确:2024年劳动适龄人口死亡率降低到每10万人350例;心血管疾病死亡率降低到每10万人450例;恶性肿瘤死亡率降低到每10万人185例;活产婴儿死亡率降低到4.5‰。国家规划"卫生"包含2项国家项目"医疗"和"人口",下设8项子规划①。

其中,国家项目"医疗"预算17 258亿卢布,绩效目标为:降低劳动适龄人口死亡率;降低肿瘤、心血管疾病死亡率;降低婴儿死亡率;缓解医疗人员短缺情况;每年对所有公民进行一次以上预防性医学检查;优化初级医疗机构服务质量,减少医疗排队等待时间,简化医疗预约程序,确保医疗服务可及性和便利性;增加医疗服务出口。国家项目"人口"预算31 052亿卢布,是社会领域资金规模最大的国家项目,绩效目标为:人均预期寿命提高到78岁(2024年)和80岁(2030年);养老金领取者死亡率从2017年每千人38.1降低到2024

---

① 这8项子规划分别为:"改善医疗服务、预防疾病、形成健康的生活方式""开发和实施创新的诊断、预防和治疗方法以及个性化基本医疗""发展包括儿科在内的医学康复和水疗治疗""开发医疗人力资源""发展卫生领域的国际合作""卫生领域的检查和绩效监督""为某些特定类型公民提供医疗保健""信息技术与行业发展管理""俄罗斯联邦公民强制性医疗保险机构"。

年的每千人 36.1；2024 年生育率从 2017 年的 1.62 提高到 1.7；拥有健康生活方式，参加体育运动的公民占比从 2017 年的 36.8% 提高到 2024 年的 55%。

三、俄罗斯公共卫生领域规划预算改革的特点

以国家战略助推公共卫生支出快速增长，以顶层设计保障国家规划、国家项目的顺利实施，以国家规划、国家项目有针对性地解决公共卫生领域的重点难点问题，以绩效管理保障国家规划和国家项目的有效实现，是俄罗斯公共卫生领域规划预算改革与发展的特点。

（一）以国家战略助推公共卫生支出快速增长

政府在公共卫生方面的财政投入力度和侧重点决定着公共卫生的发展速度及发展方向，最终会对公共卫生服务的质量、可及性和公平性带来显著影响。随着俄罗斯对公共卫生事业发展重视程度的不断强化、国家发展战略的不断推出，俄罗斯公共卫生支出规模不断扩大，逐步由 2011 年的 19 331 亿卢布增长到 2019 年的 37 897 亿卢布，10 年间增长了 96%，占财政支出总额的比重也不断上升，逐步由 9.7% 上升到 10.2%，扩大了 5.9%。不断扩大的财政预算投入，不仅有力保障与支撑了俄罗斯公共卫生领域国家战略目标的达成与实现，对于推动俄罗斯公共卫生服务规模的扩大与服务质量的提升也产生了明显影响。

（二）以顶层设计保障国家规划、国家项目的顺利实施

俄罗斯《预算法典》规定，国家规划、国家项目需经联邦政府审批，并经议会审查批准后方可实施。俄罗斯国家规划、国家项目严格的编制与审批流程，确保了每一项国家规划、国家项目目标详尽、任务明确、成本可靠、可操作性强。除此之外，俄罗斯还筹建了最高层级的领导机构，先后成立了国家优先发展项目总统委员会（2005—

2011年)、国家优先项目和人口政策总统委员会(2012—2016年)、战略发展和国家项目总统委员会(2016年至今),以从顶层设计的角度审查国家规划和国家项目的任务目标和实施方案,从宏观层面确保了国家规划、国家项目的顺利实施。这种顶层设计的理念对于统筹协调国内外多方资源、化解各部门各领域矛盾与冲突、消除重复投入与低效支出、解决公共卫生领域国计民生重大问题,具有明显优势。

(三)以国家规划、国家项目有针对性地解决公共卫生领域的重点难点问题

为解决公共卫生领域面临的突出问题,俄罗斯采取了以国家规划进行总体保障与宏观定位,以国家项目及其子项目进行针对性解决的管理模式。如为解决人力资源短缺问题,俄罗斯在国家项目"医疗"下设立"保障高水平医疗人才"联邦项目,拨款1661亿卢布用于培养医疗卫生人才,缓解医疗机构人员短缺;为改善初级医疗机构条件,俄罗斯拨款625亿卢布,设立"发展初级医疗卫生保健系统"联邦项目,用于改进全俄医疗救护系统,扩大医疗机构建筑面积,更新初级医疗机构设施设备,减少公民就诊排队等待时间;为解决卫生防疫基础薄弱问题,俄罗斯设立"预防和控制重大社会传染病""基础医学、中继医学和个性化医学发展"等联邦项目,拨款988亿卢布用于改善流行病学状况,扩大预防接种覆盖人群,为艾滋病患者、结核病患者等提供医疗服务。虽然国家规划"卫生"仅为俄罗斯46项国家规划之一,但其下辖的国家项目"医疗"与"人口"的子项目数量却占到俄罗斯国家项目总数量的15.4%,国家项目资金的18.8%。这种战略任务布局、国家项目安排以及预算资金投入力度,都充分体现了俄罗斯对公共卫生领域发展的高度重视。

(四)以绩效管理保障国家规划和国家项目的有效实现

良好的预算绩效管理应涵盖目标管理、过程管理、结果评价及其应用等方面。为此，俄罗斯在公共卫生领域设计了覆盖预算周期全过程的预算绩效管理体系，有效保障了国家规划"卫生"预期结果的顺利实现。

1. 明确绩效目标，奠定预算绩效管理基础

绩效目标是预算绩效管理的起点，是预算资金获得者"公共卫生部门"的具体工作内容，也是预算资金拨付者"财政部门"进行考核监督和实施奖励与处罚的依据。绩效目标的准确性、合理性、规范性与细化量化也因之成为预算实施双方受托责任的全面体现，是双方就预算资金领用达成的契约。

绩效目标明确、契约基础扎实正是俄罗斯国家规划及国家项目实施的一大特征，俄罗斯每一国家规划、国家项目都设立了明确的绩效目标。例如国家规划"卫生"的绩效目标为"劳动适龄人口死亡率降低到每10万人350例；心血管疾病死亡率每10万人450例；恶性肿瘤死亡率每10万人185例；活产婴儿死亡率降低到4.5‰。"国家项目"人口"的绩效目标为"人口生育率提高到1.753，人均预期寿命延长到78岁"。为使宏观层面的绩效目标能够对国家规划、国家项目的实施具有现实指导意义，俄罗斯在绩效目标之下，还设置了更为清晰、明确的绩效指标，使国家规划、国家项目的实施结果可考核、可衡量、可评价、可监督。此外，还通过《俄罗斯联邦卫生部2019年至2024年活动计划》，对国家项目中每一绩效目标的实施方向、保障措施、项目负责人、考核依据、进度安排、预期效果予以详细规定。例如，针对"人均预期寿命延长到78岁"这一绩效目标确定了12项具体的细化绩效指标，并对每一指标在2019年至2024年间每一年度应该完成的任务、匹配的资金进行了详尽说明。明确的绩效目标和绩效指标不仅有助于俄罗斯卫生部门树立绩效管理思想，还促使俄罗斯卫生部门不断强化前期准备工作，充分了解国家项目意欲达成的目标、目标达成的最优路径以及切合实际的资金投入规模与投入方式，这使公共卫生预算投入的科学性和有效性得到明显增强，国家项目实施的

质量与效果得以明显提升。

2. 广泛开展绩效评价，全面公开评价结果

俄罗斯对国家规划、国家项目实行绩效管理，每年由财政部对各国家规划、国家项目进行绩效评价，以查看各国家规划、国家项目的任务完成进度、完成质量，预算执行情况以及规划目标实现程度，并进行综合赋分排序。例如，俄罗斯国家规划"卫生"2019年绩效评价结果为：部门规划执行效率77.3分，实施方案执行效率72.3分，预算执行94.9分，部门履职效率100分，国家规划目标实现程度93.4分，在公开绩效评价结果的37个国家规划①中排名第19。与绩效评价分数同时公开的还有各国家规划、国家项目的绩效评价相关资料，所涉内容十分详尽，包含国家规划（项目）的检查表、未完成名单、完成情况分析报告、预算执行情况表、绩效评价检查信息、绩效评价指标体系、绩效评价等级、绩效评价报告、绩效评价分析报告、绩效评价情况总结、绩效评价得分、联邦主体国家规划（项目）实施情况绩效评价报告等。通过上述材料，俄罗斯财政部对每一国家规划（项目）的具体完成情况、任务未完成原因进行全面剖析。此外，针对国家规划"卫生"的绩效评价，财政部还报告了269个控制点（即细化的二级评价指标）的完成情况，其中，241个控制点已完成（227个控制点按时完成，14个控制点在截止期后完成），28个控制点尚未完成，并分析了控制点未能完成的原因。这种扎实推进充分发挥了绩效评价的激励约束作用，增强了卫生部门的支出责任和绩效意识，对于推动国家规划及国家项目总体目标顺利实现，提高公共卫生服务质量与服务水平，提升居民对公共卫生服务的满意度具有良好的促进作用。

3. 健全激励约束机制，强化公开问责

与此同时，俄罗斯国家规划和国家项目还采用了国际通行的问责机制——部门责任人制。俄罗斯每个国家规划、国家项目都有清晰明

---

① "增强国家国防""保障国家安全""对外政治活动"等国家规划因涉密，绩效评价结果未公布。

确的责任人，例如国家项目"医疗"的负责人为卫生部长，项目执行负责人为卫生部副部长；国家项目"人口"的负责人为劳动与社会保障部部长，项目执行负责人为劳动与社会保障部第一副部长。这种以个人为主体的绩效问责机制，打破了传统的以部门为责任主体的弊端，将问责对象由集体责任制下宏观抽象的部门，转化为具象明确的个体，使问责具有了真正的可行性和威慑力。国家规划（项目）的责任人要签订规划（项目）责任书，不仅要对规划（项目）任务的完成情况负责，还要对有效并符合道德地利用公共资源负责，违约要承担相应的处罚。此外，俄罗斯还通过国家规划及国家项目内容的全面公开强化责任约束。按照《预算法典》规定，俄罗斯每一国家规划、国家项目的相关材料都需在联邦政府网站及时公开，规划及项目的责任人、规划及项目的绩效目标、预期结果、预算规模、实施内容、实施方案、绩效评价方法、评价依据等在联邦政府网站均可查询。俄罗斯财政部对每一国家规划、国家项目开展的绩效评价结果也都公布在联邦政府网站上，预算的全面公开成为确保国家规划、国家项目高质量完成的有力监督与控制手段。

四、规划预算对俄罗斯公共卫生发展的社会影响效应

经过十余年持续不断的投入与发展，特别是国家规划的引入和国家项目的实施，俄罗斯公共卫生领域取得的成就是显著与突出的：初级医疗机构条件得到明显改进，医务人员数量开始回升，卫生防疫质量提高，医疗设备及药物供给国产化程度不断提高，居民健康状况明显改善，公共卫生服务的充足性、可及性和有效性得到显著提升。[1]

一是初级诊疗条件得到明显改进。长期的对初级医疗服务机构的财政倾斜与投入，使俄罗斯初级医疗机构得到长足发展，无论是门诊机构总数还是门诊人次，都出现了明显增长。

---

[1] С. И. Рыбальченко, *Демография-2024. Как обеспечить устойчивый естественный рост населения РФ*, Москва: Общественной палаты Российской Федерации, 2019.

二是医务人员数量显著增加。俄罗斯国家规划及国家项目的实施对医务人员数量增长的促进作用是较为明显的,2005年前俄罗斯医生人数长期保持在68万人左右,国家优先发展项目"医疗"实施之后,俄罗斯医生人数开始增长,一度提高到71.5万人。这一数字提高的主要原因在于国家优先发展项目承诺为每位医生提高工资10 000卢布[①],使医生工资约为俄居民平均工资的1.2倍,这使很多已退休或即将退休的医生回到或留在了工作岗位。横向比较来看,俄罗斯每万人拥有的医生人数在国际上也处于较高水平,2018年俄罗斯每万人口拥有医生47.9人。据世界卫生组织官网数据显示,2016年英国、美国、日本、巴西、中国、印度每万人医生人数分别为27.96人、25.95人、24.12人、21.5人、18.12人和7.59人,均明显低于俄罗斯。

三是卫生防疫质量不断提高。疫苗接种覆盖率是反映居民获得卫生干预的重要指标,一般来说,疫苗接种完成率越高,医疗预防质量就越高。[②]就这一领域来看,俄罗斯疫苗接种绝对人数的明显增加,说明俄罗斯卫生防疫服务正向良性发展。

四是药物供应国产化率提高。从药物供应情况来看,2005年俄罗斯重要医药产品生产总值为482.64亿卢布,2018年增长到3105.3亿卢布,14年间增长了5.44倍。此外,俄罗斯近年来的药店数量、药店面积以及药品零售亭的数量也呈增长态势,居民获取药物的便利度也得到有效提高。

五是居民健康状况明显改善。改进医疗服务设施,加强癌症、心血管疾病防治,强化流行病防疫体系建设,扩大免费医疗服务范围,为全民实施预防性医学检查,提倡良好的生活方式,积极创造体育锻炼条件等措施,使俄罗斯人口死亡率大大降低,人均预期寿命从

---

① 国家优先发展项目"医疗"关于提高医生、护士工资有明确规定:医生工资平均提高10 000卢布,护士工资平均提高5000卢布,这使医生的岗位更受青睐。

② А. В. Зозуля, "Современные проблемы реализации приоритетных национальных проектов", *Вестник Евразийской науки*, 2019, No 1, Том. 11, C. 1-13.

66.69岁延长到72.91岁,增长了6.22岁,且呈持续增长态势。通过加强母婴健康保护、产前遗传病检查、儿童疾病筛查与体检等,俄罗斯孕产妇死亡率由23.7人每十万例活产降低到9.1人每十万例活产,下降了61.6%。此外,婴儿死亡率、5岁以下儿童死亡率、5—14岁儿童死亡率也出现了明显下降。

总体来看,通过财政预算管理改革,俄罗斯在公共卫生领域取得了长足进步,虽然医务人员数量增长不够稳定、医务人员缺口压力仍未得到有效缓解、高技术医疗资源紧缺、患者排队现象仍然严重、居民对医疗质量满意度不高等问题依然存在,① 但解决这些问题都已得到正视与重视,并成为国家规划或国家项目的战略任务与发展目标,进入到逐步解决与缓解的过程之中。尽管这一过程可能会非常漫长且充满艰辛,但也充满希望。俄罗斯这种以国家规划、国家项目有针对性地解决国家公共卫生领域重大问题,使抽象宏观的国家战略通过目标明确的国家规划、国家项目变得更加具象、更加现实、更加具有可操作性的财政预算管理模式,其实践意义与现实价值得思考。

五、以绩效管理促进中国国家战略目标的有效实现

经过近20年的发展,预算绩效管理在中国已取得显著成效,绩效评价实践经验不断丰富,评价范围日益扩大,已从项目支出绩效评价逐步延伸到部门整体支出绩效评价,部分地区已覆盖到政策绩效评价、债务绩效评价和基金绩效评价。但与此同时,绩效理念尚未牢固树立,思想上的存在重投入轻管理、重支出轻绩效倾向;绩效管理的广度和深度仍然存在不足,且尚未覆盖所有财政资金;绩效激励约束作用略显乏力;部分绩效评价结果与预算安排、政策调整的挂钩机制尚待建立。为解决这些问题,还应从绩效目标管理、绩效评价机制构建、绩

---

① Л. В. Костарева,"Реализация национальных приоритетов Проектыв Российской Федерации:проблемы и перспективы", *Государственное имуниципальное управление*, Том. 1, 2018, C. 37-44.

效评价结果应用、绩效信息公开等方面进一步强化我国公共卫生领域的预算绩效管理改革,助推"健康中国战略"早日实现。

1. 强化公共卫生规划及项目的绩效目标管理

绩效目标是预算资金使用者计划在一定期限内达到的产出和效果,是关于未来要做什么事?怎么做?需要多少资金?如何控制成本?如何安排时间进度?如何保障实施质量?预期达成怎样的效果,产生怎样影响?以及如何对任务完成情况进行考核和评定等的一整套任务要求,是整个预算绩效管理的起点、基础和前提。绩效目标过于笼统,指标不够完整、科学、细化量化,都会降低绩效目标对实际任务完成的指导意义与约束性。为此,俄罗斯对于每一国家规划、国家项目都设置了较为清晰明确的绩效目标。目前,在我国《"健康中国 2030"规划纲要》和《健康中国行动(2019—2030 年)》中也提出了总体目标和行动指标。但相关目标及指标多为数量指标,相比之下,针对产出数量的质量控制要求、主体责任、实施进度安排、预期社会效益等方面的约束则不够清晰明确。鉴于此,在统筹推进实施"健康中国战略"时,还应进一步强化公共卫生领域国家战略、重大项目的绩效目标管理,通过加强前期论证、强化与绩效指标的结合,细化量化绩效目标,促进绩效目标设置质量的提升及其对战略、规划、项目实施约束性及引导性的增强。

2. 广泛开展公共卫生国家规划、国家项目的绩效评价及结果应用

绩效评价是指依据设定的绩效目标,对财政支出的经济性、效率性、效益性和公平性进行的客观、公正的测量、分析和评判。俄罗斯《预算法典》、各国家规划及国家项目实施方案都明确提出要开展绩效评价,要求从产出数量、质量、进度、成本及社会效益、服务对象满意度等方面进行综合评价。在中国,《预算法》及《中共中央 国务院关于全面实施预算绩效管理的意见》也明确提出,"各级政府、各部门、各单位应当对预算支出情况开展绩效评价"。但受人力、资金、时间的限制,目前对我国包括公共卫生预算支出在内的绩效评价还未能

做到全过程、全方位、全覆盖。为此，明确公共卫生预算支出绩效评价的范围、评价对象的选择方式、评价的基本原则，合理确定公共卫生预算支出绩效评价的主要依据、绩效评价期限，科学设计公共卫生预算支出绩效评价的指标与标准体系，强化公共卫生预算支出绩效评价的组织管理与实施，加强公共卫生预算支出绩效评价结果的应用，逐步形成公共卫生领域预算支出绩效评价的全覆盖，应成为规范公共卫生领域预算支出绩效管理、提高公共卫生财政支出效益的关键领域。

3. 构建问责机制，强化对公共卫生部门提供公共产品和服务的责任约束

对绩效进行问责，其对象不仅为部门，还应逐步转向部门负责人。一个有效的问责机制，其责任主体必须是个人。俄罗斯国家规划和国家项目实行部门责任人制也是基于这一原理。在我国当前的预算执行过程中，虽然部门领导发挥着极其重要的作用，但绩效问责的主体仍然是部门，对于预算执行的实际负责人并无追责规定。对部门负责人进行问责是世界各国的通行做法。[1]《中共中央 国务院关于全面实施预算绩效管理的意见》也明确提出，"地方各级党委和政府主要负责同志对本地区预算绩效负责，部门和单位主要负责同志对本部门本单位预算绩效负责，项目责任人对项目预算绩效负责"。由此，为保证"健康中国战略"的顺利实施，在公共卫生领域推动预算绩效管理时，还需强化部门负责人的主体责任，"花钱必问效，无效必问责"[2]。

4. 大力推进绩效信息公开，强化公共卫生资金的监督

至 2020 年，我国已连续 10 年向社会公开中央部门预决算，公开的部门数量从 90 个增加到 102 个，公开内容由 2 张表增加到 8 张表，由仅公开功能分类科目细化到同时公开功能分类和经济分类科目，由

---

[1] 马蔡琛、赵笛、苗珊：《共和国预算 70 年的探索与演进》，载《财政研究》，2019 年第 7 期，第 3—12 页。
[2] 《花钱必问效、无效必问责——聚焦全面实施预算绩效管理三大看点》，新华社北京 2018 年 9 月 25 日电。

单纯地"摆数字"发展到展示工作成果,中央部门预决算公开水平得到明显提升。但就绩效管理实施情况来说,其公开力度则尚显不足。一是政府层面统一反映绩效管理与评价的专门平台尚未建立,仅可从各部门公开的预决算报告中查看到部分绩效信息。二是公开绩效信息的力度偏弱,一般一个部门仅公布本部门部分项目的绩效评价情况,绩效成果展示度不足,难以起到约束与监督的作用。由此,扩大和加强绩效公开的规模及力度,规范绩效信息公开内容,也应成为我国公共卫生领域加强绩效管理监督,提升管理效率的改革方向。

综上所述,以国家战略助推公共卫生支出快速增长,以顶层设计保障国家规划、国家项目的顺利实施,以国家规划、国家项目有针对性地解决医疗卫生领域的重点难点问题,强化预算绩效管理,健全激励约束机制,既是俄罗斯保障国家医疗卫生战略达成的工具与方法,也应成为我国医疗卫生领域财政预算管理改革的重要方向。借鉴俄罗斯相关经验、以民众需求为导向、以服务国家医疗卫生战略为核心、构建以规划预算为基础的医疗卫生预算管理体系、促进我国医疗卫生公共支出效率显著提升,也应成为我国医疗卫生领域财政预算改革的重心。

俄乌冲突后重新审视俄罗斯农业的战略机遇与挑战

张 猛　闵 静　雷日金娜·安吉丽娜[*]

【摘要】 气候变化、新技术的应用、国际粮食市场的脆弱性等三重因素将给俄罗斯农业带来长期的、巨大的机遇。俄乌冲突后俄罗斯面临前所未有的严峻国际环境，一个以内循环为主、面向有限国际市场的发展格局将可能在俄罗斯出现，俄罗斯农业具备成为引领产业的潜力。把农业发展体系设计好，对俄罗斯维护国家和社会稳定、促进工业生产循环、构建产业链、推动技术发展、稳定社会秩序、减缓出生率下降趋势都能产生积极影响。俄乌冲突提供了一个让俄罗斯破除落后生产关系的历史机遇，完成从进口替代向出口导向的系统性转型。俄罗斯对农业进行深度改革，可以借鉴东西方两种农业思路，深化市场协作的体系设计，开发增量土地，推动先进技术的研发与利用，提升农业产业结构，加快基础设施建设，建立对青年人友好的农业社区，有效促进俄罗斯农业的长期发展，并在一定程度上改变经济发展靠能源、科技发展靠军工的局面。

---

[*] 张猛，哈尔滨工业大学（深圳）经管学院高级讲师，中国人民大学-圣彼得堡国立大学俄罗斯研究中心研究员；研究方向为世界经济；邮箱：zhangmeng01@hit.edu.cn。闵静，哈尔滨工业大学（深圳）高质量发展与新结构研究院研究助理。雷日金娜·安吉丽娜（Рыжкина Ангелина Олеговна），中国人民大学丝路学院研究生。

【关键词】 俄罗斯农业；新引领产业；农业产业链；农业产业结构；农村

一、引言

俄罗斯被认为是农业发展条件最好的国家之一，但在过去 100 年间的大部分时间里，基本农产品仍需要进口，苏联时期人们在街头排长队购买面包的场景成为那个时代的典型记忆。进入 21 世纪，伴随经济起落和政治环境变化，俄罗斯对农业发展进行了相应的政策调整，以 21 世纪初期经济复苏、2012 年加入 WTO 和 2014 年克里米亚危机等事件为节点，俄罗斯农业政策可被划分多个阶段。俄罗斯农业发展的真正转折点恰好发生于 2014 年克里米亚危机后俄罗斯被西方全方位制裁的这个阶段，粮食产量增加 40% 以上，在 2017 年以 1.35 亿吨创下历史新高，2020 年收获历史第二高的 1.33 亿吨，首次成为农产品的净出口国[1]。2021 年粮食产量为 1.23 亿吨，虽然有所降低，但其他主要农产品产量都有较大的增幅，包括油料作物、甜菜、马铃薯、蔬菜、肉类、蛋、牛奶等。俄罗斯的粮食、植物油、鱼类和肉类的自给率超过 100%，土豆、牛奶和蔬菜的自给率超过 80%。[2] 坚持绿色有机农业也为俄罗斯农产品带来较高美誉度。当俄罗斯迫不得已按照自己的节奏发展农业，潜力反而开始发挥出来。但同时也应看到，俄罗斯的农业政策是应激性的；农业长期积累的深层次问题仍未完全解决；农业体系内部依然存在堵点；农业主管部门只能管辖农业发展的部分工作；农业依然被当作一个单独的产业部门，与其他部门之间也没有建立相互促进的联系；先进技术没有被全面利用，研发依旧迟缓；农业人口

---

[1] 《2020 年俄首次成为粮食净出口国》，http://ru.mofcom.gov.cn/article/jmxw/202104/20210403051101.shtml。

[2] 《俄总理：俄罗斯粮油鱼肉自给率超 100% 2021 年 GDP 增速达 4.7%》，https://m.gmw.cn/2022-04-07/content_1302888117.htm。

持续减少；农村社区依然落后于其他地区。市场协作方面，俄罗斯农业生产主要依靠各大农业企业和农场的独立运营，缺乏专业服务与原料分工的市场，社会协作特别薄弱。例如，俄罗斯的农场需要自备全套的机械设备，这导致农业经营门槛过高、风险过大，中小农场很难建立此类系统；再比如，畜牧业饲料供应大多需要企业自己提供，农业产业链尚未完全建立，限制了整个产业的发展。

2022年俄乌冲突爆发，可以预见俄罗斯最重要的能源、军工部门将成为西方重点打击的领域，其他产业也将受到长期影响，俄罗斯需要重新评估其产业体系的发展，一个以内循环为主、面向有限国际市场的发展格局将会出现。农业的地位将进一步加强，俄罗斯可着眼于现实环境的重大变化，借助俄乌危机突破长期积累的问题，从整体上重构农业发展体系，理顺农业发展的内部机制，充分发挥农业发展的潜力及辐射能力，最终形成引领俄罗斯经济和社会发展的现代产业部门。

历史悠久的俄罗斯农业产业正面临重大变局：一是气候变化正在重新配置各国的农业发展条件。总的来说，低纬度国家和地区损失多于收益，高纬度国家和地区的收益高于损失，无论哪个国家都需要为变化的气候做好基础设施建设准备。二是新一轮技术革命已经开启。以传统机械化、化学化为主要特征的农业越来越多地面临不可持续和社会冷淡的困境，数字化、生态化的农业新技术、新观念已经初步产生影响力，这在发达国家市场表现更为明显，并向全球扩散。三是国际市场的均衡极为脆弱。在欧美高补贴的、高效率的农产品冲击下，大部分发展中国家的传统农业已经被摧毁，只能收缩在没有定价权的经济作物种植中，粮食、油料的价格波动对这些发展中国家的负面影响越来越大。

从上述回顾不难得出结论，虽然俄罗斯农业已经取得长足发展，但距离普京总统提出的让农业成为"俄罗斯经济发展的火车头"这一目标还有很大的差距，要进一步破除农业发展体系中过时的生产关系才能释放俄罗斯农业的巨大潜力。从20世纪90年代的私有化浪潮及其之后的实践中,俄罗斯已经意识到西方的私有制不是农业发展的良药,但怎样开展深度改革尚未形成共识。2014年克里米亚危机后,俄罗斯农业的重要性得以显现,一些深层次改革得以推进。而俄乌冲突的爆发将给俄罗斯带来更大的决策动力,俄罗斯可以重新规划农业发展的产业目标、社会目标,为农业提供数字交易平台,建设水利、交通等基础设施,促进更多有技能的人才进入农业,盘活土地资源,重视农业与其他产业的结合,调整农工综合体的运营方向,以农业带动信息产业、智能机械的发展。

俄乌冲突对俄罗斯产生的系统性压力,有助于推动俄罗斯农业实施深层次改革。俄罗斯农业存在市场化不足、资金效率低下、农业社区凋敝等问题。俄罗斯一直以来无法下定决心选择一条适合自己的道路,很多改革中途止步于资本、舆论、西方意识形态等多方因素的影响。在当前大背景下,俄罗斯也将整合国内市场、区域市场,开发农业的潜力,农业将是未来一段时间俄罗斯的重点发展产业。

二、气候、新技术、国际市场需求对俄罗斯农业的三重影响

(一)气候变化对俄罗斯农业的长期影响与应对

气候变化过程中有阶段性的赢家和输家。俄罗斯地处高纬度地区,中长期看,气候变化对俄罗斯农业的发展有正面的影响,其产量、耕地面积、耕作方式、产业结构都将发生改变。从中短期看,气候变化引发的自然灾害给农业带来巨大风险,需要加快农业基础设施建设,为水利调度、防灾减灾工程做好风险应对准备。

1. 俄罗斯农业的气候条件变化预期

气温上升给俄罗斯农业带来机遇和挑战:其一,积温的增加和生长季节的延长,对俄罗斯这种相对寒冷的农业地区作物产量提升就有明显意义;其二,冬季温度上升促使作物越冬条件得到改善,有利于

俄罗斯主要作物小麦等两年生作物成长；其三由于寒冷季节降水增加和温暖季节降水减少而引起水分条件的变化，可能会导致洪水和干旱的发生。

与全球平均水平相比，俄罗斯大部分领土变暖的程度更大，且冬季更为明显，预计2030年冬季气温上升幅度将达到1℃—2℃，夏季大多数地区升温不会超过1℃。俄罗斯欧洲部分南部和西北部的地表最低气温将上升4℃—6℃，中部地区乌拉尔和东西伯利亚将上升2℃—4℃，大部分地区的全年最高地表气温将上升不超过3℃。到21世纪中叶，西伯利亚中部、东部和远东地区的无霜期将增加10—15天，俄罗斯的欧洲部分无霜期增加15—30天。俄罗斯整体降水量将增加，但季节和区域分布不均衡。冬季降水量增加显著，东部和北部地区降水量增幅最大；夏季降水的增量明显低于冬季，且仅在俄罗斯东部和北部；到21世纪中叶，俄罗斯欧洲部分和西伯利亚南部地区的降水将会减少。综上，气候变化对俄罗斯作物产量的影响整体是正面的，但不同联邦区存在差异，其中南部地区和乌拉尔联邦区受到干旱的影响可能下降。[①] 表11展示的是不同排放场景对俄罗斯不同地区粮食产量的影响。

表11 2011—2030年不同排放场景下气候变化对俄罗斯部分联邦区谷物产量影响

(单位:%)

	作物产量的变化（偏离现代水平）	
	RCP4.5	RCP8.5
西北联邦区	+18.7	+15.9
中央联邦区	+9.4	+6.9
伏尔加联邦区	+3.1	+2.0

---

① Mikhail Ksenofontov and Dmitriy Polzikov,"on the Issue of the Impact of Climate Change on the Development of Russian Agriculture in the Long Term", *Studies on Russian Economic Development*, Vol. 31, 2020, pp. 304−311.

续表

	作物产量的变化（偏离现代水平）	
	RCP4.5	RCP8.5
南部联邦区	-5.1	+5.8
乌拉尔联邦区	-2.7	-3.5
西伯利亚联邦区	-0.8	-1.4
远东联邦区	+13.0	+11.7
整个俄罗斯	+3.6	+2.2

资料来源：Mikhail Ksenofontov and Dmitriy Polzikov, "On the Issue of the Impact of Climate Change on the Development of Russian Agriculture in the Long Term", *Studies on Russian Economic Development* Vol. 31, No. 3, 2020, pp. 304-311.

注：RCP 为不同温室气体排放场景，其中 RCP4.5 为中等排放，RCP8.5 为高排放。

气候变化也会影响农业内部的结构。北部和中部地区将比之前更适合高强度农业种植，俄罗斯欧洲部分南部的出口导向型农业将进一步发展。同时由于无霜期的持续增加，预计草场和牧场的生产力也将会提高。因此，粮食产量将会提升，牲畜饲养的条件将会得到改善。

自然灾害方面，俄罗斯未来高强度降水、强对流、洪水等危险事件发生的概率将会增加。冬季降雪增加，在春季融化形成洪水的情况将更为频繁地出现；而秋季降水量的增加会恶化季节性田间工作条件，从而增加作物损失的风险，造成粮食质量的下降。[1] 干旱将不仅更频繁地发生在预计降水减少的地区，而且在那些降水总量正在增加的地区也可能会出现季节性干旱，其中俄南部地区较为显著。在过去的 6—7 年里，俄罗斯有记录的自然灾害发生频率是前几十年的 2.5—3 倍。农业部门损失出现扩大趋势。最后，嗜热害虫（包括蝗虫）数量的增加

---

[1] M. O. Sannikova, N. V. Providonova and E. V. Sharonova, "The Influence of Technical Efficiency and Weather Risk on Crop Production in Russian Agriculture", *IOP Conference Series: Materials Science and Engineering*, Vol. 753, No. 7, 2020.

及其活动范围向北扩展、杂草和病原体的分布扩大,[①]都对农业发展产生重大影响,不利于俄罗斯保持绿色有机的农业策略。

2. 气候变化对农业安全的影响与应对

如若不能克服自然灾害,则气候变化不但不利,反而有害于俄罗斯农业。与缓慢的温度上升相比,洪涝和干旱的威胁更为紧迫。俄罗斯欧洲南部地区原本农业条件较好,温度上升将带来进一步改善,有利于其出口导向型农业的快速发展,但自然灾害将可能抵消气候变化带来的红利,并容易对土壤造成破坏。而在俄罗斯北部和西伯利亚、远东等地区,由于当地人口较少,距离传统出口市场较远,故而农产品丰歉对本地价格影响较大,加之原本农业的单位产出也不高,气候变化对农业的破坏性反而增加。因此,应对气候变化也需要基础设施、技术、市场开拓、决策方式的相应变化。

俄罗斯必须面对气候变化即将造成的中短期影响,包括工程、技术、市场方面的全方位调整。对不同地区的旱涝问题应开展水利工程建设,调配不同地区的、季节性的水资源。在干旱地区大力推广滴灌等节水农业技术的应用,对于降水增加的地区则需要考虑防洪排滞。对于越来越适宜种植的农业用地,要加快开发,并建设交通设施确保农产品及时从狭窄的当地市场运往国际市场销售。

(二) 以农业为起点构建高新技术产业链

农业是基础产业,俄罗斯再工业化需要与农业耦合发展。20世纪20—30年代苏联开展了大规模农业集体化,一方面为工业化的城市人口提供了剩余粮食,另一方面也让工业产品(如拖拉机)进入了农业生产,农机制造也推动了苏联重工业的发展。可以说,农业对苏联早期快速实现工业化作出了重要贡献。当前,机械化农业正在向智能化

[①] Mikhail Ksenofontov and Dmitriy Polzikov," on the Issue of the Impact of Climate Change on the Development of Russian Agriculture in the Long Term", *Studies on Russian Economic Development*, Vol. 31, No. 3, 2020, pp. 304-311.

农业转型。俄罗斯农业发展潜力巨大，有条件超越当前技术阶段为下一阶段筑基，同时推动相关产业链的发展。在俄乌冲突后，俄罗斯实施以内循环为主的经济发展格局下，农业可以作为稳定的推动力，引导先进技术应用，给相关科技产业发展提供应用场景和需求。

智慧农场是一系列突破性技术的组合应用，其中有自动化作业技术，包括自动拖拉机、采摘机器人、智能挤奶机器人、智能局部气候调节；有数据分析与人工智能技术，包括无人机、区块链和数据安全；有网络连接技术，包括全球定位系统、5G通信、卫星通信；有循环绿色技术，包括营养水培和精准滴灌等；还有养殖业使用的减痛与疫苗技术、合成化学领域用微生物技术、替代肉类和牛奶的替代性蛋白质技术等。① 上述大部分技术已经进入实验阶段（如自动化智能化、物联网应用），少数处于早期阶段（如区块链），也有较为成熟的技术（如通信技术）。来自中国的实践还包括"能源+农业"等模式创新，即在农业产出的同时也生产电力，实现电力自给，如驱动气泵为鱼塘供给氧气，剩余电量也可以直接输入电网增加土地收入，同时光伏设施还具有降低蒸发、阻挡风沙等功能。中国采用物联网技术降低温室农业成本的模式对俄罗斯普遍积温较低的农业区域有潜在借鉴意义，尤其可以满足俄罗斯农业市场的蔬菜园艺类产品需求和出口需求。

加快发展数字化农业新技术已经成为主要农业国的当务之急。第一，智慧农业能提升产量、降低成本，在印度的测试表明智慧农业能在短期内提升30%产量。② 另外智慧农业在节约劳动力、降低水肥数量、减少损耗等方面全面优于传统农业。第二，传统农业的外部成本较高，农业产生的温室气体占能源排放之外的温室气体总量的40%，农业用水占全球用水总量的70%。联合国预测到2050年世界人口将达到100亿，食品需求将增加60%。在全球变暖、水资源紧缺的今天，

---

① Davey Jose, et al. "HSBC Global Research: Smart Farming World – Enabling Sustainable Growth", https://www.research.hsbc.com/R/34/2RHSHBL.

② 同①。

对农业进行技术革命已经势在必行。第三，智慧农业让农业再次成为有吸引力的行业。田间作业被认为是辛苦、低效且收入微薄的工作，对年轻人的吸引力尤为不足，很多国家出现农业人口老龄化的问题，农业的后继发展已经成为众多国家关注的话题。新技术条件下，农业生产更多是技术密集、远程操作、效率较高的工作，工作环境、工作条件、工作效率的优化使农业对青年人和具有较高学历技能的人群吸引力增加。传统农场经营者往往无法满足数字化转型的需要，也需要掌握新技术的人才加入。

传统上，俄罗斯的科技发展依靠军工产业的引领，但军事应用的规模较小、范围狭窄、受限较多、回报周期长、可持续性较差。让农业引领科技发展是促进俄罗斯高新技术发展的更优路径。俄罗斯农业具有规模优势，全国大约25%土地均适合发展农业。截至2019年1月1日，俄罗斯农业用地总面积为3.825亿公顷，登记在册的农业用地面积高达2.2亿公顷，耕地面积为1.25亿公顷。把农业对新技术的需求转化为俄罗斯高新技术产业发展切实的需求，对拉动俄罗斯数字产业、人工智能、无人机、机器人、生物技术等领域的发展具有重要意义。

（三）俄乌冲突对国际粮食市场的影响

世界粮食计划署发布的2022年《全球粮食危机报告》显示，2021年有53个国家或地区约1.93亿人经历了粮食危机，比2020年增加近4000万人，创历史新高，粮食不安全程度进一步加深。2022年，印度、巴基斯坦等南亚人口大国遭遇122年来最极端高温，粮食产量受到影响，印度则发出小麦出口禁令。当前世界的粮食农业体系异常脆弱，众多发展中国家传统产业被破坏，现代产业部门又尚未充分发展，使得很多贫穷国家既不能实现农业自给自足，又没有足够的支付能力。粮食作为需求弹性极小的大宗商品，供给不足会引起价格的剧烈波动，进而传递放大成为政治波动和社会危机。世界市场的供给端则被少数几个国家把持,如果主要出口国发生问题,世界粮食供给将出现缺口。尤其因为粮食的生产周期较长,一旦出现供给缺口,需要若干年才能弥补。

俄罗斯、乌克兰是世界上重要的农产品生产国和净出口国,2021年,俄罗斯与乌克兰跻身小麦、玉米、油菜籽、葵花籽和葵花籽油的全球前三大出口国。俄罗斯还是氮肥和矿物肥料的主要供应国,对于全球农业产业链的稳定具有重要作用。俄乌冲突以及随之而来的经济制裁、出口禁令已经对农业耕作、食品价格、港口物流、一般贸易操作、货币结算等造成即时影响。至少有26个国家或地区对俄乌进口小麦依赖度超过50%。非洲的厄立特里亚2021年进口小麦的53%来自俄罗斯,47%来自乌克兰;作为非洲重要的谷物进口国,埃及在2021年进口约1300万吨小麦,其中85%来自俄乌;此外,来自这两个国家的谷物也满足了尼日利亚、阿尔及利亚等非洲人口大国超过半数的谷物供应。联合国粮农组织(FAO)认为俄乌冲突造成的粮食和植物油缺口在2022—2023两年内都无法得到填补,将相应导致全球粮食价格上升9%—22%,俄乌冲突导致粮食市场面临贸易风险、价格风险、物流风险、生产风险、人道主义风险、能源风险,以及汇率、债务和增长风险。[①]

得益于2014年后的农业进口替代政策,俄罗斯农产品进口依赖程度大为下降。图5为2021年俄罗斯进口农产品的主要品类。蔬菜与水果、乳制品等进口数量仍然较大,这与俄罗斯的气候条件有一定关系,同时也说明俄罗斯温室农业、畜牧业、养殖业的国内市场仍有潜力尚待开发。

---

① The United Nation's Food and Agriculture Organization (FAO), "The Importance of Ukraine and the Russian Federation for Global Agricultural Markets and the Risks Associated with the Current Conflict", https://www.fao.org/3/cb9236en/cb9236en.pdf.

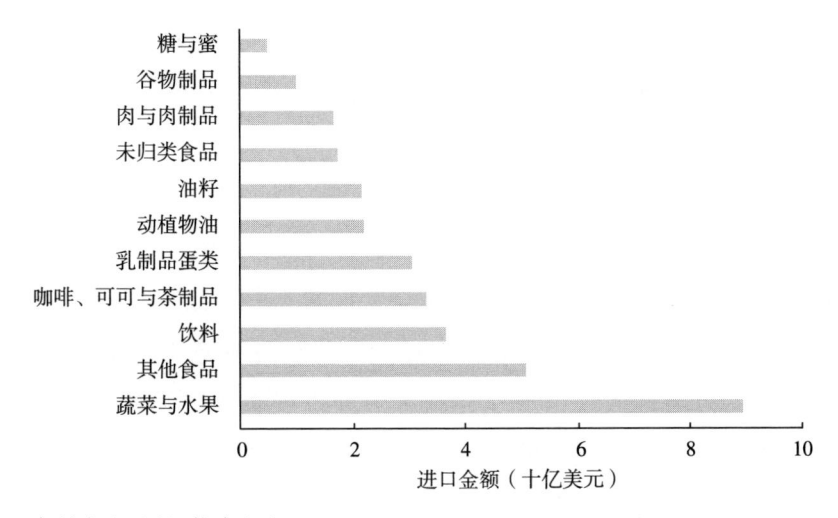

图5　2021年俄罗斯主要进口农产品种类与金额

资料来源：国际粮农组织。

如图6所示，从俄罗斯主要出口农产品结构可以看出谷物制品占据主导地位，其次是动植物油，农产品出口品类单一问题比较明显。

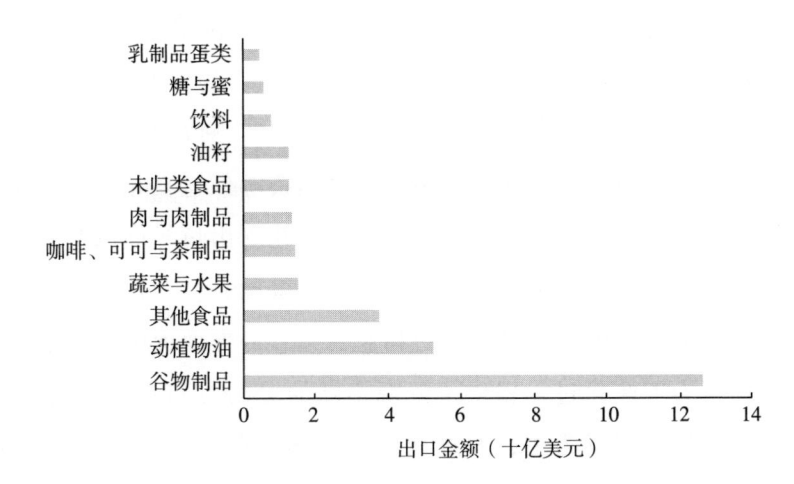

图6　2021年俄罗斯主要出口农产品种类与金额

资料来源：国际粮农组织。

出于人道主义原因，俄罗斯的农产品出口可能会被排除于制裁之外，受制裁的影响相对有限。但俄罗斯、乌克兰，以及白俄罗斯都对粮食出口设立了临时的限制，或提高了粮食出口的关税，这对国际市场产生了实际影响。

三、俄罗斯农业经营模式的改革与发展

诚然，俄罗斯农业取得了重大的成就，但过去30年农业改革并不彻底，政策始终在"自由"与"保守"间摇摆[①]，俄罗斯尚未完全找到符合国情的农业发展战略。俄罗斯改革受到各种意识形态的干扰严重，改革的阻力较大。本节引述国际农业发展较为成功的系统经验，简要回顾俄罗斯农业政策的改革历程，梳理当前俄罗斯农业、农村发展存在的主要问题。依靠国家补贴刺激的农业发展模式不可持续，深化改革带来系统性红利才是俄罗斯发展农业产业实现可持续性发展的最终手段。

（一）国际经验

由于复杂的利益关系和民生影响，任何一个国家涉及农业的改革都非常艰难，大致有两类国家建构起了较为成功的农业发展体系。第一类是盎格鲁-萨克逊国家（如英国、美国）[②]，通过海外殖民，欧洲本土得以实现人口疏解，从而确保人均自然资源保持在相对较高水平。欧美国家在殖民地通过获得原住民的土地，建立出口导向的高效农业。第二类是东亚国家和地区（如中国、日本和韩国），二战后都实现彻底的土地再分配，打碎了盘根错节的利益关系，一方面保障了基层民生，另一方面也为工业化过程提供了源源不断的劳动力和农业剩余。东亚的农业以小规模农场为主，通过社会化协作，实现了较高的市场化水平。此外，虽然东亚起伏的地形地貌并不利于大规模机械化农业发展，

[①] C.巴尔苏科娃著，肖辉忠译：《俄罗斯经济与社会政策的当代选择——以农业政策为例》，载《俄罗斯研究》，2018年第5期，第77—96页。

[②] 温铁军、唐正花、刘亚慧：《从农业1.0到农业4.0：生态转型与农业可持续》，北京：东方出版社，2021年版，第79页。

但这也倒逼东亚农业整体表现出相对高的效率。表12显示了上述两种代表性国家不同规模农场数量比例，日本和中国的大部分农场规模小于1公顷，绝大部分在2公顷以内（中国近98%、日本近89%），英国和美国大部分农场大于20公顷，美国200—1000公顷的超大型农场数量占比高达16.06%。规模的差异，意味着两种农业模式在耕作方式、社区构建等方面差异巨大。值得注意的是，美国农业在殖民国家中有所异化，美国的农业条件优越、技术先进，且政府的巨额补贴能够弥补持续亏损，但也存在严重的生态问题和社会问题。美国仅发展200余年的农业，已经造成严重的土壤流失和其他生态问题，反观东亚国家4000余年农业实践，农业生态依然可持续。[①] 在美国霸权的影响下，部分学者认为问题重重的美国模式是最优且唯一选择。然而美国农业与美国资本、金融、霸权、知识产权保护、商业模式捆绑，具有扩张性和侵略性，一般国家不宜轻易模仿，拉美国家已有前车之鉴。

表12 典型国家不同规模农场分布

（单位：%）

	1公顷以下	1—2公顷	2—5公顷	5—10公顷	10—20公顷	20—50公顷	50—100公顷	100—200公顷	200—500公顷	500—1000公顷
英国	0.00	13.88	9.21	11.01	13.04	20.51	15.69	16.66	0.00	0.00
美国	0.00	0.00	10.73	9.95	13.99	21.59	16.16	11.51	9.49	6.57
日本	68.50	19.98	9.15	1.34	0.55	0.41	0.19	0.00	0.00	0.00
中国	93.00	4.91	1.73	0.16	0.20	0.00	0.00	0.00	0.00	0.00

资料来源：Davey Jose, et al. "HSBC Global Research: Smart farming world-Enabling Sustainable Growth", https://www.research.hsbc.com/R/34/2RHSHBL。

一般认为规模产生效率，所以农场面积越大"理应"越有效率，因此应鼓励土地兼并——这种观点只是国际资本的说辞。实际上，世

[①] 富兰克林·H. 金著，程有旺、石嫣译：《四千年农夫：中国、朝鲜和日本的永续农业》，北京，东方出版社，2011年版，第1—3页。

界上小于 2 公顷的小型农场占据全球 24% 的农业用地，生产了 32% 的农业产品，种植了 29% 的庄稼。① 高效率的整体市场协作可以弥补单个农场规模较小的局限，最大程度发挥小农场的灵活优势。西方国家广泛使用的合作制，以及东亚较多应用的农业协会，都起到了这种作用。首先，以更高视角来看，生产协作社会化比单个资本规模化更有效率。单个农场自购农用设备的利用率较低、投资门槛较高、专业技术要求高、风险较大，且自有农机限制了农场种植品类，无法快速应对市场变化，如果以市场化或合作制形式将农业机械和服务外包，农场和企业都能获得更高的效率。其次，合作制能有效组织中小生产者提升市场地位，获得更高交易价格。例如新西兰的奶农合作企业——跨国乳制品企业恒天然（Fonterra）以当地市场价收购中小奶农的乳制品，再以国际市场价统一销售乳制品，获得利润为奶农和股东所有，避免了单一中小奶农在国际市场上被挤压的处境。西方国家普遍在农业领域存在现代合作组织，既兼顾灵活性，又保持了较高的规模效应。日本、韩国等地的农协也为农户提供从种植到销售的一整套服务。良好的协作体系和市场机制为农业社区带来繁荣的经济基础。再次，合作制有利于形成农业与工业相互促进的格局。例如，日本农协推广了小型农机的普及，给日本的工业企业带来大量订单。最后，政府为农业发展提供的制度安排和基础设施，无论农场规模多大也不能代替，同时政府优化和精简管理服务体系对农业发展也非常重要。此外政府还能提供针对性的便利措施，设立相应的教育培训、技术推广机构，减少本国不同省份区域和国家间的手续环节，等等。如中国政府规定现货农产品在收费道路上运输拥有绿色通道优先权，免交过路费；欧盟国家农产品过境处理时间不超过 15 分钟等。建立高效率的市场机制需要高水平的组织，需要政府与市场的相互促进。

---

① Davey Jose, et al. "HSBC Global Research: Smart Farming World – Enabling Sustainable Growth", https://www.research.hsbc.com/R/34/2RHSHBL.

（二）俄罗斯农业政策的改革

俄罗斯20世纪90年代初执行的"休克疗法"也包括实现农业用地私有化。与每人分配一万卢布"私有化证券"来购买苏联国有资产的股份相似，农民也被分配了"土地份额证书"，但改革所期待的大农场、私人农场并没有出现，反而导致成片农田被分割，资本对转手升值的兴趣远远超过种植，因此大量耕地被荒废。由前文国际经验可知，大农场必须建立在殖民者对原住民剥夺的基础上，而不由土地自由交易自然产生。俄罗斯领导人在实践中逐渐认识到了土地私有制的弊端，开始在农业领域部分恢复苏联时期的土地关系，重新确立起土地是全民财产、归国家所有的意识，禁止外国法人购买俄罗斯的土地，恢复了苏联时期农工联合体的生产组织形式，这些政策在一定程度上避免了俄罗斯农业走向不可逆的崩溃。同时新政也未全面否定私有化，并不禁止农用土地使用权的转让和实行股份制。在俄罗斯经济最困难时期，大部分俄罗斯居民生活陷入困境，很多人依靠苏联时期分配的小块郊区"份地"上的产出度过了最艰难的转型时期，因此俄罗斯人普遍具有基本的农业技能。私有化和自由化不但没有让俄罗斯农业取得发展，反而因西方给予俄罗斯的定向援助必须购买西方的农产品，导致俄罗斯农业进一步受到冲击。例如，美国以倾销价格向俄罗斯销售鸡肉，导致俄罗斯禽类养殖业几乎陷入绝境。

普京在1999年12月30日发表的《千年之交的俄罗斯》一文中提出把建设现代化农业作为俄罗斯发展的基础性工程，要求加强国家引导，提升农工综合体生产活力。普京担任俄罗斯总统后为农业复兴进行了系统性改革。随着21世纪初期俄罗斯经济快速复苏，俄罗斯政府终于有能力对农业实施税收与财政支持。2004年起，俄罗斯实施统一农业税，按照总收益减去总成本的6%课税。农业税既降低了企业与个人的成本，还简化税收，取代了农业企业和个体农户的利润税（个人所得税）、增值税、财产税和统一社会税。2005年俄罗斯把农业设立为国家重点扶持领域，此后 2 年内俄罗斯对农业投入增加了近 10 倍，达到 3600 亿卢布，发放 8 年期长期贴息贷款 1910 亿卢布。2007 年俄罗斯发布农业发展五年规划，2011 年依照规划对"农产品、原料和食品市场调节"项目拨款 1062 亿卢布，2012 年进一步增加到 1156.7 亿卢布。[①] 俄罗斯还对农业实施财政补助和税费优惠政策，包括财政补助、贷款补贴、价格补贴、保险补贴等。2010 年俄罗斯发布《俄罗斯联邦粮食安全学说》，强调农业要实现自给自足，减少对进口农产品的依赖。同期农工综合体优先发展的政策出台，国家扶持农工综合体建设，鼓励建立农业合作社，养殖业大受裨益，也吸引到了商业领域的投资。农业经营者由于预期俄罗斯政策将在保守主义和自由主义之间不定期摇摆，因此更倾向于周期较短的投资，如养鸡和养猪业发展速度明显超过养牛业。

2012 年俄罗斯加入 WTO，农业政策再次向自由化倾向偏移。一方面减少了农业补贴，另一方面放宽了对外国农产品的准入。俄罗斯的发展规划与世贸组织要求减少补贴存在矛盾，虽然俄罗斯灵活应对世贸政策，并未大幅下降农业补贴，但总的来看，入世后俄罗斯农业补贴在逐渐降低。对市场冲击较大的是放宽市场准入，农产品平均关税从 13.2% 下降到 10.8%，其中乳制品和谷物关税降低幅度较大，2012 年当年俄罗斯农产品进口额达到 460 亿美元，占进口总额的 14%。[②] 入世后进口量大为增加，这对俄罗斯相关产业影响非常大，养猪业及相关原料和加工产业严重退化。

2014 年西方对俄罗斯实施了新一轮严格的经济制裁，俄罗斯以进口替代政策予以回应，食品安全战略也被证实为极富预见性的战略，俄罗斯农业政策回归保守主义。同时也因为卢布贬值，进口食品过于昂贵，被自由贸易挤压的农业生产者再次面临商业机遇，不仅收复了

[①] 孙化钢、郭连成：《俄罗斯农业政策评析》，载《国外社会科学》，2016 年第 6 期，第 84—91 页。

[②] 同①。

失去的份额，温室农业的发展还出现强劲的势头。俄罗斯国内市场有限，而且因为气候原因农业产品的品种相对单一，如果农业发展的目标仅为服务国内市场则不可避免地将很快出现产能饱和。此轮农业改革还暗含"出口导向"的布局，对农业发展的产业链、物流、标准等进行了深入发展。政府支持农业向下游延伸，建立深加工产品出口的优势；促进检疫标准与主要出口市场对接，提升出口环节效率；进一步完善物流基础设施，建立了20多个批发配送中心。

2014年以后，农业的重要性上升，一系列围绕土地所有权的改革在逐步推进。2018年，俄政府宣布来俄移民可免费获得一公顷土地，并要求在未来五年持续种植，意在扶持农业经济。2019年以来，每年俄罗斯重新投入流通的闲置耕地超过100万公顷。根据俄罗斯联邦政府2019年年底制定的一项计划，从2022年开始为期10年，政府计划投入流通超过1300万公顷的土地，并配套5300亿卢布用于建设基础设施。[1]

（三）俄罗斯农业经营模式的问题

从市场和社会两方面看，俄罗斯农业发展依然有很多方面可以优化。由于市场协作机制相对匮乏，单一主体投资俄罗斯农业发展的门槛过高，因此现阶段适应俄罗斯农业发展的只能是大而全的农业企业。俄罗斯的农业生产组织分为三大类：一是农业企业，部分由原来的国营农场改制而来，也包括一些大型农业控股公司；二是家庭农业，包括副业经济、集体果园和个人菜园；三是私人农场。俄罗斯的家庭农场非常弱小，发展缓慢，但家庭副业占总产出却非常可观，有统计认为其占农业总产出的40%。家庭副业并非私人农场的农业生产，而实际上是依附于大农场的小户经营，只满足自己消费需求和附近市场的

---

[1] "Более 1 млн га пашни введено в сельхозоборот в России в 2020 году", https://specagro.ru/news/202107/bolee-1-mln-ga-pashni-vvedeno-v-selkhozoborot-v-rossii-v-2020-godu.

交换。根据巴尔苏科娃的观点，在政府急于推动农业发展的背景下，资源迅速向大型农业控股公司集中，农业控股公司控制着约八成的耕地、一半的牛和猪、三分之二的家禽，被非正式地称为"寡头农场"。[①]如表13所示，福布斯统计了2022年俄乌冲突前，俄罗斯最大的十家农业控股企业市值与耕地面积。

表13　2022年俄罗斯最大十家农业控股企业市值与耕地面积

农业控股公司	市值（十亿卢布）	耕地（万公顷）
Agrocomplex	886.0	66.00
Prodimex	65.1	89.20
Miratorg	49.1	104.70
Agroholding "Steppe"	48.2	474.80
Rusagro	43.9	60.90
Concern "Pokrovsky"	36.3	24.20
Ekoniva-APK	32.9	63.03
Avangard-Agro	32.5	44.80
GAP "Resource"	32.0	32.00
Volgo-Don Agroinvest	27.4	45.10
总计	1253.4	577.43

资料来源：https://specagro.ru/news/202203/forbes-opublikoval-reyting-krupneyshikh-zemlevladelcev-rossii。

农场大型化是俄罗斯农产品品种单一、市场机制不足造成的。但农业本身是层次丰富、产品广泛的产业，适合各种类型、规模的农场生存。在大量闲置土地被释放出来的背景下，俄罗斯农业需要开拓更

---

① С.巴尔苏科娃著,肖辉忠译：《俄罗斯经济与社会政策的当代选择——以农业政策为例》,载《俄罗斯研究》,2018年第5期,第77—96页。

大市场来吸收更多的农产品，更有必要发展多种模式的农场形态、建立高效率的市场协作机制。

另外，俄罗斯区域农产品的物流系统还不健全，缺乏批发交易场地，尤其缺乏电子交易场所。俄罗斯农业主管部门权力分割，监督促进机制不规范，灰色甚至违法行为也较多存在,[①] 这些问题限制了农业发展。

由于俄罗斯农业经济的掣肘，俄罗斯农村社区的社会发展也相对滞后。由于缺少商业机会和个人发展空间，俄罗斯农业人口持续下降，青年人往往离开农村，同时农民接受的主要职业技能培训也不充足。农村和农业社区对一个国家经济稳定非常重要。当前俄罗斯受到前所未有的国际制裁，城市产业部门的发展受阻，将影响现代产业部门吸纳劳动力的能力，年轻人是受到影响最大的群体。此外，俄罗斯人口形势不容乐观，而农业部门天然具有增加人口的条件。根据马克思主义政治经济学的基本思想，私人劳动与社会劳动之间存在冲突，城市居民以社会劳动为主，私人劳动的时间就被压缩了。而农业生产可以兼顾家庭与社会，农业社区的兴旺，能在一定程度上缓解就业压力，并可能扭转人口出生率下降趋势。世界银行数据显示，俄罗斯农业就业人口从1991年占人口总量的14.2%连续下降，2006年跌破10%，2020年仅为5.8%。

四、构建面向未来的俄罗斯农业体系

普京总统曾明确指出："没有俄罗斯农村的复兴、没有农业的发展，就不可能有俄罗斯的复兴。"[②] 俄罗斯农业改革受制于太多复杂的因素未能深入推进，在当前历史背景下，农业担当着重要使命，俄罗

---

① 王胜男:《俄罗斯农业生产及监管情况分析》，载《中国标准化》，2021年第22期，第258—260页。

② 普京著，徐葵、张达楠编译:《普京文集》，北京:中国社会科学出版社，2002年版，第15页。

斯应进行深入彻底的系统性改革，把农业的发展潜力释放出来，并以农业为支点，带动科技、产业、人才等事业的全面发展。

（一）优化出口导向与产品结构

俄罗斯农业要从以进口替代为目标转向出口导向，要培育好国际市场，建立良好的国际合作机制。中国市场对俄罗斯农业有重要战略意义。近年来，随着中国与美国大豆贸易出现波折，以及中国暂停澳大利亚部分农产品的进口，贸易转移效应给俄罗斯相应产品带来机遇。[①] 俄罗斯在开发土地过程中存在的资金缺口，也可以通过引入中国农业企业得到弥补。对其他主要农业出口市场，俄罗斯也可以采取灵活的方式，建立更紧密的合作关系。

俄罗斯农业品种出口过于单一，也暗藏着较大的风险。粮食的需求弹性较小，供应不足可能导致大幅涨价，而一旦产能过剩也会引起大幅跌价。考虑到俄罗斯未来将新增大量农业用地和农业产出，农产品结构必须调整，以适应国际市场的需要，一味增加小麦、葵花子等农产品的产量会在一定程度上增加俄罗斯农业出口的风险。增加农产品的品类、改善农业结构，需要多种类型农场的发展来支撑，也需要交易网络的拓展，这是一个综合性问题，与下述问题密切关联。

（二）推进市场机制建设，加快建设数字交易平台

农业的市场机制包括内部产业链的相互协作和外部销售端的便捷对接。俄罗斯经济转轨和中国改革开放的实践从两方面都证明了，市场机制的建立不是西方教科书中以天真的口吻所描绘的完全自发的过程，而是需要顶层的设计、调整、优化、规范，甚至强制才能逐步建立。俄罗斯存在一种矛盾的思想，一方面承认市场经济具有更高的效率，另一方面又认为俄罗斯是个例外。造成俄罗斯例外的原因也许既

---

① 张红侠：《中美贸易摩擦背景下的中俄农业合作》，载《俄罗斯东欧中亚研究》，2020年第2期，第38—49、155页。

有广为认可的苏联的历史影响,更有被忽视的脱离市场本身规律的西方意识形态的影响。马克思是正确的,越高效率的市场,越需要高度的理性组织,市场只是工具,不是目标。

政府应优先建设数字平台和物流网络。俄罗斯农业需要发展数字交易平台,对于腹地广阔的俄罗斯,中小型企业难以独自建设自己的销售网络,数字交易系统能为不同类型的农业主体带来便捷的接入方式。俄罗斯也正在完善物流体系,农产品生产分散,运输又有紧迫性,所以物流体系对农业格外重要。

建立完善便捷的市场机制和设施,才能让中小型农场等多种农业生产组织形式得以生存。这对丰富农产品出口品类、改善农业产业结构、促进农业就业、提升农村社区的活力都非常关键。这是俄罗斯需要长期关注、重点投入和耐心建设的领域。

(三)利用新一代农业技术,发展俄罗斯高新技术产业链

二战结束以来,美苏等超级大国都利用军事科技作为高新技术发展的先导。军事科技耗资巨大,并非每一个国家都能像美国那样,凭借全球霸主的身份获得多重红利反哺大规模军事支出。农业是本轮新技术革命最重要的应用场景之一,农业创新能撬动信息技术、生物技术、人工智能、新能源、先进机械、智能园区等产业的和平发展。一般国家的农业规模较小,对技术研发的摊销较为吃力,但俄罗斯的农业规模和潜力决定了其在农业科技创新方面能够有所作为。先进的技术和劳动方式能吸引具有较高教育水平的现代青年进入农业领域,也为掌握科学技术的人才提供广阔的发展空间。当前,俄罗斯的农业科研投入相对滞后,应大力引进国外农业先进技术和经验,同时开展全方位的农业科研工作。

(四)引导青壮年从事农业,促进百业兴旺

历史经验表明,健康的农业和农村社区能为现代社会周期性经济

危机提供缓冲，吸纳失业人口，当艰苦时期到来时能够提供最基本的生存资料。青壮年进入农业，才能振兴农业。在特殊的时期，俄罗斯促使青壮年，尤其是青年人进入农业产业也是稳定社会的重要手段。青年人一般掌握现代技能、善于利用网络工具、不愿承受传统农业生产的劳动强度，而新技术的应用和中小型创业农场的发展空间为青年人从事农业带来可能性。青壮年进入农村也不局限于从事直接的农业生产，也会带来更多产业的发展，如围绕技术承包、农产品深加工、金融租赁、休闲旅游、文化产业等系列产业的兴旺，为农业社区带来活力。

（五）统筹兼顾长期规划与基础设施建设

俄罗斯农业长期发展向好，但中短期内也面临较大挑战。在气候变化、技术革命和国际环境变化的条件下，俄罗斯要主动应对接下来可能出现的挑战。首先应做好农业规划，宏观上布局建设跨区域水利工程、道路设施和物流网络。中观上重视防灾减灾；以农工综合体为载体，加强市场协同；更新农产品加工设施；打通产业间横向合作。微观上保护和改良土壤，使用滴灌、良种等适应性技术，坚持绿色农业有机农业战略。大规模的农业基础设施建设应未雨绸缪加紧开展，这对农业和经济整体发展都有巨大的促进作用。

另外，在土地所有权改革方面，俄罗斯当前应着眼于盘活海量闲置土地、注重发挥土地的使用价值、避免土地成为资本炒作的载体、稳定租赁关系等多种合作方式、分离所有权和使用权，为有实际种植需要的市场主体提供土地，抑制资本炒作。俄罗斯的土地潜力巨大，一方面要对现有耕地的所有制进行改革，另一方面也要从增量入手，为各种类型的农业企业、家庭农场、青年人提供农业生产的土地要素。

五、总结

俄罗斯农业发展条件是独特的，潜力是巨大的。俄罗斯经济一直以能源为主线，科技以军事为主线，发展较为有限，转型总是被各种因素干扰甚至打断。在俄乌冲突之后，以农业为新的引领，促进俄罗斯出口、技术研发与应用、数字交易平台、基础设施建设、农村社区稳定、青年就业、国际合作等一系列工作，是值得俄罗斯政府考虑的经济发展战略选择。农业是基础产业部门，不是普通产业部门。农业在各国实现工业化的过程中都发挥着重要作用。农产品具有较低需求弹性，农产品价格上升意味着低收入者将陷入饥饿，农产品短缺则会直接导致社会的动荡。俄乌冲突将对俄罗斯产生系统性影响，借助这次冲击带来的动力，发挥俄罗斯农业的巨大潜力，可能给俄罗斯未来的经济发展带来一条新的路径。

俄罗斯自然人房产税改革初探

张长乐[*]

【摘要】 本文对俄罗斯历时 20 多年的自然人房产税改革过程进行了梳理，详述了税改的目的、内容、措施和实施步骤，分析了税改的效果和税改过程中出现的主要问题，对俄罗斯自然人房产税的税制改革给予了充分评价。

【关键词】 房产税；税制改革；地籍价值；税收负担；税收公平；税率

俄罗斯联邦现代税收制度中自然人财产税的税收改革开始于 1997 年 7 月，叶利钦总统签署联邦法律，在诺夫哥罗德（后改名为大诺夫哥罗德）和特维尔两个城市开展将财产税转为不动产税的试点工作。[①] 经过近 20 年的酝酿和准备，直到 2015 年才正式在全国实施。2014 年 10 月颁布了对《俄罗斯联邦税收法典（第二部分）》（以下简称《税收法典》）修改的联邦法律，对个人财产税作出了重大修改，在

---

[*] 张长乐，中国人民大学-圣彼得堡国立大学俄罗斯研究中心特约研究员。

[①] Федеральный закон Российской Федерации № 110, "О проведении эксперимента по налогообложению недвижимости в городах Новгороде и Твери", от 20.07.1997.

《税收法典（第二部分）》增加了第32章"自然人房产税"①。修改后的法律从2015年起生效，同时废除了1991年的《自然人财产税法》。

自然人房产税改革主要涉及两个方面：一是税基从按房产的清点价值向按地籍价值过渡，二是对税收优惠的有效性进行评估。

修改后的《税收法典》规定，2015年至2020年为5年的过渡期，在此期间，各联邦主体和地方代表机构必须调整本地区（地方）相应的法律法规，启动本地区实施新税法的进程。

2020年俄罗斯所有的联邦主体平稳地过渡到新版自然人房产税，标志着延续20多年的自然人财产税改革收官。

俄罗斯税改的历程具有一定的借鉴意义。中国在计划实施个人房产税的过程中，面临着与俄罗斯类似的问题。不同于主要发达国家已实施百余年的个人房产税，俄罗斯在1991年才开始居民住房私有化，并于同年12月通过了《自然人财产税法》。对个人房地产开征财产税，从那时算起也不过31年，尤其是近20年的税改，其具体制度的设计、征收方式和实施过程都遇到了各种的曲折和困难。他山之石，可以攻玉。对于同属经济转型的大国的中国，俄罗斯税改的经验值得研究。

一、为什么要进行税改

在税改前，俄罗斯实行三种财产税：组织财产税，土地税（对组织和自然人征收）和自然人财产税。②

1991年的《自然人财产税法》最初不仅对不动产（住房、房屋、

---

① "налог на имущество физических лиц"一般译为"自然人财产税"，《税收法典（第二部分）》第32章将这个税种的征税对象界定为自然人拥有的6类房产（住房、建筑物、构筑物等），成为税法的专有名词，俄罗斯学术界在2015年之后的文章中使用这个词时，一般特指"自然人房产税"，与之前的"自然人财产税"相区别。因此，本文将这个词组按《税收法典》外延的界定译为"自然人房产税"，以免与文中提到的"自然人财产税"相混淆。

② 《税收法典（第一部分）》第11.2条中对"组织"和"自然人"的概念作了定义："组织"是指根据俄联邦法律成立的法人实体、国际公司，以及根据外国法律成立的具有民事法律行为能力的外国法人实体、公司和其他公司实体，外国法人实体和国际组织在俄罗斯境内设立的国际组织、分支机构和代表处；"自然人"是指俄罗斯公民、外国公民和无国籍人士。

建筑物）征税，而且还包括对自然人拥有的空中和水上交通工具，如飞机、直升机、游艇、汽艇、摩托艇征税。但私人汽车、摩托车不包括在内，对它们设立了独立的税种。从2003年起自然人财产税征税对象被修改为仅包括自然人拥有的房产。

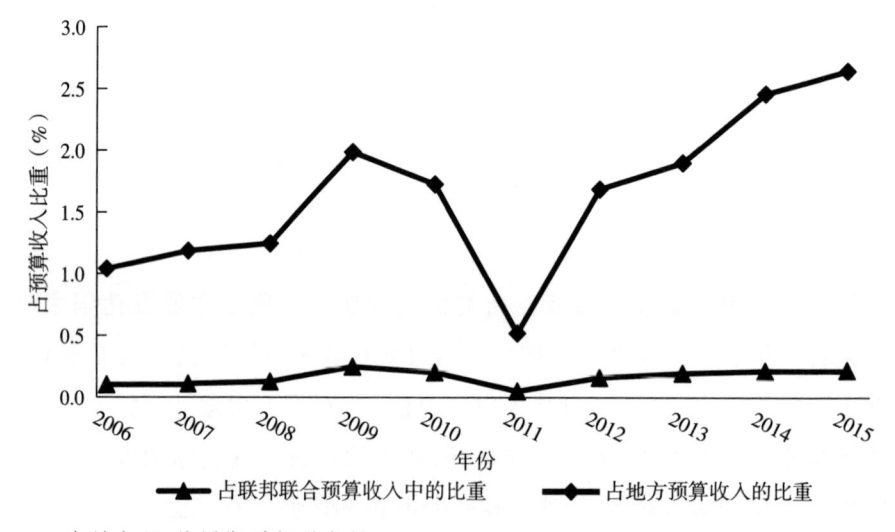

资料来源：俄罗斯联邦税务局。

图7 2006—2015年自然人财产税在联邦联合预算收入和地方预算收入中的比重

在现代多数发达国家的税收体系中，自然人房产税是地方政府财政收入的重要来源。但俄罗斯在税改前，该税种的财政价值微不足道。如图7所示，自然人财产税在联邦联合预算收入中所占比重不超过0.22%，在地方预算收入中占比也不超过3%，这使得地方财政成为国家预算体系中最脆弱的一级。在石油、天然气出口收入丰裕的年份，这个矛盾还不突出，但在2008年全球金融危机爆发、2014年因乌克兰危机而遭受西方国家经济制裁后，俄罗斯地方财政预算收入锐减，但支出却没有减少。无法进入外部资本市场，俄罗斯只能挖掘内部财政资源潜力，而房地产正是最稳定、最透明的税收对象，而且税收收入与支出的对应性强。可见俄罗斯税改的主要目的就是为地方预算开拓税源，而且税改出台的时机与宏观经济的变化有高度的相关性。

房产税税收额的多少取决于计税依据（税基）和税率。税改前的税基是税收对象的清点价值。① 房产的清点价值是将该房产的折旧，以及建筑材料、人工和服务价格变化等各种因素综合计算的重置价值，它与房产的市场价值差异很大。

俄罗斯有大量的老旧住房存量，其中一部分位于大城市的中心地区。按照清点价值，市区一套老旧合住住房的价值几乎可以忽略不计，而其市场价值却很高。在莫斯科市中心，老旧房屋的市场价值与清点价值之间的差距平均在 20 到 40 倍。②

税收额与房产的价值和税率成正相关。如果税率短期内增加过多，容易引发社会严重的不满；如只增加一点，因基数小，开拓税源的作用不大。而将房产税税收税基尽量靠近其市场价值，不仅有理论依据，也是欧美国家通行的做法。根据本国的国情并参考欧美国家税基评估的不同模式，俄罗斯采用了房产的地籍价值作为税基，它是一种低于市场价值的政府公示价值。清点价值也是一种政府公示价值，只不过它的参照系不是市场价值，而是房屋的重置价值，并减去其折旧。虽然从 2014 年起增加了平减指数作为调节系数，但清点价值与市场价值仍相距甚远。

关于地籍价值与清点价值的差距，政府和研究机构都作了测算。表 14 中的数据是俄罗斯的研究机构在 2011 年测算的，可以看出，在从房产的清点价值过渡到地籍价值，税基最多可以增加 10 倍。

---

① "инвентаризационная стоимость"，又译"存货价值""盘存价值"，用在房产税范畴时，是指房经专门机构定期核查、清点和计算后确定的价值，供税务机构计算税基时参考，且该专门机构的名称一般译为"技术清点局"（бюро технической инвентаризации），而私人房产价值与"存货"或"盘存"搭配均不妥，故在此文中译为"清点价值"。

② Н. Хачатрян，"Кадастровая стоимость имущества физических лиц: особенности определения и перспективы пересмотра"，https://cn.pgplaw.com/analytics-and-brochures/articles-comments-interviews/the-cadastral-value-of-the-property-of-individuals-peculiarities-of-definition-and-prospects-for-rev/.

表14   2011年俄罗斯部分地区自然人房产的清点价值与地籍价值比较

地区	平均价值（千卢布/平方米） 清点价值	平均价值（千卢布/平方米） 地籍价值	相差倍数
卡卢加州	3.8	42.6	10.3
巴什科尔托斯坦共和国	3.1	31.8	9.3
罗斯托夫州	2.7	25.0	8.3
克拉斯诺达尔边疆区	2.7	25.0	8.3
克麦罗沃州	2.6	21.5	7.3
加里宁格勒州	2.6	21.8	7.4
下诺夫哥罗德州	6.0	36.6	5.1
克拉斯诺亚尔斯克边疆区	6.9	32.7	3.7
萨马拉州	5.9	27.6	3.7
鞑靼斯坦共和国	5.4	22.6	3.2
特维尔州	6.0	24.6	3.1
伊尔库茨克州	11.8	26.8	1.3

资料来源：Косенкова Юлия Юрьевна，Турбина Наталия Михайловна и Зобова Елена Валерьевна，"Социальные и экономические последствия введения налога на недвижимость физических лиц в Российской Федерации"，*Социально-экономические явления и процессы*，Том．11，№ 9，2016，С．40-46。

在税率不变的情况下，以接近市场价值的地籍价值作为税基将导致税负大幅度增加，这有可能造成房地产市场的严重危机和房地产价格的大幅下跌。[①] 除了经济后果之外，对于大部分居民来说，这样的税收将是难以承受的，甚至会引起激烈的反对，导致社会动荡。

俄罗斯的住房存量分布与业主的收入水平不相符，房地产价值与

---

① М. С. Жевлакович，"К вопросу о введении в России налога на недвижимость：прогноз последствий на основе зарубежного опыта"，*Вестник Московского университета МВД России*，№ 7，2011，с．127．

居民收入之间的差异甚大。相当一部分的低收入者和社会弱势群体拥有的比较宽敞的住房，是在住房私有化期间无偿获得的，或者是通过继承获得的，并且多位于市区地产相当昂贵的住宅区。常见的例子是拥有价值数百万卢布住房的养老金领取者，他们除了微薄的养老金外，没有其他收入来源和谋生手段，完全没有能力按地籍价值缴纳房产税。此外，多子女家庭也面临此类困境。

1991年，时任俄罗斯联邦最高苏维埃主席的叶利钦签署了住房无偿私有化法案。30多年来，全国有3100万处住房完成私有化，占适合转让所有权的住房存量总数的83%。但到2021年，俄罗斯全国仍有594万处住房没有私有化，约237万处住房仍为公租合同的租赁状态。莫斯科市的房产价格最高，房产私有化的吸引力也应该最大，然而相反的是未私有化的房产也最多，约有79.96万处住房未私有化，其中部分原因就在于在莫斯科持有房产的成本也是全俄最高。[①]

房产税是对房产的保有环节征税，由于绝大多数自住房在保有期间不产生现金流，纳税人需要从其他收入中拿出一部分用于缴纳房产税，纳税人对房产税也更为敏感。因此，房产税也是各个税种中税收显著性最强的税种，税改的社会震动面也最广泛。

税收改革要获得最佳结果，就必须考虑俄罗斯房地产市场的特征和社会经济条件。俄总统在《关于2009—2013年国家预算政策》的预算咨文就税收政策的基本方向指出：需要在《俄罗斯联邦税收法典》中增加一章，规范以不动产对象的市场价格计征公民的房产税。同时提供税收减免制度，使税收负担对低收入公民的影响保持在当前水平。俄联邦财政部在2013年的信息公告中提议为纳税人提供普遍性的和针对性的税收减免。[②] 这些建议大都落实在最后实施的改革方案中。

[①] "Три десятилетия приватизации жилья в России: 31 млн квартир на 84 трлн рублей", https://tass.ru/obschestvo/11797139.

[②] Информационное сообщение Минфина России, "Об основных элементах налога на недвижимое имущество", от 31.01.2013.

因此，对房产税税收优惠的修改和补充也是税改方案应该包含的内容。俄财政部在2015年7月对税改方案作出解释："实施新的自然人房产税的目的是过渡到基于房产地籍价值（即最接近房产的市场价值）的更加公平的税收。为确保税收平等和保护社会弱势群体，在联邦一级对用于居住的房产实行税项扣除，向特殊类别的纳税人提供税收优惠，并且在新税制实施的前4个纳税期（2018年改为3个纳税期）采用减让系数计算税收。"[①]

二、自然人房产税改革内容

《税收法典》第二章规定，俄联邦税费体系为三个层级：联邦税费、各联邦主体（地区）税费和地方税费。

财产税向自然人和法人征收，属于联邦主体（地区）税和地方税两个层级。地方的财产税有土地税、自然人房产税。自然人财产税在地方一级征收，因此，地方政府有权在《税收法典》规定的范围内制定本地方的税率标准，还可以在《税收法典》第407条规定之外，增设税收优惠措施。

地方税除自然人房产税外，还有土地税和商业税。除莫斯科和圣彼得堡两个直辖市外各地方均未征收商业税。

（一）征税对象

《税收法典》界定征税对象为九类，其中六类与税改前大致相同，即独栋住宅、单元住宅、居室、车库、其他建筑物、处所和构筑物，郊外休闲园艺房屋等同独栋住宅。此外，还增加了三个新的征税对象：停车位、统一不动产综合体、未竣工的建筑物，属于公共财产的单元

---

① "Основных направлениях налоговой политики РФ на 2016 год и на плановый период 2017 и 2018 годов"，https://base.garant.ru/71146684/.

住宅楼不在应税房产清单内。①

税法将未竣工的建筑物纳入应税对象，是针对故意"永无止境"建造房屋，借此逃避房产税的做法。2015年，税务机关将55 086项在建房屋列入应税对象，尽管它们在所有的应税对象中所占的比重很小（仅0.15%），但补充了市政预算超过1.65亿卢布。

对征税对象的税收包括持有环节和房产所有权转移环节（产权交易、产权继承或赠与）。自然人房产税仅对持有环节征税，而对产权交易环节的税收则由个人收入税界定。另外，对产权继承或赠与环节的税收，税法也做过修改。

（二）房产的地籍价值和税基

新税制规定，自然人房产税的税基是地籍价值。在2015年之前，多数联邦主体已经开始着手地籍价值的评估工作。

地籍价值的评估以地区和地方政府通过招标选出独立的评估机构，对本地区（地方）的房产采用批量评估的方法进行。评估完成和地区与市政当局审议批准后，将其结果报送给联邦地籍与测绘国家登记局（以下简称"地籍与测绘局"），并在其网站上公示。

在税改之初，因地籍价值评估结果而引发的争议和诉讼急剧增加，改正和改判的案例占很大比重，社会进而对商业评估机构的公正性和可靠性提出质疑。2016年7月国家杜马通过了《国家地籍评估法》，规定自2017年起实施国家地籍评估师制度，并专门设立从事地籍评估的国家预算机构（资金和经费均来源于财政拨款的准政府机构）。该法的主要原则是：国家地籍评估程序的每个阶段要具备独立性和公开性，保证确定地籍价值的方法、期限和规则的统一性，保持更新确定地籍价值所需信息的连续性。新法规定了国家评估的准备程序和争议解决

---

① Федеральный закон Российской Федерации № 401-ФЗ, "О внесении изменений в части первую и вторую Налогового кодекса Российской Федерации и отдельные законодательные акты Российской Федерации", от 30.11.2016.

机制，包括收集有关价格形成市场因素的完整信息、核对评估对象的信息，以及纳税人对地籍价值评估异议的处理程序。

《国家地籍评估法》规定，从2017年年初到2019年年底为三年过渡期，允许"新""旧"法律（1998年的《俄罗斯联邦评估法》）并存，评估机构可以根据两项法律之一确定地籍估价。自2020年1月起，"旧"法将不再涵盖地籍评估工作，地籍评估的权力全部移交给国家预算机构，该机构的工作由地籍与测绘局监督和检查。

每个联邦主体均成立了本地区的地籍评估国家预算机构，名称有所差异，如莫斯科州称为"地籍评估中心"，莫斯科市称为"财产纳税和住房保险中心"。

国家地籍的例行评估每四年一次，直辖市每两年一次。当某地区房地产市场的价格指数下降30%以上时，可以进行非例行的国家地籍评估。

税务机构不参与房产的地籍价值的评估过程，仅使用从地籍与测绘局数据库获得的数据计算税款。

（三）税项扣除

税项扣除被认为属于"广义税收优惠"范畴，是税务机构在计算税基时对征税对象的一种扣除，对所有纳税人普遍适用。在《税收法典》中，税项扣除的规定不是被列入"第407条：税收优惠"，而是被列入"第403条：税基"。

第403.3—403.6条规定，在不同征税对象的地籍价值中减去相应平方米的地籍价值，是为税项扣除：单元住宅减免20平方米，居室减免10平方米，独栋住宅减免50平方米，统一不动产综合体（地块及附着的房屋和附属建筑）减免100万卢布。

2019年4月，增加了第403.6.1条，对于有3个及以上未成年子女的家庭，每名未成年子女另外给予5平方米（单元住宅）或7平方米（独栋住宅）的税项扣除。并且，如果这样的家庭有多套住房（单元住宅、居室、独栋住宅），每一处住房都可给予此项减免。

同时，《税收法典》授权地方政府可增加第 403.3—403.6.1 条的减免额。

（四）税率

如表 15 所示，税改前根据房产清点价值乘以平减指数的乘积，分别设定三档税率。

表 15　税改前自然人财产税税率

房产清点价值乘以平减指数乘积	税率
30 万卢布及以下	不超过 0.1%
30 万—50 万卢布（含 50 万卢布）	0.1%—0.3%
超过 50 万卢布	0.3%—2.0%

资料来源：《俄罗斯联邦税收法典》，2014 年 10 月版。

税改后，按房产的类型所对应的税率上限，最终税率由地方政府确定，具体取决于税收对象的类型、地籍价值、位置和所在的区域。表 16 统计了税改后自然人房产税税率。

表 16　税改后自然人房产税税率

房产的类型	税率
独栋住宅，单元住宅，居室，未竣工住房建筑，停车库和停车位，不超过 50 平方米的郊外休闲园艺房屋、家务用途的建筑物或构筑物。	0.1%
地籍价值超过 3 亿卢布的房产，商住公寓	2.0%
其它房产	0.5%

资料来源：《俄罗斯联邦税收法典》，2020 年 11 月版。

《税收法典》允许地方政府和直辖市可以将第一类房产的自然人房

产税税率从 0.1% 降低到 0 或提高到 0.3%。

莫斯科市则在《税收法典》规定的范围内，将房产按地籍价值分为几档，每档适用一个固定的税率。独栋住宅、单元住宅、居室、其他住所（无论面积大小），以及 50 平方米以下的附属建筑，按每处房产地籍价值①的不同对应税率如下：

·1000 万卢布以下 —— 0.1%（莫斯科 77% 的住宅在此范围内）；

·1000 万—2000 万卢布 —— 0.15%（20% 的住宅在此范围内）；

·2000 万—5000 万卢布 —— 0.2%（2% 的住宅在此范围内）；

·5000 万—3 亿卢布 —— 0.3%（1% 的住宅在此范围内）；

·超过 3 亿卢布 —— 2.0%。

未竣工的住房建筑自然人房产税税率定为 0.3%，停车库和停车位为 0.1%。②

主要存在于大城市的商住两用公寓不按住房对待，因此各地的税率也不同，一般为 1.5% 左右，并且不给予税项扣除。莫斯科市则定为三档，税率分为 0.5%、1.5% 和 2%。圣彼得堡市 2021 年税率为 0.1%—2%，2022 年起提高到 0.3%—2%。

从莫斯科市的情况可以看出，绝大多数的纳税人只需缴纳最低水平的房产税。

（五）计税和缴纳程序

俄罗斯各地区发展不平衡，实施新税制的前期准备工作进展也不一致，因此《税收法典》规定由各联邦主体根据本地区情况决定实施新税制的时间，但从 2020 年起全国均要采用地籍价值作为税基。同时，为避免在税基计算转换时税负一次性大幅增加，在转换最初的三个纳税期计算应税额时采用减让系数予以调节，每年只增加 20% 的税额，从第四个纳税期起由各地方政府确定系数，从 2020 年起不再使用

---

① 以下列举的不同地籍价值范围，起点均不含本数，止点均含本数。
② "Налог на имущество"，http://ru-90.ru/node/1510。

减让系数。这项措施有利于民众逐步适应新的税制。如莫斯科市从2018年起按全部地籍价值计算税基,但规定每年房产税的增加幅度不超过上一年的10%。越早采用地籍价值计算自然人房产税的联邦主体,其纳税人的税收负担增加就会越平滑。

2021年莫斯科市对地籍价值进行了例行的重新评估,楼房住宅的平均地籍价值为18.1万卢布/平方米,比2018年的14.9万卢布/平方米增加了21.4%。从2022年1月起,莫斯科市按新地籍价值计算房产税,而实际增加的税额不超过上一年的10%。

如图8所示,根据俄罗斯联邦税务局的统计,2015年有28个联邦主体开始采用地籍价值作为税基,2016年增加到48个,2017年增加到63个,2018年增加到70个,2019年增加到74个,2020年增加到84个。到税改方案规定的最后期限,除直辖市塞瓦斯托波尔情况特殊未采用,其余的联邦主体全部按期过渡到新税制。

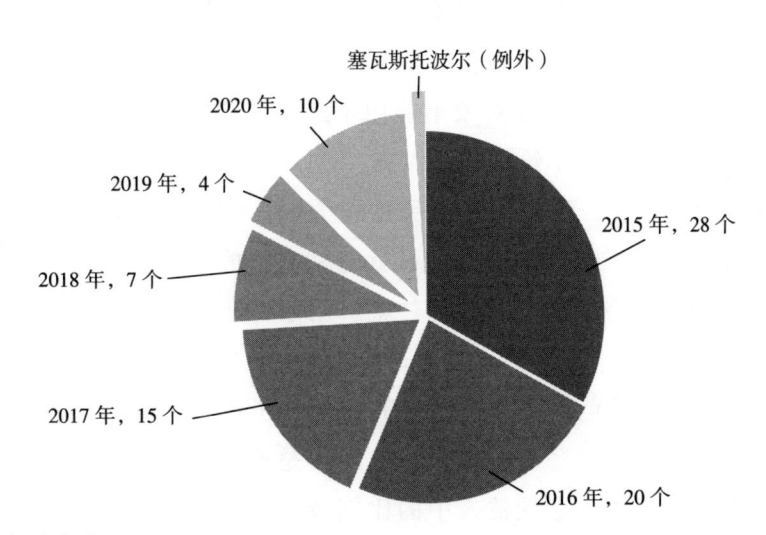

资料来源:ФНС,"Завершился переход к исчислению налога на имущество физлиц исходя из кадастровой стоимости",https://www.nalog.gov.ru/rn77/news/actioities_fts/9356236/。

图8 俄罗斯逐年启动新税制的联邦主体数量

纳税期为一个日历年,纳税人每年纳税一次。税务机关将纸质缴税通知通过邮局邮寄给纳税人，或以电子版形式发送到纳税人在税务局网站上注册的账号中，纳税人在应纳税年度下一年的12月1日前向房产所在的地方预算缴纳房产税。如未按时缴税，从12月3日起将按日计算滞纳金，金额为未缴税款额乘以央行再融资利率的三百分之一（等同关键利率）。

（六）税收优惠

对用于居住的房产，纳税人的社会经济地位是给予税收优惠的基本考虑因素。对于需要国家扶助的特殊类别的纳税人来说，考虑到他们的实际偿付能力，减轻其居住房产的税收负担是通过免税或降低税率来实现的。税收优惠政策的有效性是通过遵循有针对性、必要程度的原则来实现的。

俄罗斯联邦税法规定了广泛的免税人员名单，包括：苏联英雄、俄罗斯联邦英雄、三级荣誉勋章获得者，Ⅰ、Ⅱ级残疾人，自幼残疾人、残疾儿童，养老金领取者，军人及退役军人，等15类人群。给予免税的先决条件是该税收对象不能用于经营活动，且地籍价值在3亿卢布以上的税收对象不给予减免优惠。

与税改前相比，税收优惠的受益人类别几乎没有变化，但给惠的规则有显著变化。纳税人可以选择就每种类型的一个应税房产享受税收减免：单元住宅或居室、独栋住宅、用于专业创作活动的处所或构筑物、不超过50平方米的附属建筑或构筑物、停车库或停车位。

税改前，享受免税资格人员名下的全部房产都免征房产税，其亲属多把自己的房产也登记在免税人（通常是养老金领取者）名下。养老金领取者在税收优惠受益人中的比例最高，占80%以上。改变这项税收优惠条款的目的就是要制止这种大量避税的做法。

这项措施非常有效，与2014年相比，2015年税收优惠免税额减少了近30亿卢布。税收优惠免税额与计税金额之比从2014年的70.3%，下降到2016年的45.8%。[1] 从财政角度看，这项改革措施达到了两个目的，一方面减少税收优惠收益人的数量，另一方面降低了税收优惠对地方预算收入的影响。

（七）对地籍价值评估异议的解决机制

房产地籍价值的正确评估是税改成功的关键，房产价值的评估与社会大众的利益息息相关，涉及多方利益主体，覆盖面广、复杂性强、综合成本高，其科学性和合理性直接关乎房产税征收的公平性。

由于房产状况个体差异大，基于人力和物力的考虑，批量评估不可能对每处住所的特征面面俱到，且评估机构可能出现疏漏，因此评估结果可能出现高估或低估的情况。

房产所有者可在地籍与测绘局官方网站上获得自己房产的地籍价值信息。法律规定，只有两种情况业主有权提出异议并要求修改：一是在进行评估时所依据的数据不准确或不完整。例如，地籍簿中显示的住所面积错误或房间的数量不相符。二是业主聘请的独立评估机构对该住所当时的市场价值评估结果比其地籍价值低。

根据1998年《俄罗斯联邦评估法》和2016年《国家地籍评估法》，如果房产所有人认为自己房产的价值评估结果损害了其权利和义务，可以向本地区地籍与测绘局专门审议地籍评估结果争议的委员会（以下简称"委员会"）提出申诉，该委员会有义务在一个月内作出同意与否的决定。如果申诉人对这一决定不服，可以提交法院申请裁决，法院应在两个月内开庭审理。房产所有者为自然人的，可以不经过委员会决定这一前置程序，而直接提交法院审理。委员会的决定可以在法庭上受到质疑。[2]

---

[1] ФНС, "Статистическая отчетности за 2014-2016 гг. форма 5-МН".

[2] Федеральный закон Российской Федерации № 135-фз, "Об оценочной деятельности в российской федерации", от 29.07.1998（ред. От 02.07.2021）；Федеральный закон Российской Федерации № 237-фз, "О государственной кадастровой оценке", от 03.07.2016（ред. От 30.12.2021）.

自 2020 年起，在上述两条申诉途径外又增加了一条：如果业主要求纠正评估时技术或方法上的错误，可向从事地籍评估的国家预算机构提出申诉，且审理免费，但准备申诉材料及相关的费用由申诉人承担。国家预算机构须在两个月内给予答复、重新评估或拒绝，如拒绝则要说明理由。申诉可以通过当地政府的多功能服务中心或政府服务门户网站提交。

根据 2020 年修改后的《国家地籍评估法》规定，在确定地籍价值出现错误后，将按有利于房产所有人的方式处理。例如，在更正地籍价值评估错误后，如地籍价值减少，采用的新地籍价值将替代之前有争议的价值；如果地籍价值增加，则新地籍价值仅从下一年开始适用。

此外，在处理个案过程中，如发现地籍价值评估错误，或市场价值明显下降，相关机构不仅应重新计算个案的地籍价值，且要重新计算批量评估的同类不动产对象的地籍价值，不需要类似不动产的所有者主动提出申请或提起诉讼。

三、税收改革的效果分析

自然人房产税改革的目的是为地方财政拓宽税源。综合分析一系列统计数据，可以说，税改成果整体上是正面的、积极的。在地区汇总预算和地方预算收入中自然人房产税的收入都呈现增长趋势，尤其是在税改初期增幅更为显著。如图 9、10 所示，2016、2017、2018 年，地区汇总预算中房产税的增长率分别为 19.1%、44.7%、17.4%，地方预算中房产税的增长率分别为 12.5%、28.0%、14.5%。

税改后自然人房产税大幅度增长主要是由于以下几个原因：

首先，在房产地籍价值评估过程中，俄罗斯同时采取措施清查未登记的房产，整体上使税务机关数据库中登记的应税房产数量大幅增加；

其次，在过渡期内，采用地籍价值的房产实际税负逐年增加 20%，仍采用清点价值的房产，其平减指数也逐年增加这直接导致了税收的增加；

最后，纳税人和应税房产的数量本身也逐年增加。

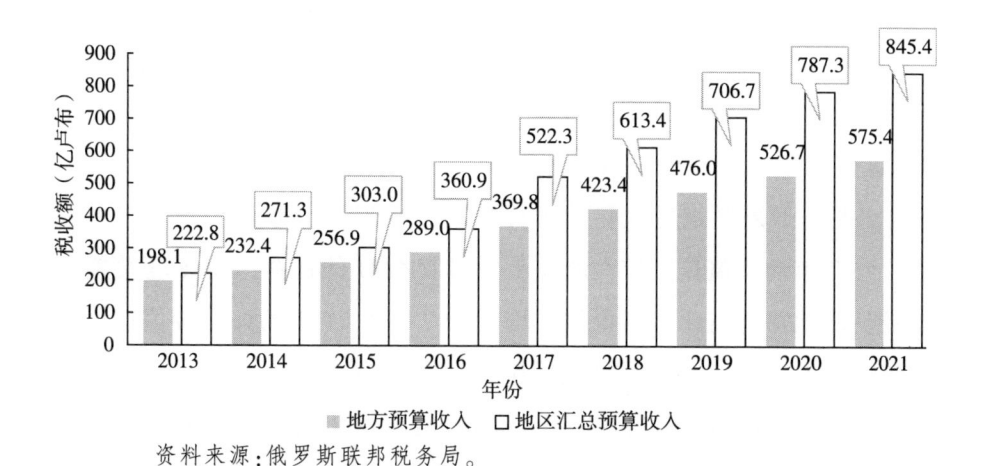

图 9　自然人房产税在俄罗斯地方预算收入和地区汇总预算收入中的税收额

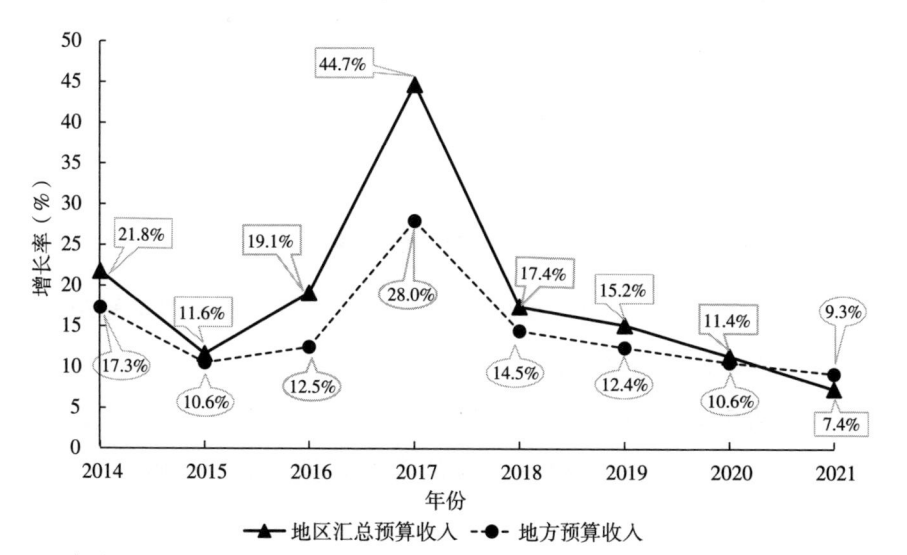

资料来源：俄罗斯联邦税务局。

图 10　在地区汇总预算和地方预算中自然人房产税税收增长率

资料来源：俄罗斯联邦税务局。

2015 年以前，俄罗斯税务机构登记在册的自然人应税房产的总清点价值一直增幅不大，2014 年为 12.34 万亿卢布。2020 年全部转换为地籍价值后，应税房产的总地籍价值达 100 万亿卢布，比 2014 年多出 7.1 倍。①

由于采取一系列措施，如税项扣除、税收优惠和减让系数等，避免了大多数纳税人税负过度增加。虽然 2020 年全俄总地籍价值比 2014 年的总清点价值增加了 7.1 倍，但房产税税收仅比 2014 年增加 1.9 倍（地区汇总预算）和 1.3 倍（地方预算）。

各地方政府在进行地籍价值评估时，根据社会政治经济等多种因素，参照市场价值作了较大的让步。据 ЦИАН 的资料，2018 年莫斯科市评估的地籍价值比市场价值平均低 25%，2021 年的评估价值比市场价值平均低 36%，而莫斯科新区则低 60% 左右。②

房产地籍评估价值普遍低于市场价值减少了房产所有人对评估结果提起诉讼的数量。政府的这种做法虽然降低了房产税税收的增长速度，但是换来了社会各阶层对新税制的接受，新旧税制平稳过渡。这样的结果也是立法者、政府和社会各界所希望看到的。

四、税收改革过程中出现的问题

（一）自然人房产税的欠税问题比较严重

在税改之前，拖欠房产税税款的状况就相当严重，逐年累积的欠税规模一直呈扩大趋势。如图 11 所示，税改以来，欠税的规模更是成倍增加，从 2014 年的 185.3 亿卢布增加到 2017 年的 342.6 亿卢布，2018 年联邦政府核销了 82 亿卢布的自然人房产税的"死欠"税款，

---

① ФНС. "Статистическая отчетности за 2014-2021 гг. форма 5-МН".
② Наталия Густова, " В Москве вырастет кадастровая стоимость жилья. Что это значит", https://realty.rbc.ru/news/616401029a794728708d16f5.

欠税金额有所下降，但仍达330.7亿。① 如此庞大的欠税额几乎等于2016年实际征收的自然人房产税总额。

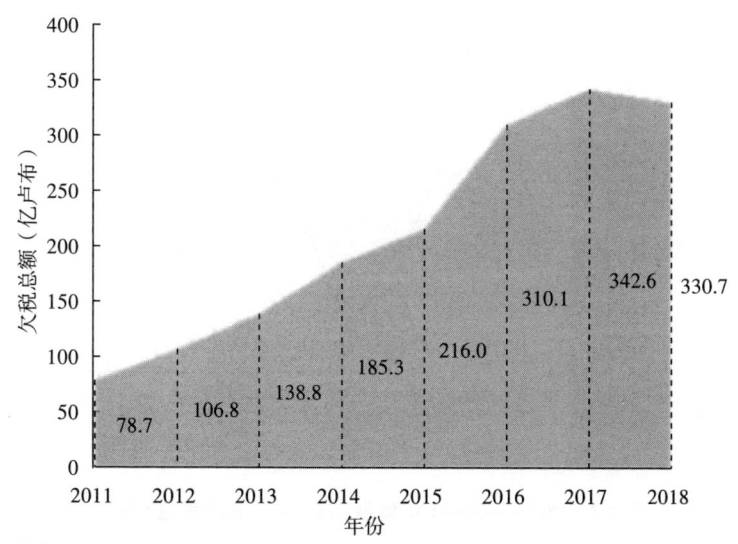

图11　2011—2018年俄罗斯自然人房产税欠税总额

资料来源：俄罗斯联邦税务局。

欠税问题的加剧说明税务部门对欠缴自然人房产税的追征工作效果不理想，这可以归咎于税收征管不力、对不缴纳房产税的个人惩罚过轻，但也反映出税负逐年增加而多年来居民实际收入水平停滞不前的窘况。再结合图12所呈现的自然人房产税征收率变化和图13所展示的居民实际货币收入指数动态，可以看出这几个指标之间的相关性：2015—2016年征收率下降，欠税额大增，而居民实际货币收入指数也下降至谷底。2017—2019年间，居民实际收入得到改善，征收率随之提高，欠税总额也有所下降。这表明，只有经济的稳定发展和质量提升，居民实际收入增加，生活水平提高，才能保证税改成功。

---

① С. И. Штогрин, Отчет о результатах контрольного мероприятия " проверка администрирования территориальными налоговыми органами имущественных налогов (земельного, транспортного налогов и налога на имущество физических лиц), уплачиваемых физическими лицами за 2016 и 2017 г. "；ФНС. Статистическая отчетности за 2014–2018 гг. форма 4-НМ.

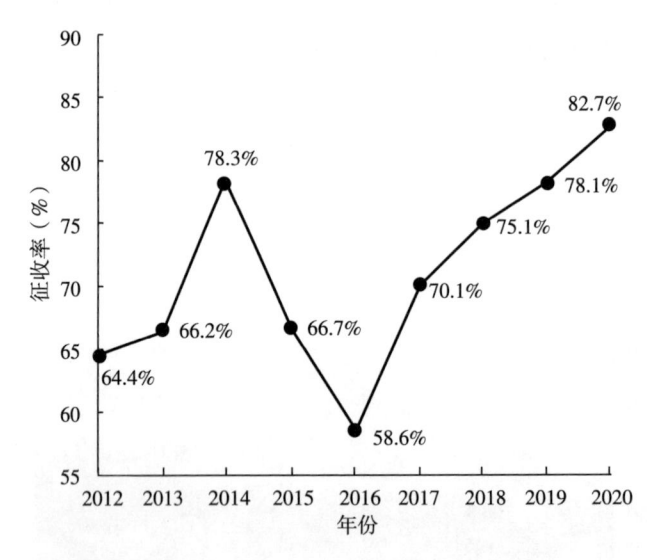

资料来源：俄罗斯联邦税务局。

图12　2012—2020年俄罗斯自然人房产税征收率

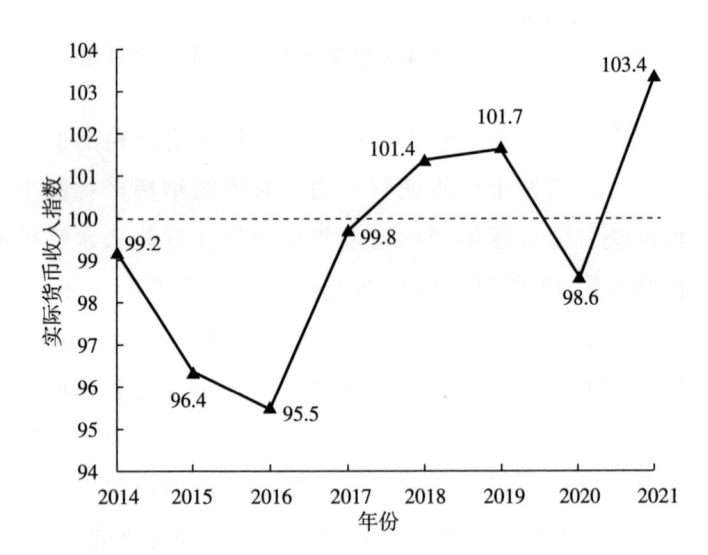

资料来源：俄罗斯联邦国家统计局。

图13　2014—2021年俄罗斯居民实际货币收入指数

(二) 因地籍价值评估不准确导致诉讼增加

尽管各地方政府在评估房产地籍价值时做了较大让步，也成功减少了部分对评估结果提起诉讼的数量，但在税改前期由于地籍价值确定机制、核算和估价程序的不完善，房地产地籍价值的评估结果仍然引发了较多诉讼，造成了预算中税收收入的重新计算。

2016 年因申诉而对房地产地籍价值的修正或改判，使房地产地籍价值总值从 1.17 万亿卢布下降到 6342.5 亿卢布。2017 年 1 月至 8 月，房产地籍价值的总值因同样原因下降了约 42.4%。[1] 2018 年俄罗斯法院共收到了 16 114 件关于地籍价值评估异议的申诉，412 件是以委员会作为行政被告人。至 12 月底，法院共审结案件 10 112 件，原告胜诉 9283 件，占 58%，败诉 829 件，占 5%，6002 件仍在审理中。在审结的案件中，地籍价值总值下降了约 7182 亿卢布，下降幅度为 40.6%。[2] 2019 年，法院受理了 22 373 起争议，通过法律裁决更改的地籍价值总值从 17 459.9 亿卢布减少到 9642 亿卢布。[3] 需要说明的是，上述由地籍与测绘局公布的诉讼案件统计数据中，申诉人包括自然人和组织，涉及房产和土地价值评估的争议，没有单独列出自然人房产价值评估异议申请的数量。

有鉴于此，俄罗斯有关部门从 2017 年开始对确定房地产地籍价值和不动产对象登记的程序进行了重大调整：房地产地籍价值评估从商业性评估公司改为国家预算机构，对所有房地产对象都采用统一的确定地籍价值的方法。

2017 年为落实《国家地籍评估法》，俄罗斯经济发展部接连发布

---

[1] Т. А. Логинова., "Актуальные вопросы налогообложения недвижимого имущества", Налоги и налогообложение, № 10, 2017, С. 55–66.

[2] "《Фантомная》 стоимость недвижимости", https://pravoved.ru/journal/fantomnaya_stoimost/.

[3] "Оспариваем кадастровую стоимость по 'новому' закону", https://www.fcaudit.ru/blog/237-fz-osparivaem-kadastrovuyu-stoimost-po-novomu-zakonu/.

了《国家地籍评估的工作规范》和《地籍价值确定结果争议审议委员会工作程序》，作为通过委员会申诉的规范文件。2018年经济发展部又发布了"由各联邦主体设立并赋予确定地籍价值权力的预算机构，及其在审理要求纠正确定地籍价值时所犯的技术和（或）方法错误时的工作程序"。

上述这些措施旨在最大限度地减少地籍价值评估错误的数量，从而减少房地产地籍价值申诉的数量。措施的实际效果有待观察，但也有批评人士指出，评估机构由独立的第三方变成地籍与测绘局专门设立的预算机构，扩大了该机构确定地籍价值的权力，这实际上是把经济实体的职能和国家机构的行政职能绑定在一起，反而增加了出现不公正评估的风险。

五、俄罗斯税收改革进程中值得借鉴的经验

（一）失败的试点和有益的经验

如前文所述，俄罗斯在本次税改之前曾在大诺夫哥罗德和特维尔两地进行了房地产税改革试点，用以房地产市场价值为税基的单一的房地产税取代多项财产税，同时改变土地、非居住房屋和公租房的租金计算方法，使之与市场价值的变化挂钩。

最初，试验期定为1997—1998年，但在这两年税改遇到了一系列难以解决的困难，试验的期限也先后两次延长至2005年。但8年的试验结果却不理想，特维尔的税改更是半途而废。在2003—2005年间，政府设计了多种对个人房产征税的方案，但始终没有落到实处。

试验虽然没有成功，但俄罗斯各级政府、议会和研究机构从中认识到税制改革的复杂性和高昂的成本，试验中暴露出来的各类问题为完善后续的税改方案提供了有益的借鉴。

2004年11月税改再次被提上议事日程，对《税收法典（第二部分）》的法律修正案提交到国家杜马。修正案的主旨是减少财产税税

种的数量，把所有的财产税合并为一种财产税；简化计税程序，改善税收征管效率；税基按不动产的市场价值确定。但该修正案一读之后，因遇到诸多问题，陷入长时间的搁置。尔后该修正案历经十年审议、修改，直至2014年方才通过。

这项议案之所以久议不决，是因为有许多重大问题，尤其是社会问题挡在了税改的前面，需要逐一加以排除。

第一，税改会增加普通住房所有者的税负，但其中许多人无力支付，这会导致严重的社会问题。税改还将可能影响税赋公平，增加税负后，税收负担将在很大程度上从弱势群体转移到中产阶级，由中产阶级为社会买单，变成一种隐蔽形式的"奢侈税"，这也将打压房地产行业和市场。

第二，在税收负担增加的情况下，对地方财政的透明度要求也更高。为了正确计算不动产税，需要收集、加工处理和定期更新大量的信息。尽管拟议采取批量评估法，但按什么标准、评估程序和结果如何让纳税人明了，都没有明确。建立相应的法规规范不动产评估、培养专业的评估人员、建立国家不动产地籍簿、厘清不动产权利统一登记的问题、每年对不动产价值的重新评估，这些都需要额外的财力和人力。

第三，将房产地籍价值作为计税的基础，但因此产生争议的解决机制没有确定，尤其是前置程序的方案缺失。

总之，为了实施新的税收制度，需要议会、政府解决一系列相关的法律、组织和技术问题。

（二）俄罗斯政府和议会持续推进税收改革进程

2001年俄罗斯联邦政府发布《俄罗斯联邦中期（2002—2004年）社会经济发展纲要》，首次提出对财产税进行改革，并指出要优先推进土地和其他不动产的税收制度改革。同时，为促进土地和其他不动产得到有效利用，需要建立不动产对象的国家地籍簿，并建立基于自动化技术的统一的不动产国家登记系统，且确保其信息公开。

2005年俄罗斯联邦政府决定，在联邦专项计划"建立国家地籍簿和不动产对象国家登记自动化系统（2002—2008）"之内设立子规划"建立不动产簿籍系统（2006—2011）"，计划建立不动产地籍簿，并形成统一的登记系统。

2007年7月通过的《不动产国家簿籍法》（此法律经多次修改后定名《地籍法》）于2008年3月1日生效，这部法律规范了国家不动产地籍的管理工作，为开征不动产税创造了条件。国家不动产地籍簿的运行和维护采取的是全国统一的技术原则，以保障地籍信息实时、连续和向全社会公开。作为统一的联邦信息系统的一部分，国家不动产地籍簿联通了统一的不动产权利及其交易国家登记簿。

2008年5月俄罗斯总统签署总统令，确认由经济发展部负责制定和实施国家不动产地籍簿的国家政策和监管法规，承担国家地籍的登记和簿籍管理职能。

2008年8月俄罗斯政府通过了《国家不动产地籍簿信息互通条例》，使不动产对象及其权利人的信息在各级政府部门，包括税务机关、不动产登记机关、地方市政部门之间共享。

2008年12月俄罗斯总统决定将经济发展部下属的"联邦登记局"更名为"联邦地籍与测绘国家登记局"，同时撤销"联邦测绘局"和"联邦不动产地籍局"，其职能归入新成立的"地籍与测绘局"（2020年，根据第21号总统令将地籍与测绘局划归联邦政府直接管辖）。该部门的任务之一是形成统一的不动产对象及其权利地籍登记制度。

2011年俄罗斯总统的预算咨文要求确保在2012年年底前实施新的财产税。2011年9月俄罗斯联邦财政部会同经济发展部共同草拟法律修正案，[①] 用于计算房地产税的税基、有效税率和税收优惠。

2013年俄罗斯联邦政府调动资源，开展大规模房地产地籍编码工

---

① В соответствии с письмом Минфина России от 2 сентября 2011 г. № 03-05-06-02/95.

作，实现不动产地籍登记系统的自动化，以形成统一的联邦信息资源，用于土地和房产的地籍估价。

俄罗斯议会和政府在税改的准备过程中，一直在根据各项政策措施实施过程中出现的新问题，及时地修改、补充各项法律法规，调整政策，这为税改平稳过渡奠定了重要基础。

六、结语

俄罗斯自然人房产税税改的目的明确而简单：既引导形成居民能够负担得起的住房市场，又为地方财政收入打牢基础。目的明确有利于税收方案的设计，避免了过多目的混合在一起顾此失彼、各项措施互相掣肘。在实施阶段根据各地区的发展和准备情况逐步推开，采用调节系数令税负平滑增加，不谋求毕其功于一役。虽然税改后地方预算收入中自然人房产税收入的比例只提升了1.3倍。但税基夯实了，随着宏观经济的发展、居民收入的提高、地籍价值逐渐向市场价值靠拢，税改的效果会越来越显著。

自然人房产税虽然属于法定的地方税，但为了限制地方政府加税的冲动，由联邦整体立法，对房产税的各种税收要素加以界定和限制，同时，给予地方政府一定的自主调节幅度。税改做到了立法先行、制度措施配套、统筹安排，充分运用网络信息技术实行自动化和实时管理，基本做到了资源共享和有机协作，既减少重复登记录入和出现技术性错误的可能，也节约了人力和财力。根据税改的进程，不断修改和完善相应法律法规，设立、重组和调整相应的国家预算机构，以适应税改的需要。

俄罗斯自然人房产税改革的透明度较高。线上的国家法律法规数据库内容齐全、详实，所有的法律和法规（包括现行的和已经废止的法律）都在线上全文公布，具有高度权威性，在线提供各种便捷免费的查询和下载方式，方便社会各界利用。数据库不仅详细收录了历次版本法律条文修改的细节，还登载了法院依据该条法律法规的典型判例，既是普法宣传，又使普通民众容易从具体的判例中理解抽象的法律条款内容。

"国家不动产统一登记簿"信息门户网站的建立和运行，是俄罗斯政府20多年努力搭建的"不动产国家簿籍"和"不动产权利及其交易国家统一登记簿"成果的体现，提升了国家对不动产簿籍管理的水平。房地产登记信息公开并接受居民查询，公众也可以通过该网站快速和免费地查询到全国各地每一处房产的地籍信息。房产所有人可以通过该网站免费获取自己房产的电子版国家统一登记证，并在网上检索到自己房产的全部登记信息，包括历次地籍价值的评估信息。这样既有利于接受各利益相关方的全面监督，也有利于保障各方的利益，大大降低暗箱操作的可能。

议会提出的各种联邦法律草案向社会公示，政府设计的税改方案也提交公众讨论，并多次加以修改。这些草案、方案通过媒体广泛传播，引发广泛和激烈的辩论。这些措施在很大程度上提高了政府决策的科学性，也获得了社会大众的理解和支持。

纵观俄罗斯自然人房产税的改革历程，取得目前的成果实属不易，它的建立是俄罗斯现代税收制度的一个里程碑。

能源转型背景下中俄低碳能源合作的现状与趋势

陈小沁　王 妃[*]

【摘要】 能源转型是指能源生产与消费的去碳化过程。随着各主要能源消费国纷纷宣布碳中和议程,能源转型成为国际能源格局的发展趋势与竞争领域。中俄未雨绸缪,其低碳能源战略都旨在建立可持续的低碳能源体系,掌握具有竞争力的低碳能源技术,实现可持续发展与增强能源大国的地位。俄罗斯需要锁定后碳中和时代的新兴绿色能源需求市场,而中国则需要更多清洁能源供应以实现系统平稳过渡,并塑造新能源技术优势。中俄之间能源资源禀赋与能源转型战略具有较高契合性,双方在天然气、核能、电力领域的合作成果突出,形成"中心协调-多元参与"和"全产业链"模式的合作特点,并以加强数字化能源互联网合作为低碳能源的最优配置方式。虽然俄乌冲突等传统安全风险上升、大国贸易争端增多、供应链破碎化给全球能源系统平稳转型带来一定影响,但中俄之间的内驱动力与能源实力将更加自主地塑造全球能源转型的形态与合作方式。

【关键词】 能源转型;中俄合作;低碳能源;天然气;核能;电力

---

[*] 陈小沁,中国人民大学国际关系学院教授,中国人民大学-圣彼得堡国立大学俄罗斯研究中心研究员;主要研究方向:国际能源安全、中俄关系、中亚地区政治与经济、上海合作组织及"一带一路"等相关问题;邮箱:cxqjwh@hotmail.com。王妃,中国人民大学国际关系学院硕士研究生。

中俄低碳能源合作相较传统化石能源合作虽刚起步，但因战略目标的契合、高层级互动的引领，以及既有多领域的紧密联系，具有巨大合作潜力。随着新冠肺炎疫情反复与地缘政治冲突激化，中俄低碳能源合作面临更加迫切的需求和一定挑战。总体而言，中俄低碳能源合作的内驱动力强、战略目标契合，在天然气、核能与电力领域取得的成果较为突出。

一、中俄低碳能源合作的国际背景与国内推动力

（一）国际背景：全球能源转型

能源转型（Energy Transitions）是指为避免导致过度的气候变化，[①] 能源系统要实现去碳化，并创造一个安全与可持续的能源发展体系。[②] 衡量这种转型的一系列具体指标包括：经济能源强度、人均二氧化碳排放量、每单位购买力平价国内生产总值的二氧化碳排放量、能源结构的二氧化碳强度等。[③] 在气候变化框架的外部约束下，能源转型成为世界能源格局调整的最主要的趋势之一，各国纷纷宣布碳中和议程，加快改善高碳排放的能源消费结构。

能源转型在不同社会发展阶段都有所发生，并通常表现为主导的能源载体与能源技术的迭代。过去的能源转型是初级能源载体的变更，如煤炭、石油和天然气，通过蒸汽机、内燃机、蒸汽轮机或核反应堆等新的能源技术所推动。[④] 当前能源转型的特点是向可再生能源和提高

[①] Ćetković, Stefan, A Buzogány and M. Schreurs, "Varieties of Clean Energy Transitions in Europe Political-Economic Foundations of Onshore and Offshore Wind Development", Working Paper, 2016.

[②] IEA, "Security of Clean Energy Transitions (2021)", https://www.iea.org/reports/security-of-clean-energy-transitions-2.

[③] IEA, "Clean Energy Transitions Indicators (2021)", https://www.iea.org/articles/clean-energy-transitions-indicators.

[④] Kern Florian and Jochen Markard, "Analysing Energy Transitions: Combining Insights From Transition Studies and International Political Economy", *The Palgrave Handbook of the International Political Economy of Energy*, London: Palgrave Macmillan, 2016, pp. 291–318.

能源效率两个方面转变，以减少对化石燃料的消费。[①] 与过去的转型相似，目前的能源转型也需要初级能源载体和能源技术的转变，如风力涡轮机、太阳能光伏组件、沼气厂、智能电网、燃料电池、电动汽车等，并伴随着新的产品、服务、商业模式和法律法规的形成。[②] 这种转型在电力部门进展较大，在供暖部门次之，在运输方面只是初步发展。[③] 然而，当前能源转型与以往最大的不同，则是它旨在减少碳排放和建立更普遍的可持续能源生产和消费模式。[④] 图14展现了1800年以来全球不同应用领域主要能源载体的演进情况。

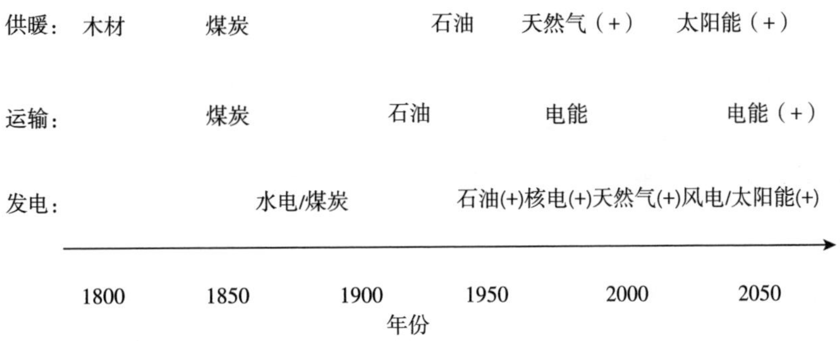

供暖：	木材	煤炭		石油	天然气（+）	太阳能（+）
运输：		煤炭		石油	电能	电能（+）
发电：		水电/煤炭		石油(+)核电(+)天然气(+)风电/太阳能(+)		
	1800	1850	1900	1950	2000	2050
				年份		

注：（+）表示叠加，非替代。

资料来源：F. Kern and J. Markard, *The Palgrave Handbook of the International Political Economy of Energy*, p.298。

图14 全球范围内能源载体的主要变化

能源转型带来的能源生产与消费方式的变化，将重塑国际能源格

[①] 国际可再生能源署（IRENA）：《全球能源转型：2050路线图》，https://www.irena.org/-/media/Files/IRENA/Agency/Publication/2018/Apr/IRENA_Global_Energy_Transformation_2018_summary_ZH.pdf?la=en&hash=29BB6BF6762815FDE6AB505F47C057E369A340F8。

[②] Al-Debei, Mutaz M and David Avison, "Developing a Unified Framework of the Business Model Concept", *European Journal of Information Systems*, Vol.19, No.3, pp.359-376.

[③] Ram Manish, et al. "Job Creation During a Climate Compliant Global Energy Transition Across the Power, Heat, Transport, and Desalination Sectors by 2050", *Energy*, Vol.238, Part A, 2022.

[④] S. Strunz, "The German Energy Transition as a Regime Shift", *Ecological Economics*, Vol.100, 2014, pp.150-158.

局，国家的能源角色（进口国、出口国和过境国）与地位、国际能源贸易流都会由此发生相应变化，这是中俄低碳能源合作的中长期背景。

（二）国内推动力

1. 低碳能源资源禀赋优势与合作潜力

俄罗斯拥有丰富的天然气资源和零碳能源资源，如水能、核能、地热能、风能以及生物质能。[①] 2021年年底俄罗斯已探明天然气储量全球排名第一，共37.4万亿立方米，[②] 占世界已探明气储量的近28%，产量约占全球的16.58%。[③] 主要分布在西西伯利亚、北极、远东、萨哈林地区。在其发电结构中，水电与核电是低碳能源的主要种类。2019年，水电装机容量达到49.86吉瓦（GW），[④] 但开发率仅为25%。[⑤] 2021年，核电装机容量超过30.5吉瓦，发电量在总发电量中的占比为20.6%。[⑥] 这意味着俄罗斯水电与核电的并网率与技术成熟度较高。

中国可再生能源发展迅速，但在国内总发电量中的占比还有待提升，同时需要低碳化石能源天然气作为较为稳定的过渡能源实现低碳转型。中国的水电与核电装机容量已位于世界前列，在绝对量上均高于俄罗斯，但国内发电量占比较低。中国2021年核电装机容量54.65吉瓦，发电量占总发电量的5.02%；水电占比约为15%；[⑦] 火电占比

---

① Safonov, George, et al. "The Low Carbon Development Options for Russia", *Climatic Change*, Vol. 162, No. 4, 2020, pp. 1929-1945.
② 《bp世界能源统计年鉴》，https://www.bp.com/content/dam/bp/country-sites/zh_cn/china/home/reports/statistical-review-of-world-energy/2021/BP_Stats_2021.pdf.
③ 同②。
④ 国际水电协会(IHA)：《2020水电现状报告》，https://hydropower-assets.s3.eu-west-2.amazonaws.com/publications-docs/2020_shui_dian_bao_gao_hydropower_status_report_cn.pdf.
⑤ 商务部：《对外投资合作国别(地区)指南——俄罗斯》，http://www.mofcom.gov.cn/dl/gbdqzn/upload/eluosi.pdf.
⑥ IAEA, "Country Nuclear Power Profiles RUSSIAN FEDERATION", https://cnpp.iaea.org/countryprofiles/Russia/Russia.htm.
⑦ 国家核安全局：《全国核电运行情况(2021年1—12月)》，https://nnsa.mee.gov.cn/ywdt/yjjx/202202/t20220208_968871.html.

超过70%，仍然占据最大份额。因此，尽管可再生能源的发电量在不断提升，但由于其开发仍具有一些限制因素——如水电依托固定既有的水资源，增加边际产量较为有限；核电设施建设周期长，且安全考量使得核电厂建设缺乏一定的灵活性；光能与风能因昼夜与季节性波动导致储能和调峰问题等。这些都使得在能源转型和"碳中和"议程的迫切需求下，增加天然气的消费成为中国稳健迈向能源转型的第一步，而保障天然气出口与市场份额也恰是俄罗斯能源战略的重点。

目前，俄罗斯是中国第一大能源进口来源国以及第一大电力进口来源国，[①] 两国目前最具合作潜力的领域是天然气，此外天然气制氢、核能、电力等领域也都有较大合作潜力。

2. 绿色低碳能源转型战略的确定与契合

能源转型的主要动力来自政策支持和技术进步。低碳能源系统依赖的基础性技术包括分布式能源、数字化、低成本能源储存、可再生能源、氢能技术等。俄罗斯能源和金融研究所所长格罗莫夫指出，油气项目的利润率高达15%及以上，而绿色能源项目通常在2%—3%，鲜有超过5%—6%的。[②] 这些新兴技术在还不具备成本优势时，离不开政府的支持。中俄对于能源发展绿色化、低碳化的战略共识是彼此能够进行高层级协调与项目合作的基础。

第一，俄罗斯出台明确的绿色低碳能源发展战略时间较晚，内容主要来自2020年修订的《2035年前俄罗斯能源战略》和2021年颁布的纲领性文件《2050年前俄罗斯低碳发展战略》。《2035年前俄罗斯能源战略》涉及的低碳能源发展重点有两条内容：一是扩大天然气出口以及氢气生产。至2035年，在亚马尔半岛和吉丹半岛铺设液化天然气管道，建造石化工业集群，促进氢气和氦气的生产与消费。二是能

[①] 中华人民共和国中央人民政府：《打造更加紧密的中俄能源合作伙伴关系》，http://www.gov.cn/xinwen/2021-12/14/content_5660636.htm。

[②] 新华丝路：《俄罗斯迎接第四次能源转型》，https://www.imsilkroad.com/news/p/447679.html。

源行业的数字化转型。在能源领域的公共管理和监督活动中引入数字技术，创建智能电能计量系统。①

《2050年前俄罗斯低碳发展战略》提出了2060年前实现碳中和的主要任务，②并明确设定了两个重点目标：一是在经济可持续发展的同时实现温室气体低排放，并计划到2060年之前实现碳中和。依据计划，2050年前俄温室气体净排放量在2019年的排放水平上减少60%。③二是保持国家和能源企业的竞争力，增加绿色技术投资，维持能源生产与出口大国的地位，并做好在碳中和后向消费者提供低碳绿色能源的准备。④表17统计了2019—2020年俄罗斯关于低碳能源政策的主要文件。从中可以看出俄罗斯低碳能源政策的大致发展历程和政策重点。

表17 俄罗斯低碳能源政策及主要内容

时间	文件	机构	主要内容
2019年	《俄罗斯能源安全学说》	联邦政府	加速向"资源创新型经济"发展，对亚太地区的石油出口在2035年前翻一番，并将31%的天然气出口至亚太地区
2020年	《2035年前俄罗斯能源战略》	联邦政府	加大东西伯利亚和远东天然气运输基础设施建设，加强液化天然气生产；可再生能源在电力生产中的份额从0.5%提升至4.5%

---

① 中国科学院科技战略咨询研究院："俄政府批准《2035年前俄联邦能源战略草案》"，http://www.casisd.cn/zkcg/ydkb/kjzcyzxkb/2020kjzc/kjzczxkb202006/202007/t20200722_5639138.html。

② 国家发改委：《俄罗斯发布2050年前低碳发展战略 2060年前实现碳中和》，https://www.ndrc.gov.cn/fggz/gjhz/zywj/202111/t20211125_1305143.html?code=&state=123。

③ Reuters, "Russia Adopts Long-Term Climate Strategy, Rejects U.S. Criticism", https://www.reuters.com/world/europe/putin-deliver-recorded-cop26-message-no-live-video-link-2021-11-01/。

④ 中华人民共和国中央人民政府：《打造更加紧密的中俄能源合作伙伴关系》，http://www.gov.cn/xinwen/2021-12/14/content_5660636.htm。

续表

时间	文件	机构	主要内容
2020年	《俄罗斯可再生能源发电支持规划》	联邦政府	政府重点支持风电、太阳能光伏发电及2.5万千瓦以下小型水电,计划将太阳能、风能、地热能、生物质能及其他可再生能源发电占比从当前的1%提高至4%
2021年7月	《俄罗斯国家安全战略》	联邦政府	首次强调应对气候变化、发展绿色产业结构和低碳经济的重要性
2021年11月	《2050年前俄罗斯低碳发展战略》	联邦政府	进一步削减温室气体排放,2050年的排放水平将比2019年减少60%;2060年前实现碳中和。可再生能源方面,重点发展氢能、光伏发电和风电

资料来源:俄罗斯能源部、俄罗斯科学院世界经济与国际关系研究所。

第二,中国能源低碳转型的指导性文件是2021年10月颁布的《中共中央国务院关于完整准确全面贯彻新发展理念做好碳达峰碳中和工作的意见》(以下简称"意见")和《2030年前碳达峰行动方案》(以下简称"行动方案")。行动方案的具体内容可分为"两步走":第一步跨越"十四五"规划时期,到2025年,非化石能源消费比重达到20%左右,单位国内生产总值能耗比2020年下降13.5%,单位国内生产总值二氧化碳排放比2020年下降18%,为实现碳达峰奠定坚实基础;[1] 第二步跨越"十五五"规划时期,到2030年,非化石能源消费比重达到25%左右,单位国内生产总值二氧化碳排放比2005年下降65%以上,顺利实现2030年前碳达峰目标。两个阶段的总体目标要完成清洁低碳安全高效能源体系的构建,重点耗能行业能源利用效率达到国际先进水平,绿色低碳循环发展政策体系基本健全。[2]

同时,意见与行动方案明确了国际合作对于中国实现绿色低碳转

---

[1] 中华人民共和国中央人民政府:《国务院关于印发2030年前碳达峰行动方案的通知》,http://www.gov.cn/zhengce/content/2021-10/26/content_5644984.htm。

[2] 同①。

型的重要性，这与习近平总书记提出的"四个革命，一个合作"能源战略具有一致性。国际合作的重点领域在于绿色技术与绿色金融两方面。其一，推动开展可再生能源、储能、氢能、二氧化碳捕集利用与封存等领域科研合作和技术交流，积极参与国际热核聚变实验堆计划等重大科学工程。其二，深化绿色金融国际合作，积极参与碳定价机制和绿色金融标准体系国际宏观协调。[①] 这两方面都主要针对中国自身能源资源禀赋特点，即"多煤、少油、少气"[②]，重点发展清洁煤的使用，并充分发掘中国超大能源市场的优势，配合国内统一大市场的建设，弥补能源定价权的薄弱点。

基于两国能源发展目标的契合，俄罗斯稳居中国第一大能源进口来源国、第二大原油进口来源国、第一大电力进口来源国地位。基于现有天然气、电力、核能合作的紧密性，以及双方对能源转型背景下构建绿色低碳能源体系的共识，2022年2月，两国不仅扩大了现有中俄东线天然气管线的协议供应量，还签署了多个涉及能源领域的备忘录，如：《中华人民共和国商务部和俄罗斯联邦经济发展部关于推动可持续（绿色）发展领域投资合作的谅解备忘录》《中国石油天然气集团有限公司与俄罗斯石油股份公司低碳发展领域合作谅解备忘录》《信息化和数字化领域合作协议》等。中俄面向能源转型的未来合作规划进一步明确，绿色化、数字化、电气化的总体发展方向得以确立。

二、中俄低碳能源合作的主要内容

中俄低碳能源合作主要集中在天然气、核能与电力合作三方面。其中，最主要的是天然气，其他领域的占比相对较小，但具有可观的发展潜力。

---

① 中华人民共和国中央人民政府：《国务院关于印发2030年前碳达峰行动方案的通知》，http://www.gov.cn/zhengce/content/2021-10/26/content_5644984.htm。

② 这里指的是常规油气，而中国非常规页岩油气资源蕴藏量十分丰富，目前还处于开发阶段。

(一) 天然气：管道气与液化天然气合作并举

1."冰上丝绸之路"与亚马尔液化天然气项目

"冰上丝绸之路"，指依托经北冰洋连接欧洲的北极航道，发展国际贸易的新兴运输干线，在俄罗斯的北极战略语境下被称为"北极蓝色经济通道"是中俄共建"一带一路"的重要方向[1]。2017年6月，中国发布《"一带一路"建设海上合作设想》，指出"积极推动共建经北冰洋连接欧洲的蓝色经济通道"；11月，俄总理梅德韦杰夫访华，中俄双方正式提出共建"冰上丝绸之路"倡议，实质上是将两国对于运输航道的发展规划进行了对接；12月，亚马尔液化天然气项目正式投产，成为中俄共建"冰上丝绸之路"的首个建设成果。

得到双方政府大力支持的亚马尔项目是中俄天然气合作的重大突破。根据2014年中石油与诺瓦泰克公司签署的为期20年的《亚马尔液化天然气项目购销合同》，自2019年起，该项目每年向中国供应300万吨液化天然气。[2] 在股份结构上，中方的持股比例也取得较大突破。诺瓦泰克在该项目中的持股份额为50.1%，法国道达尔为20%，中石油为20%，丝路基金为9.9%，中资占比共29.9%。中方承诺每年至少购买300万吨液化天然气，支持中国金融机构为该项目融资提供便利。[3] 丝路基金提供了7300万欧元的贷款；中国进出口银行和国家开发银行分别为项目提供了93亿欧元和98亿人民币的贷款。[4]

亚马尔液化天然气项目的初步成果符合两国对于本国天然气发展的战略规划方向。其一，北极是俄罗斯未来天然气产能提升的重要区

---

[1] Гао Тяньмин, "Российско‑китайское сотрудничество по созданию Арктического синего экономического коридора: проблемы и перспективы", *Общество: политика, экономика, право*, № 3, 2018, С. 51-55.

[2] "Intergovernmental Agreement Regarding Cooperation on the Yamal LNG Project Enacted", https://www.novatek.ru/en/business/yamal-lng/yamal_press_release/?id_4=860.

[3] 同[2]。

[4] "CNPC and Chinese Banks Conclude Memorandum on Project Financing for Yamal LNG", https://www.novatek.ru/en/investors/events/?id_4=786.

域。俄属北极地区是重要的能源储备库,天然气开采量占全俄80%,石油开采量占全俄60%,①一直受到俄政府的特别关注。该项目的地理位置独特,东西两方向输气,连接欧洲与亚洲两大消费市场,对于俄罗斯天然气出口能力的调节来说至关重要。其二,航运时间大幅缩短。北海航线较传统海运航线的1.3万海里缩短至8000海里,节约运输成本30%。②2018年11月,诺瓦泰克通过北海航线,用20天时间将第一批货物运往中国海洋石油总公司,用7.5天时间完成北海航线部分航程。③其三,贸易量逐步增长。从2019年起,亚马尔项目每年将向中国市场供应300万吨液化天然气,折合气态为40多亿立方米每年,大大提高了两国天然气的贸易量。④中资股份的参与,使得该项目在国际市场上的贸易量持续增长,彰显了两国合作的稳定收益。

亚马尔液化天然气项目所取得的成果对中俄两国的能源经济与能源安全均具有重要意义。在全球气候变暖的背景下,北极是未来政治、经济、军事战略关注的焦点地区。⑤亚马尔项目成功开启了中俄在北极地区的能源合作,并推动中海油于2019年正式参与北极液化天然气2号项目,收购了该项目10%的股权。⑥对俄罗斯而言,这为其北极开发注入了资金,并有助于持续锁定亚太这一最大的能源消费市场,实现"向东转"能源出口多元化的战略目标。对中国而言,这可以缓解中国长期以来关切的海上航线安全问题。⑦中俄间良好的政治关系以及

---

① "Russia's New Arctic Policy Document Signals Continuity Rather than Change", https://sipri.org/commentary/essay/2020/russias-new-arctic-policy-document-signals-continuity-rather-change.

② 夏立平、马艳红:《"冰上丝绸之路":"一带一路"走向北极》,载《世界知识》,2018年第23期,第51—53页。

③ "Project Implementation", https://www.novatek.ru/en/business/yamal-lng/yamal_current/.

④ 同③。

⑤ 王晨光:《路径依赖、关键节点与北极理事会的制度变迁——基于历史制度主义的分析》,载《外交评论(外交学院学报)》,2018年第4期,第54—80页。

⑥ "Project Arctic LNG 2", https://www.novatek.ru/en/business/arctic-lng/.

⑦ Skalamera Morena, "Explaining the 2014 Sino-Russian Gas Breakthrough: The Primacy of Domestic Politics", *Europe-Asia Studies*, Vol. 70, No. 1, 2018, pp. 90-107.

北极自然气候状况减少了该航线面临的地缘政治风险。

2. 战略要线：中俄东线天然气管道

中俄东线天然气管道（俄方境内管道称"西伯利亚力量"）是继中亚管道、中缅管道之后，向中国供气的第三条跨国天然气管道，也是中俄建立的首条陆上天然气管道。该项目的气源位于俄罗斯远东地区的恰扬金气田、科维克金气田，经俄滨海边疆区入境中国东北的黑河市。管道全长达5111千米，其中新建管道3371千米，利用在役管道1740千米；预计全线投产通气后，年最大输气量可达380亿立方米。[①] 俄政府授权国有企业俄罗斯天然气工业股份公司（以下简称"俄气"）负责该项目的协调与运作。

2014年5月，俄气与中石油签署了《中俄东线供气购销合同》，总金额为4000亿美元。2019年12月，在两国元首见证下，管道正式通气，直接接入中国东部能源消费的主要中心。中俄东线天然气管道项目的战略性体现在对双方能源安全的维护上。从俄罗斯方面来看，面向亚洲的天然气出口与远东经济开发是"一体两面"的战略，其包含促进国内区域经济平衡发展与融入亚太经济一体化的双重目的。[②] 亚马尔项目因靠近北极沿海地区，施工难度大、融资规模大，俄方允许外资参与的程度较深；而东线项目涉及管道所有权，以及主要油气产地（如伊尔库茨克州、阿穆尔州、萨哈共和国）能源基础设施的更新升级问题，并以期带动当地经济，故国家管控更为严格。[③] 此外，中俄东线项目的达成缓解了俄罗斯自2014年以来受美欧联合制裁的压力，合作金额占当年俄罗斯国内生产总值的近20%，巩固了俄能源出口大

---

① 《俄罗斯天然气通过中俄东线天然气管道正式进入中国》，http://www.xinhuanet.com/fortune/2019-12/02/c_1125299431.htm。

② Sergi S. Bruno, "Putin's and Russian-led Eurasian Economic Union: A Hybrid Half-economics and Half-political 'Janus Bifrons'", *Journal of Eurasian Studies*, Vol. 9, No. 1, 2018, pp. 52-60.

③ 陈小沁：《新地缘政治视角下的俄罗斯对外能源合作》，载《俄罗斯东欧中亚研究》，2016年第6期，第106—117、157—158页。

国地位。

从中国方面来看,提升天然气消费比重是治理空气污染、达成"双碳"目标的重要路径。从改善能源消费结构的角度,自2019年12月投产通气以来,东线的天然气进口量已突破100亿立方米。2020年,从俄罗斯进口的管道天然气和液化天然气之和已占中国天然气总进口量的7.6%,相比2014年的1%增幅明显,[1] 有力改善了中国的能源消费结构,缓解了天然气短缺。从空气治理与"双碳"议程的角度,中俄东线天然气管道输气量预计每年可减少二氧化碳排放量1.64亿吨、二氧化硫排放量182万吨,将有效改善沿线地区大气质量,[2] 并将稳步推进中国能源体系的去碳化进程。从能源技术革命的角度,中俄东线天然气管线工程从建设期到运营期均采用了数字化、网络化、智能化管理,被列入中国智能管道试点工程。能源电气化与智能化是未来能源转型的重要方向,对中国能源发展极具战略意义。此外,从能源安全的角度,中俄东线天然气管道的贯通使得中国天然气进口结构变为以陆上管道干线为主、液化天然气为辅,改变了以往以大洋洲为核心、东南亚和中东地区为关键气源地的局面,中国天然气进口的运输风险与过境风险都得以降低。

总之,中俄东线天然气管道项目使得中国天然气进口通道更趋多元化,中国在"东西南北"四个方向上全面实现管道气进口。全方位管网建设更有利于中国提升保障能源安全和应对突发情况的调峰能力,在中国天然气"西气东输"流向的基础上,又增加了"北气南下"流向,形成"纵贯南北、横跨东西、连接海外"的天然气管网格局。

3. 深入合作:中俄西线天然气管道与远东线天然气管道

中俄西线天然气管道(俄境内管道称"西伯利亚力量-2")谈判

---

[1] 《bp世界能源统计年鉴》,https://www.bp.com/content/dam/bp/country-sites/zh_cn/china/home/reports/statistical-review-of-world-energy/2021/BP_Stats_2021.pdf。

[2] 《中俄东线天然气管道投产通气 我国天然气进口资源更趋多元化》,http://www.xinhuanet.com/fortune/2019-12/02/c_1125299715.htm。

达成共识稍晚于东线。2014年11月，中石油与俄气在两国元首见证下签署《关于沿西线管道从俄罗斯向中国供应天然气的框架协议》，协议规定：西线管道全长2800千米，输气量最高达300亿立方米每年，为期30年。但由于种种原因，该项目一直处于推迟状态。2022年2月，普京总统访华期间，中石油与俄气签署《中国石油天然气集团有限公司与俄罗斯天然气工业股份公司远东天然气购销协议》，中俄远东线天然气管道项目是中俄继东线天然气管道后在能源领域的又一重大标志性合作。①

中俄远东线天然气管道项目是在东线、西线合作意愿达成基础上，作为对两条线路的补充而推进的。该线路主管道为萨哈林—哈巴罗夫斯克—符拉迪沃斯托克管道，气源地为萨哈林岛；经过俄滨海边疆区进入中国黑龙江虎林。② 根据远东天然气购销协议，俄气将经由中俄远东线，向中石油供应100亿立方米的管道天然气。中俄远东线投产后，俄罗斯向中国每年供应的管道天然气总量将从380亿立方米增加到480亿立方米，较现有供应量规划提高约26%，为中国实现"双碳"目标提供新保障。

中俄西线天然气管道作为还在酝酿与准备阶段的合作项目，有助于进一步密切双方的能源联系，以及在"一带一盟"对接框架下加强区域合作意愿。在美欧持续制裁、美国扩大液化天然气出口、欧洲能源多元化战略实施，以及2019年后特朗普政府与拜登政府坚持阻挠俄德"北溪-2"天然气项目的背景下，俄罗斯在欧洲能源市场的利润空间与市场份额都有所收窄。③ 2022年1月，俄气"西线天然气干线建

---

① 中国外交部副部长乐玉成认为，中俄远东天然气供销协议是继东线天然气管道后能源领域又一重大标志性合作，为我国实现"双碳"目标提供了新保障。参见：《中俄签署远东天然气供销协议》，http://www.ccin.com.cn/detail/304720。

② 《哈尔滨市天然气利用规划（2019—2035年）》，http://www.harbin.gov.cn/module/download/downfile.jsp?classid=0&filename=7e110d5d9ff340ee87cf494597787bd4.pdf。

③ Meynkhard Artur, "Priorities of Russian Energy Policy in Russian-Chinese relations", International Journal of Energy Economics and Policy, Vol.10, No.1, 2020, pp.65-71.

设项目可行性"研究完成,决定中俄西线天然气管道在蒙古国境内延伸,即"蒙古线",年最大输气量可达 500 亿立方米。[①] 这一方案既满足了俄罗斯在亚洲与欧洲市场上共用亚马尔北极气源区的开发需求,连接其国内的东西部供应,也满足了中国东部地区的能源需求。

(二) 核能方面

在碳达峰、碳中和背景下,核能将作为基荷电源更好地与间歇性、波动大的风电、光伏等协同发展,更好地保障国家的能源安全和清洁低碳发展的需要。除核能发电外,核能的供热、制氢、供汽、海水淡化、同位素生产等新功能在未来也大有发展空间。[②]

中俄之间的核能合作建立在各自的优势基础上。俄罗斯是传统核能发电大国,具有丰富的核能运行经验,其核能战略与政策执行机构是由俄罗斯原子能署改组而成的俄罗斯国家原子能集团公司(以下简称"俄原子能集团")。[③] 俄原子能集团占国际浓缩铀市场的 38%,居世界第一;铀储量和核电发电量居世界第二;核燃料占世界市场的 16%,居世界第三,[④] 在国内和国际市场上均具有垄断优势。中国的优势则体现在需求体量大、市场广阔、创新技术投资实力强。2016—2020 年,中国核能总装机容量为 4988 万千瓦,位列全球第三,2020 年核能发电量达到世界第二,在建核电机组装机容量连续多年保持全球第一。[⑤] 两国的技术合作有利于结合双方比较优势,增强核能利用安全性,符合中国"两条腿"核电发展路线,即在自主研发的同时加强

---

① 《俄罗斯有望成为中国液化天然气主要来源国》,sputniknews. cn/20220322/1040228243. html。
② 国务院国有资产监督管理委员会:《中国核电:争做全球核能事业高质量发展的引领者》,http://www. sasac. gov. cn/n2588025/n2641611/n4518437/c23119629/content. html。
③ 陈小沁:《核能外交的理论与实践——兼评俄罗斯的国际核能合作》,载《欧亚经济》,2020 年第 6 期,第 17 页。
④ 生态环境部核与辐射安全中心:《全球核能安全动态》,https://nnsa. mee. gov. cn/gjhz_9050/201712/P020171219525431496612. pdf。
⑤ 《中国核能发展报告 2021》,http://finance. people. com. cn/n1/2021/0418/c1004-32080738. html。

技术引进。① 而俄罗斯也避免了局限于能源初级产品贸易的"资源依赖",更符合两国绿色低碳能源转型的发展目标。

中俄目前最重要的核电合作项目是田湾核电站和徐大堡核电站建设工程。田湾核电站是两国迄今最大的经济技术合作项目,共 8 个设计运营机组。② 1 号机组于 1999 年开始建设,2007 年正式投产。2018年 6 月,在习近平主席和普京总统的共同见证下,中核集团与俄原子能集团签署《田湾核电站 7、8 号机组框架合同》以及《徐大堡核电站框架合同》。2021 年 5 月,习近平主席在北京通过视频连线,同普京总统共同见证田湾核电站和徐大堡核电站开工仪式。田湾核电站 7、8号机组开工后,将成为全球装机容量最大的核电基地,总装机容量将达到 900 万千瓦。截至 2021 年 4 月,田湾核电站累计安全发电超过 2700 亿千瓦时。③

中俄两国在加深政治互信、发展经济贸易、加强国际战略协作的方针指引下,在核能领域开展高水平的科技合作,有助于改善中国的能源结构、减少碳排放、促进如期实现"双碳"目标。

(三) 电力方面

中俄电力合作起步较早,已实现跨国电网互联互通。目前,中俄电力互联线路有 3 条,断面输电能力达到 150 万千瓦。这 3 条线路分别是 110 千伏布黑线(俄罗斯布拉戈维申斯克—中国黑河)、220 千伏布瑷甲乙线(俄罗斯布拉戈维申斯克—中国瑷珲)、直流联网 500 千伏黑河背靠背线路。其中,2012 年 4 月 1 日正式投入商业运行的中俄直

---

① 《核电产业跨越:在安全与高效之间走硬"核"发展之路》,http://www.nea.gov.cn/2022-01/21/c_1310437800.htm。

② International Atomic Energy Agency (IAEA), "Country Nuclear Power Profiles China", https://cnpp.iaea.org/countryprofiles/China/China.htm.

③ China Energy Engineering Corporation Limited, "Annual Results Announcement for the Year Ended 31 December 2021", https://www1.hkexnews.hk/listedco/listconews/sehk/2022/0330/2022033000031.pdf.

流联网 500 千伏黑河背靠背换流站，是目前中国规划建设的从境外购电电压等级最高、容量最大的输变电工程，是中俄两国开展能源领域合作取得的重大成果。从两国电力合作的能源地缘优势来看，俄罗斯远东地区能源产地更靠近中国东部消费市场，其运输线路甚至短于中国国内的西电东送网线。此外，随着两国电力体制改革的推行，电力市场逐步放开，全球范围内电力供应和国内需求逐渐融合，也有利于两国实现电力贸易的发展。①

由于水力、风能、太阳能、潮汐能等可再生能源主要以电力的形式输送，因而电网互联互通是未来全球可再生能源大规模开发利用的重要趋势。电网互联互通是"一带一路"倡议中能源基础设施建设的重要内容，中国已开始探路欧亚内部的电网互联。俄罗斯位于欧亚大陆中心地带，其远东地区的水力资源丰富、发电成本低，可以为周边国家提供充足稳定的清洁电能，对于构建欧亚大陆能源互联网有着天然的区位优势和资源优势。自1992年中俄电力合作开展以来，中方累计从俄购电超过330亿千瓦时，成效显著，已成为该区域跨国电网互联互通的成功范例。中俄两国是实现欧亚电网互联互通的重要参与方，在此过程中双方将密切合作以推动相关各国消除壁垒、深化交融，开创绿色、协调、开放、共享的区域合作新模式，共同践行可持续发展与合作共赢的能源治理新理念。②

---

① 何靖华：《中俄两国电力经贸合作思考》，载《北方经贸》，2015年第2期，第127、129页。
② 陈小沁：《俄罗斯水力资源在发展欧亚区域电力市场中的作用》，载《欧亚经济》，2018年第6期，第58页。

三、中俄低碳能源合作的特点、阻碍与前景

(一) 中俄低碳能源合作的特点

1. 合作机制：中心协调与多元参与

基于上述中俄之间天然气、核能、电力合作项目可以看出，中俄低碳能源合作逐渐形成以首脑外交为中心、协调各层级政府间合作机制、金融机构与企业等多方参与的合作特点，即中心协调与多元参与。

就中心协调而言，两国国内的能源市场结构具有一定相似性，两国政府都以"政府主导-长期规划"模式进行，故政府主导下的政治合作机制一直是中俄能源合作的主要动力，如2012年升级为常设机制的中俄能源合作委员会。而首脑外交直接推动了重大能源项目的谈判、决策与执行，同时，多层级政治合作交流机制得以创设，形成"总理间会晤机制-能源合作委员会与工作分会-中俄能源企业"合作模式。

就多元参与而言，中俄能源合作参与主体日益多元化。2021年，中俄两国100余家单位、300余位代表参加中俄能源合作论坛，以中国国家能源局与俄罗斯能源发展战略和生态安全委员会为论坛协调单位。同时，不仅政府间建立了对接合作委员会，而且企业间也建立了类似的联合委员会，如俄气与中石油在能源工业设施标准化评定领域建立了标准对接联合委员会。多元参与还体现在领域的多元上，中俄低碳能源合作不仅围绕天然气、电力、清洁能源、核能等领域，还就能源绿色低碳转型、人工智能和数字化发展等话题进行了交流。[①] 多元参与的活力将有利于推动中俄合作项目的达成与落地，助力探索新的合作模式与路径。

2. 形成上下游一体化与全产业链模式

在一段时期内，中俄能源合作的方式单一，双方早期的合作集中

---

① 《中俄携手构建能源合作新格局》，https://www.cnpc.com.cn/cnpc/titleBlue/202112/d11917fa2ce5413794897483d1993a40.shtml。

在资源贸易方面，这导致了中俄总体经贸规模相对有限。① 而近年来的亚马尔液化天然气项目与中俄东线天然气管道项目逐步使两国在上游勘探开发、中游管道运输、下游炼化加工等领域的合作有所突破。此外，田湾核电站合作项目、跨境电力互联互通项目也进一步扩展了两国能源合作的方式。两国能源金融合作又将各个领域联系起来，形成了以项目为主导的全产业链合作模式，并带动了相关制造业的发展，提升了中俄能源合作的外溢效应。

其中，中俄能源金融合作为全产业链合作提供了重要资金支持。中俄于2015年成立中俄金融联盟，共有72家中俄地方银行参与。2018年9月，习近平主席在出席俄罗斯东方经济论坛时，宣布设立初始规模为1000亿人民币的中俄地区合作发展投资基金，中俄能源合作投资基金作为该基金的首支子基金，将重点支持中俄两国或双方共同在第三国或地区的能源合作项目，尤其是优质能源产业、能源战略产业、新材料、高端制造等技术领域，促进参与方能源行业现代化与转型发展的技术研发与生产能力，并带动中国优势产能和技术装备走出去。2021年，俄罗斯国家财富基金完全实现"去美元化"，将人民币比例提至30.4%，美元降至0%，双边能源结算采用人民币-卢布本币结算，反映了中俄日益紧密的经贸关系，以及俄罗斯对于中国经济发展与币值稳定的信心，有利于今后的进一步合作。

可以看出，中俄能源合作更加遵循市场逻辑，具有内生性和可持续性。由此，中国的能源安全状况得到很大改善，以资源获取为中心的国际能源合作路径正向以"商业运作+市场投资"为中心的路径转变，而合作方式更加基于中国的工业出口能力，涉及工程服务、装备制造。② 这将为中俄未来上游领域的技术研发与合作提供广阔空间。

---

① Zhang Jing, "Oil and Gas Trade between China and Countries and Regions along the 'Belt and Road': A Panoramic Perspective", *Energy Policy*, Vol. 129, 2019, pp. 1111-1120.
② 徐洪峰：《普京第三任期以来中俄能源合作新进展及潜在障碍》，载《俄罗斯东欧中亚研究》，2016年第6期，第118—130页、158页。

(二)中俄低碳能源合作的中短期阻碍：俄乌冲突

俄乌冲突的爆发给后疫情时代的全球能源系统带来了双重影响。首先，俄乌冲突再度暴露了能源转型背景下发展低碳经济的脆弱性。鉴于俄罗斯在世界石油和天然气供应市场占据较大份额（分别约为12%及17%），[1] 因此其对欧洲油气价格和供应链稳定的影响较大。[2] 而能源转型依旧依赖于关键矿物资源，如锂、铟、铂族金属、钴、锗、钨、稀土等的国际贸易。[3] 俄罗斯是铂族金属的主要供应国，其产能也与许多工业价值链存在紧密联系，受传统安全风险上升、大国竞争、贸易争端加剧的影响，全球低碳能源转型将难以平稳实现。

其次，俄乌冲突对部分市场的能源转型起到促进、刺激作用。冲突导致的短期供应紧张与价格上涨并没有逆转当前大多数国家的能源转型政策，而是更加提升了能源独立的紧迫性，以减少对化石燃料的依赖。如2022年欧盟委员会认为，年底前可以用零排放的可再生能源替代240亿立方米的俄罗斯天然气。[4] 再有，能源投资出现分流，随着传统能源价格大幅上升，可再生能源的相对经济吸引力将持续增强。

最后，俄乌冲突爆发后，美国对中国威胁实施二级制裁，在给中国带来一定压力的同时，也给中国增强自身国际竞争力、培育自主知识产权核心竞争力、抓住能源转型技术进步的趋势，以及推动人民币结算国际化提供了机遇。

综上，俄乌冲突的影响一定程度上反映了当前能源转型的结构性

---

[1]《bp世界能源统计年鉴》，https://www.bp.com/content/dam/bp/country-sites/zh_cn/china/home/reports/statistical-review-of-world-energy/2021/BP_Stats_2021.pdf.

[2] Althaf Shahana and Callie W. Babbitt, "Disruption Risks to Material Supply Chains in the Electronics Sector", *Resources, Conservation and Recycling*, Vol. 167, 2021, pp. 105248.

[3] Chi-Wei, Su, et al. "Does Renewable Energy Redefine Geopolitical Risks?", *Energy Policy*, Vol. 158, 2021, pp. 112566.

[4] Reuters, "Analysis: Europe Faces Struggle to Escape Russian Gas This Year", https://www.reuters.com/business/energy/europe-faces-struggle-escape-russian-gas-this-year-2022-03-17/.

趋势，即生产与供应的地区化、各国对自身能源生产供应链安全的关注、海运费用上涨与基于区域化的陆运贸易得以提振，这种趋势使得未来低碳能源的发展既面临机遇，也面临挑战。

（三）中俄低碳能源合作的前景：数字化能源互联网合作

"能源互联网"概念是由美国经济学家杰里米·里夫金首次提出。他认为，能源互联网是指基于互联网技术和可再生能源的融合，在建设储能的基础上，通过分布式传输等方式以网络的形式分配能源。[①] 目前，应对气候变化与能源转型已成为全球议程，但风能、太阳能等可再生能源生产具有非稳定性，尤其对于没有进入技术门槛的国家来说，转型的代价依旧高昂。可再生能资源的分布、新能源技术产业链的形成都需要国际合作，因而找到一条切实可行的路径非常重要。

在此背景下，2015年9月，习近平主席在联合国发展峰会上倡议构建全球能源互联网，以推动人类命运共同体建设，解决世界能源短缺（包括可再生能源潜在的分配不均）、能源可及性不足、环境污染等具体问题。全球能源互联网是清洁能源在全球范围大规模开发、输送和使用的重要平台。在中国的具体实践下，全球能源互联网逐渐形成了由"智能电网+特高压电网+清洁能源"构成的绿色能源系统的具体建设路径。[②]

中俄在共建能源互联网方面具有相当大的合作潜力，既有的跨国电力合作已取得了积极成果。从区域来看，国家电网大力推进跨国联网建设，已经建成中俄、中蒙、中吉等10条跨国输电线路，累计交易电量超过270亿千瓦时。[③] 在双边层面，中俄之间的跨国电力合作和电

[①] 杰里米·里夫金著，张体伟、孙豫宁译：《第三次工业革命：新经济模式如何改变世界》，北京：中信出版社，2012年版，第46—50页。

[②] 张锐：《试析人类命运共同体思想引领下的中国能源外交》，载《国际关系研究》，2018年第3期，第15页。

[③] 《"一带一路"能源合作伙伴关系成立》，http://www.mofcom.gov.cn/article/i/jyjl/e/201905/20190502859481.shtml。

网建设也迅速发展，如边境地区的中国东北电网与俄罗斯远东电网已联结成功。[①] 2017年4月，由全球能源互联网发展合作组织与俄罗斯电网公司共同主办的"一带一路"框架内的"全球能源互联网发展暨欧亚大陆电网互联互通国际大会"在莫斯科召开，俄罗斯电网公司总经理、俄罗斯能源部副部长雅诺夫斯基、俄罗斯远东发展部第一副部长奥西波夫、俄罗斯杜马能源委员会副主席伊萨科夫等高级代表均出席会议并发言，有助于推动欧亚大陆电网互联互通建设。可见，高层引领的中俄能源合作模式不仅存在于天然气合作领域，其机制化、制度化特点也将扩展至其他领域。

[①] 李天籽、王迪:《东北亚区域能源互联网建设研究》，载《东北亚论坛》，2016年第6期，第58—68、126页。

俄罗斯的劳动力市场和人力资本：
新冠肺炎疫情和趋势

格列布·鲍里索夫　奥列夏·韦列久克[*]

【摘要】 本文旨在评估新冠肺炎疫情和防控措施对俄罗斯劳动力市场和人力资本的影响，所研究的视角既包括第一波疫情的短期影响，也包括21世纪以来的长期趋势。为此，本文分析了一系列用以衡量人口、就业和失业、工作时间、薪酬和教育情况的指标。本文使用来自经济合作与发展组织（OECD）、俄罗斯联邦国家统计局（Rosstat）以及专家评估和预测的数据。本文表明了劳动力市场总体上对此次冲击有着相当高的韧性，并讨论了这种韧性下所隐藏的问题。

【关键词】 人口学；国际移民；就业；失业；工作时间；收入；教育；人力资本；COVID-19；俄罗斯

一、引言

当今世界局势的特点是高度不稳定和剧烈动荡。社会、政治形势和新冠肺炎疫情的急剧变化对经济领域产生了强烈影响，并对劳动力市场的稳定运行构成了威胁。在这一背景下，研究近年来俄罗斯劳动

---

[*] 格列布·鲍里索夫（Глеб Владимирович Борисов），俄罗斯圣彼得堡国立大学经济史与经济思想系副教授；邮箱：g. borisov@ spbu. ru。奥列夏·韦列久克（Вередюк Олеся Васильевна），俄罗斯圣彼得堡国立大学经济理论系副教授；邮箱：o. veredyuk@ spbu. ru。

力市场对国家经济中所发生变化的适应机制具有重要意义。本文从历史的视角透视俄罗斯的劳动力市场，重点关注近年来俄罗斯劳动力市场在新冠肺炎疫情传播情形下的表现。

本文首先关注了人口状况。人口发展的不利趋势从 2014 年就已显现，并随后在 2020 年恶化。相对而言，就业和失业状况则自 2001 年以来一直较稳定，在劳动力市场遭受冲击背景下没有出现剧烈波动。接下来本文研究了按经济活动和职业类别划分的就业结构、不同类型薪资结构的短期变化趋势，以及名义薪资和实际薪资的长期变动情况。本文最后分析了当代俄罗斯人力资本积累的趋势。

二、人口和移民

新冠肺炎疫情加速了人口自然减少，即死亡率超过出生率，这成为俄罗斯人口减少的一个新因素。① 在出生率持续下降的背景下，疫情第一年即 2020 年，人口死亡率显著偏高。如图 15 所示，2020 年全年俄罗斯人口自然减少高达 70.2 万人，比前一年高 1.2 倍，也创下过去 15 年中的最高纪录。② 根据国家发展预测，从中期来看，上述人口自然减少趋势预计将继续。③

---

① 2021 年俄罗斯人口为 1.462 亿，其中城市居民占 75%；男性占 46%；青年（29 岁以下）占 33%。

② 根据初步统计，2021 年的人口自然减少的数值将超过 2020 年。

③ Росстат,"Демографический прогноз до 2035 года", https://rosstat. gov. ru/folder/12781; С. В. Рязанцев, А. Е. Иванова, В. Н. Архангельский, "Усиление депопуляции в россии в контексте пандемии COVID‐19: региональные особенности", 2021; "Bulletin of the South‐Russian State Technical University (NPI)", Series Socio‐Economic Sciences, No. 14, pp. 7‐20.

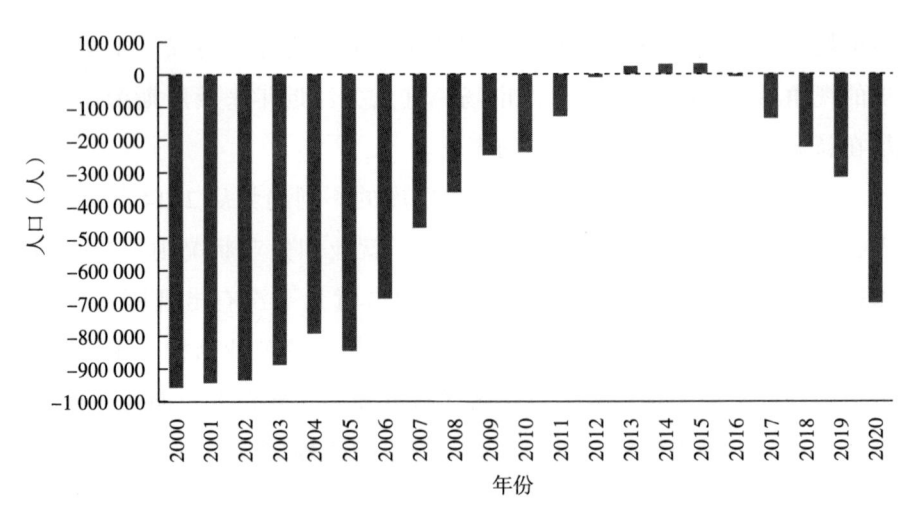

资料来源:俄罗斯联邦国家统计局。

图 15　俄罗斯人口的自然增长(减少)数量

为了解决上述人口问题,俄罗斯制定了刺激人口自然增长的国家计划。从 2007 年起,每个生育或收养第二个或更多孩子的家庭,都将获得母亲(家庭)基金,2020 年后头胎家庭也适用。此外还有怀孕和分娩补助金,在分娩时一次性给付。这些举措的实施有助于人口自然增长状况的暂时改善。

疫情第一年带来了另一个人口问题,就是人均预期寿命受到影响,这是衡量死亡率和人口健康状况的综合指标。这一指标经过长期的持续提高,在 2019 年达到 73.3 岁的历史峰值,又在 2020 年下降到 71.5 岁。[1] 与此同时,男性人均预期寿命为 66.5 岁,女性则为 76.4 岁。该指标的性别差距是俄罗斯的传统特点,但自 2005 年以来,该差距趋于缩小。[2]

2020 年延续了之前十年内第一胎出生率下降、第三胎及后续胎儿出生率上升的趋势,这表明了人口两极化发展,无子女和多子女家庭

---

[1] "Послание Президента Федеральному Собранию", http://kremlin.ru/events/president/news/65418.

[2] 2005 年,俄罗斯人均预期寿命的性别差距为 11.6 岁(男性人均预期寿命为 61.5 岁,女性为 73.1 岁)。

的比例同时增长。① 另外，作为疫情时期的特征之一，俄罗斯死亡人数虽然骤增，但只是暂时的，而出生人数的负增长趋势则是长期的。② 后者与俄罗斯人口另一大趋势——人口老龄化相叠加。人口老龄化是老年人口总数及其总人口占比增大造成的，这一现象发生在过去五年中生育率处于低位且不断下降的背景下。③ 有一个原因可以解释该现象，那就是正处于生育高峰期的是人数较少的20世纪90年代出生的一代人，其生育行为不同于人数较多的20世纪80年代出生的一代人。

与疫情相伴而来的是跨境交通关闭④和大多数经济部门（包括移民就业的传统行业，如服务业、餐饮和酒店业、建筑业）中企业行为受限⑤，这导致了人口迁移增长的显著下降。2020年俄罗斯主要移民来源国是乌克兰，约占移民人数增长的50%，塔吉克斯坦占37%。

理论上，国际移民可以为俄罗斯陷入负增长的人口带来补充。根据各类评估，在俄罗斯有500万至1200万劳务移民，主要来自苏联各加盟共和国，其中200万至300万人经正规渠道（包括有工作许可证和其他相关证书，以及无需劳务许可的欧亚经济联盟国家的公民）赴俄务工。⑥ 俄罗斯的劳务移民数量在21世纪头十年达到了顶峰。

如图16所示，目前，俄罗斯国际移民虽然一直处于净流入状态，

---

① К. И. Казенин, "Рождаемость в России в 2020 году: региональная динамика", Мониторинг экономической ситуации в России: тенденции и вызовы социально-экономиче-ского развития, 2021, Т. 5. №137. С. 19–22.

② Р. Р. Хасанова, Н. В. Зубаревич, "Рождаемость, смертность населения и положение регионов в начале второй волны пандемии", Экономическое развитие России, № 28, С. 77–87.

③ 自2000年来，俄罗斯总和生育率为1.3。（作者根据下列网站数据计算：https://rosstat.gov.ru/folder/12781。）

④ 2020年3月6日，俄罗斯颁布了首个暂停公民入境俄罗斯的决定，涉及自伊朗抵俄的公民；然后是意大利（3月12日）；自2020年3月18日至5月1日，禁止从所有其他国家公民入境和从俄罗斯离境。

⑤ М. Б. Денисенко, В. И. Мукомель, "Трудовая миграция в России в период коронавируной пандемии", Демографическое обозрение, 2020, Т. 7, №3, С. 84–107.

⑥ С. В. Рязанцев, "Трудовые мигранты в России: временные работники или постоянные жители?" в Рязанцев С. В., Ростовская Т. К. (ред.), Национальные Демографические Приоритеты: Новые Подходы, Тенденции, Демография. Социология. Экономика, Москва: ООО "Издательство "Экон-Информ", С. 492–496.

但不足以弥补人口的自然减少,而且自 2011 年以来,国际移民流入也有下降的趋势。①

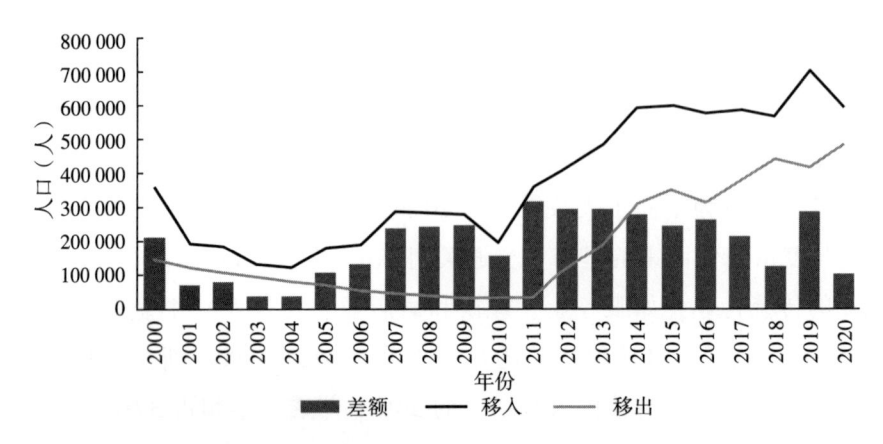

图 16 2000—2020 年俄罗斯国际移民人数

资料来源:俄罗斯联邦国家统计局。

在俄罗斯的国际移民中,传统上分为两类:独联体国家移民和外国移民(非独联体国家移民)。其中,独联体国家发挥了举足轻重的作用。分析独联体国家移民历史数据表明,自 1997 年以来,此类国家移入移民在俄罗斯外国移民总人数的占比一直稳定在 90% 左右,而且在移出中的占比呈增长趋势:从 2004 年的 45% 增长至 2020 年的 86%。

在外国移民中,近十年俄罗斯国际移民流动(以移入和移出的人数计算)的主要国家是中国。在这类国家中,就对俄罗斯移民顺差的贡献而言,只有印度可以与中国相提并论。例如,在 2020 年,印度的贡献是 38%,中国则是 30%。在欧洲国家中,德国与俄罗斯之间的移民流动规模最大。在近十年中,从俄罗斯流向格鲁吉亚的移民人数渐增,这背后部分原因是俄罗斯公民无需签证就能入境格鲁吉亚。截至 2020 年年底,从俄罗斯流向格鲁吉亚的人数已超过德国。

---

① 2020 年,俄罗斯国际移民净流入为 10.65 万人(59.41 万人移入,48.77 万人移出),弥补了约 15% 的人口自然减少。

移民就业特点通常为工作条件较差,薪酬低。由于2020年新冠肺炎疫情造成劳务移民外流,所以尽管失业率升高,但传统上属于劳务移民的空缺岗位数量增加了。① 考虑到上文提及的人口发展趋势,这场危机能否成为资本替代劳动力的有效推动力,将由时间来证明。

三、就业和失业状况

根据俄罗斯联邦国家统计局的数据②,截至2020年年底,俄罗斯15岁及以上的劳动力人口为7490万人,按照国际劳工组织(ILO)的标准,其中7060万人为就业人口,430万人为失业人口。③ 劳动力参与率为62.0%,就业率为58.4%,失业率为5.8%,登记失业率(年末值)为3.7%。就业率和失业率的变化情况见图17。

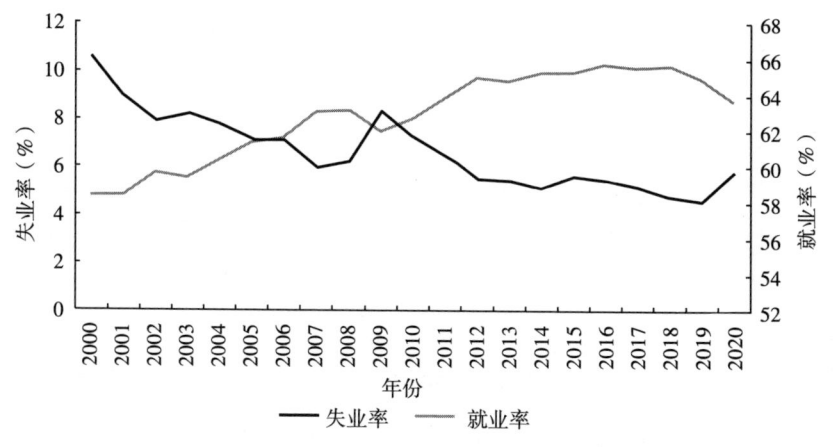

注:2000年以来15岁及以上年龄人口的相关系列数据目前未开放。
资料来源:俄罗斯联邦国家统计局。

图17 俄罗斯15—72岁人口的就业率和失业率变化情况

---

① A. P. Sedlov, E. S. Kubishin and I. V. Soboleva, "Migrant labor Market in Russia: Influence of the Pandemic", *Russia and the Contemporary World*, Vol. 3, 2021, pp. 59-72.

② "Российский статистический ежегодник. 2021", Стат. сб. /Росстат. - М., 2021; "Регионы России. Социально-экономические показатели. 2021", Стат. сб. / Росстат. -М., 2021.

③ 2020年,俄罗斯15—72岁的人口中劳动力人口为7470万人,其中7040万人为就业人口,430万人为失业人口。就业率为63.7%,失业率为5.8%。

作为监测劳动力市场运行的主要指标之一，俄罗斯失业率从2020年4月开始上升，8月达到6.4%（相当于480万人）的峰值①，随后下降。然而，这些数值未能打破本文所研究时期内的最高纪录，即2009年全球金融危机期间创下的纪录。

疫情第一年还出现另一现象。近20年内失业人数比登记失业人数平均高3.5倍，而2020年，失业人数增长的数量和速度都不及登记失业人数，两者间的差距缩小到约0.7倍。一部分原因是，政府临时（从2020年4月至8月）提高了失业救济金，②造成2020年4月登记失业人数激增80%③。该增长势头一直持续到9月，达到370万人，随后下降，并在12个月后，即2021年9月恢复到危机前的水平。④同样，失业人数与登记失业人数之间的差距也开始恢复到之前水平。

在俄罗斯2020年的失业人口结构中，女性占48.2%，城镇居民占69.0%，15—25岁青年占18.2%，受过高等教育者占24.0%，没有工作经验者占21.7%。平均求职时长为6.3个月，18.8%的失业者求职时长达到12个月及以上。男性失业率为5.8%，高于5.7%的女性失业率；农村居民失业率为7.9%，高于城镇居民5.2%的失业率；残疾人失业率为17.9%。近几年来俄罗斯失业人口结构分布保持稳定，变化不大。

对俄罗斯失业情况的长期观察表明，失业率实际值总是低于预期值。在"俄罗斯模式"的劳动关系中，雇主在市场环境遭遇冲击动荡时是倾向于采用灵活的适应机制，如强制无薪休假、缩短工作时间、停工、降薪，而非公开裁员。这种适应方式在新冠肺炎疫情期间也很

---

① "Социально-экономическое положение России 2020", https://gks.ru/bgd/regl/b20_01/Main.htm.
② 最高失业救济金提高到1.21万卢布（相当于最低工资水平），最低救济金提高到4500卢布。
③ "Информация о социально-экономическом положении России - 2020 г", https://www.gks.ru/bgd/free/B20_00/Main.htm.
④ ЕМИСС, https://www.fedstat.ru/.

普遍。

四、工作时间

2020年，俄罗斯根据总统令在日历中设立了一个新的分类——非工作日。非工作日期间，依法保留所有员工的薪资（由雇主承担）。实际上，保障生活的重要部门和企业（如食品店、交通运输、警察、药店、不间断运营企业）和已经转换为远程办公的机构（中小学、大学）在非工作日继续正常工作。非工作日的天数计入俄罗斯传统工作日历中，除了工作日外，还包括周末双休日、节前日（节假日前一天的工作时间减少一小时）和节假日[①]。2020年，俄罗斯366个日历日中分别有219个工作日，118个周末双休日、节前日和节假日，以及29个非工作日。

总体上看，工作时间减少的趋势是全球性的、长期的。[②]从全球每人每年实际工作时间的变化幅度来看，疫情之年创下了新纪录：2020年每周工作时间平均为36小时，2019年为38.7小时，减少了近7%。在俄罗斯，如图18所示，减少的趋势不太明显，这与俄罗斯自2008—2009年经济危机以来工作时间没有增加有关。

俄罗斯工作时间的总体变化是由一系列制度因素造成的。1991年以来，俄罗斯从法律上将每周标准工作时长从41小时缩短到40小时，即每周工作5天，每天工作8小时；将至少18天的带薪年假延长到24天；增加了全国性节假日（1月初）；扩大了享有哺乳期假期的员工范

[①] 俄罗斯有8个休假节日：新年假期——1月1—6日和8日；圣诞节——1月7日；祖国保卫者日——2月23日；国际妇女节——3月8日；五一劳动节——5月1日；胜利日——5月9日；俄罗斯日——6月12日；民族团结日——11月4日，总天数为14天。

[②] J. - Y. Boulin, et. al. *Decent Working Time: New Trends, New Issues*, Geneva: International Labour Office, 2006.

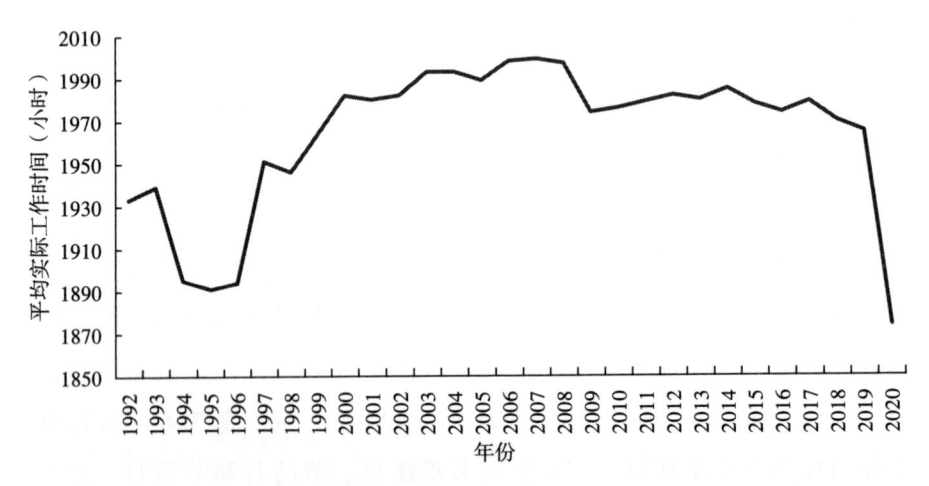

围（包括非全日制工作）①；增加了事假和强制转为非全日制工作。②

资料来源：经济合作与发展组织。

图 18　俄罗斯每人每年的平均实际工作时间

疫情第一年，俄罗斯的一个普遍做法就是规定部分员工转为远程办公。根据官方评估，在疫情之前大约有 3 万人远程办公，而到 2020 年年底这个数字达 370 万人。预计短期内，俄罗斯最常见的混合工作模式为在办公室工作和远程办公交替进行，而纯远程办公只适用于一小部分员工。③

五、就业结构

从俄罗斯经济活动类别角度研究就业结构发现，新冠肺炎疫情对俄罗斯建筑、贸易、酒店和餐饮等行业的就业造成的负面影响最为强烈。如表 18 所示，2020 年，受疫情防控导致社会活动受限，以及劳

---

① 此类员工主要指孕期、哺乳期的妇女，抚养儿童的单亲父亲，以及未成年儿童的监护人。——译者注

② В. Е. Гимпельсон и Р. И. Капелюшников, "Нестандартная занятость и российский рынок труда: препринт", *Проблемы рынка труда*, Серия WP3, 2005.

③ "Более 3,5 млн россиян остаются на 'удаленке'", https://www.interfax.ru/russia/750041.

务移民人数的相应减少、企业临时停工等因素影响，上述部门从业人员比例同比下降了0.2—0.3个百分点。最明显的一点是，农业和制造业的从业人员相对数量减少，在2005—2020年期间，其在总就业中的占比分别下降了4.1个和3.5个百分点。根据俄罗斯联邦国家统计局数据，这两类经济活动在就业人数减少的同时，劳动生产率显著提高。2011—2020年间，农业的劳动生产率提高了38%，制造业的劳动生产率提高了30%，高于同期各类经济活动平均劳动生产率的增幅——13.5%。①

表18 俄罗斯不同经济活动类别的从业人员数量在总就业中的占比

(单位:%)

经济活动类别	2005年	2019年	2020年	2005—2020年期间的占比变化
专业技术、科学活动；行政工作和相关附加服务	3.9	5.8	6.0	2.1
卫生和社会服务领域的活动	6.8	7.9	7.8	1.0
其他类型的服务业	1.6	2.4	2.5	0.9
金融和保险业	1.4	2.3	2.2	0.8
运输和仓储业	8.2	8.8	8.8	0.6
酒店和餐饮业	1.9	2.6	2.4	0.5
采矿业	1.8	2.3	2.3	0.5
批发和零售业；机动车、摩托车的修理	15.0	15.6	15.4	0.4
文化、体育、休闲和娱乐行业	1.6	2.0	2.0	0.4
教育	9.2	9.5	9.5	0.3

① Росстат, https://rosstat.gov.ru/.

续表

经济活动类别	2005年	2019年	2020年	2005—2020年期间的占比变化
电力、燃气、热力生产和供应；空气调节	2.5	2.6	2.7	0.2
供水；排水、垃圾收集和处理、污染治理产业	0.6	0.7	0.8	0.2
信息和通信产业	1.7	1.8	1.9	0.2
公共管理和军事安全保障；社会保障	7.2	7.0	7.1	-0.1
建筑业	6.7	6.9	6.6	-0.1
房地产业	2.2	1.7	1.8	-0.4
制造业	17.7	14.3	14.2	-3.5
农业、林业、狩猎业、渔业和水产养殖业	10.1	5.8	6.0	-4.1

注：在撰写本文时尚无法获得2021年相关数据，因此作者无法准确研判这些受疫情影响最严重部门的最新就业情况。然而，薪资金额等其他数据可以佐证，上述部门的就业在2021年已开始恢复。

资料来源：俄罗斯联邦国家统计局。

2005—2020年期间，从事专业技术、科学和行政工作的人数比例增长最多，其占比提高了2.1个百分点。此外，在疫情时期这一类就业者在总就业人数中的比例也有所提升，2020年同比提高了0.2个百分点。在2011—2020年期间，科学和专业技术工作从业者在人数增长的同时，其劳动生产率也提高了34%。

从职业类别的角度研究就业人数，可了解各类职业就业结构的变动情况。如表19所示，在2005—2019年期间，就业人数增加最多的是高级专业技术人员，增加了约630万。在2020年疫情之年，这类人员的就业人数依旧呈上升趋势。

表 19 俄罗斯 15—72 岁不同职业类别的从业人员就业情况

(单位:千人)

职业类别	2005 年	2019 年	2020 年	2005—2019 年就业人数变化	2019—2020 年就业人数变化
领导、管理人员	4789	4342	4090	-447	-252
高级专业技术人员	11 601	17 910	18 558	6309	648
中级专业技术人员	9739	9989	9697	250	-292
负责起草和编制文件、核算和服务的人员	2130	2062	1944	-68	-118
服务和贸易人员,人身和财产保安员	9489	11 267	10 716	1778	-551
农业、林业、渔业和水产养殖业的熟练工人	3330	1699	1719	-1631	20
工业、建筑业、运输和相关领域的熟练工人	10 839	9642	9212	-1197	-430
生产设备和机械操作员、装配工和驾驶员	8752	9265	9194	513	-71
非熟练工人	7669	5588	5331	-2081	-257

资料来源:俄罗斯联邦国家统计局。

2005—2019 年期间,从事服务和贸易的人员数量也明显增加,农业和工业的熟练工人和非熟练工人数量减少。另外值得注意的是,在所研究的整个时间阶段里,包括疫情期间,公共和私营机构管理人员的数量都在减少。

六、薪酬

以经济活动类型的薪酬为切入点进行研究,如表 20 所示,在 2021 年,金融和保险业、采矿业、信息和通信产业,以及专业技术、科学业务从业人员薪酬最高;酒店和公共餐饮业、农业和林业、行政工作,以及公共事业部门的薪酬最低。

表20 俄罗斯不同经济活动类型职工的月平均应付薪酬

经济活动类型	2017年（美元）	2018年（美元）	2019年（美元）	2020年（美元）	2021年（美元）	2017—2021年的变化（%）
金融和保险业	1455	1453	1601	1563	1753	20
采矿业	1276	1327	1380	1323	1401	10
信息和通信产业	1008	1063	1172	1188	1295	29
专业技术、科学领域活动	980	1057	1162	1111	1170	19
公共管理和军事安全保障；社会保障	746	763	788	756	799	7
运输和仓储业	754	758	790	734	787	4
电力、燃气、热力生产和供应；空气调节	765	758	778	737	781	2
文化、体育、休闲和娱乐产业	655	709	726	672	717	9
制造业	660	650	677	645	703	7
建筑业	577	615	659	620	695	20
卫生和社会服务领域活动	548	639	666	687	687	25
批发和零售业；机动车、摩托车修理	550	566	620	581	655	19
教育	519	548	573	549	589	14
房地产业	518	528	569	522	572	11

续表

经济活动类型	2017年（美元）	2018年（美元）	2019年（美元）	2020年（美元）	2021年（美元）	2017—2021年的变化（%）
供水；排水、垃圾收集和处理、污染治理产业	499	504	533	504	536	8
行政工作和相关配套服务	473	506	525	514	529	12
农业、林业、狩猎业、渔业和水产养殖业	440	458	490	482	525	19
酒店和餐饮业	411	419	435	380	435	6
平均值	671	698	739	712	768	14

资料来源：俄罗斯联邦国家统计局。

新冠肺炎疫情几乎没有对以经济活动类型划分的就业人员薪酬结构产生影响。如表20所示，在2019—2021年期间，不同经济活动类型的从业人员相对薪酬水平没有明显变化。2020年，在绝大多数类型经济活动从业人员的薪酬均比上一年有所下降的背景下，信息和通信产业逆势上扬。显然，远程技术的推广和远程办公模式的普及，使得该领域岗位的需求增加，同时也确保了从业人员的高薪酬水平。

如图19所示，在2001—2021年期间，平均名义应付薪酬不断增长，最终达到每月56 545卢布。同时，以当时汇率折算成美元的薪酬也总体呈增长态势。但是由于卢布汇率的波动性，以美元计算的薪酬并不总是上升的。如在2014—2016年期间，以美元计算的薪酬金额大幅下跌。当时由于全球油价下跌和克里米亚公投入俄后发达国家实施反俄制裁，卢布贬值50%以上。这导致平均月薪从2013年的936美元降至2016年的547美元，降幅超过40%。随后薪酬开始回升，在2021年达到768美元的水平。

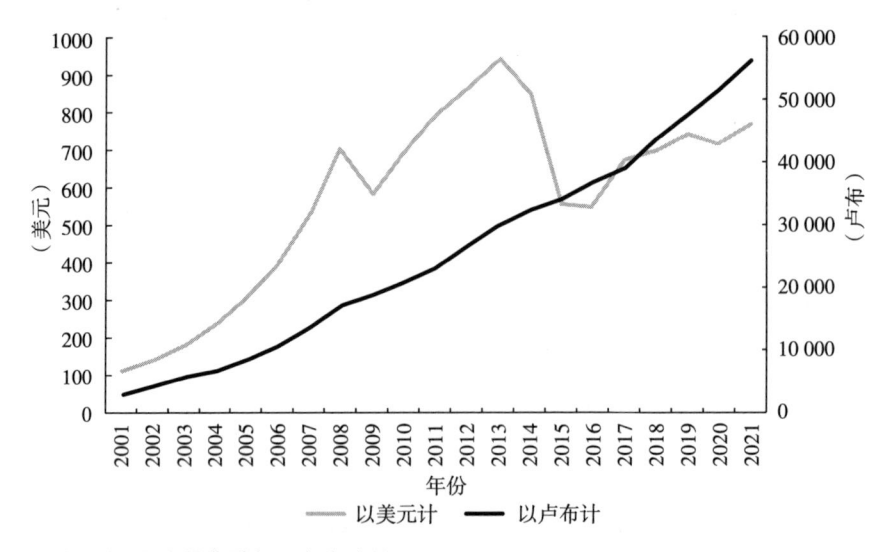

资源来源:俄罗斯联邦国家统计局。

图 19　俄罗斯在 2001—2021 年期间月均名义应付薪酬

在 2001—2021 年期间,俄罗斯以美元计算的薪酬增长了 5.9 倍,而实际薪酬仅增长了 2.8 倍,年均增速为 7%。在 21 世纪头几年,全球金融危机之前,俄罗斯实际薪酬增长尤其迅速如图 20 所示,2001—2008 年间,实际薪酬平均每年增长 14%。

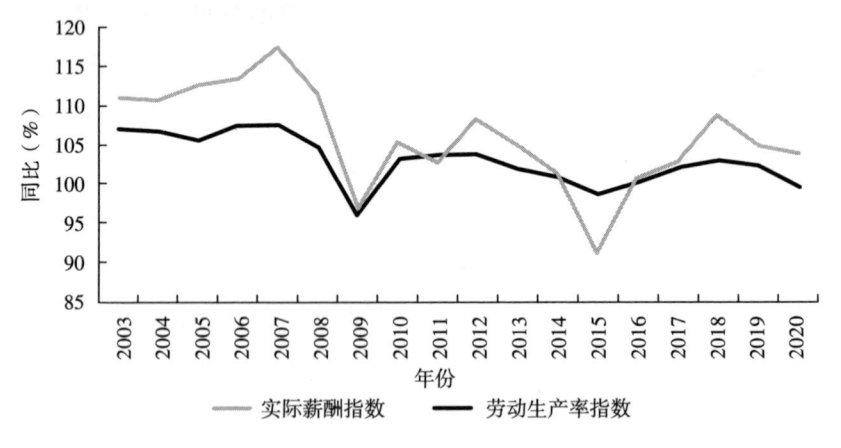

资料来源:俄罗斯联邦国家统计局。

图 20　俄罗斯在 2001—2021 年期间实际薪酬指数和劳动生产率增速

劳动生产率的增长仅是推动实际薪酬增长的部分原因。在所研究的整个时期，除2015年外，劳动生产率的增速低于实际薪酬的增速。俄罗斯实际薪酬增长的一个重要因素，特别是在21世纪头十年间，是政府对医疗保健和教育等领域的薪酬支出增加，具体表现在上述行业从业人员的薪酬增速上。[①] 应当指出，薪酬方面的趋势在过去几年中发生了变化。如表20所示，在2017—2021年期间，信息和通信行业，以及卫生和社会服务领域薪酬增长最为显著。

七、人力资本

新冠肺炎疫情要求一些行业和专业的从业人员学习新的技能。2020年，俄罗斯各类组织机构中接受正规教育、继续教育或再培训计划的人员数量比2016年增加了近45.5万人。如表21所示，接受培训员工的占比从2016年的20.1%上升至2020年的22.9%。

表21 俄罗斯不同经济活动类型从业人员中接受培训学习者占比

（单位:%）

经济活动类型	2016年	2020年
农业、林业、狩猎业、渔业和水产养殖业	7.9	9.0
采矿业	35.9	36.9
制造业	25.9	24.5
电力、燃气、热力生产和供应；空气调节	25.9	32.0
建筑业	15.1	17.6
批发和零售业；机动车、摩托车修理	9.8	8.8
酒店和餐饮业	6.0	6.2
运输和仓储业	27.2	27.8

---

① "Официальная статистика: рынок труда, занятость и заработная плата", https://rosstat.gov.ru/.

续表

经济活动类型	2016 年	2020 年
房地产业	14.6	12.2
教育	22.6	31.3
卫生和社会服务领域活动	16.1	24.2
所有类型的经济活动	20.1	22.9

资料来源：俄罗斯联邦国家统计局。

疫情促使教育和医学从业人员中接受培训者的比例显著增加，分别提高了 8.7 个和 8.1 个百分点。形势变化要求这些类型经济活动的从业人员掌握组织远程教学、培训的方法，并采取措施预防和治疗新冠病毒传染。2020 年，各类经济活动中都没出现受培训人员数量大幅减少的情况。

职业群组中，专业人员组别中受培训者占比的提高最多，从 2016 年的 23.8% 提升至 2020 年的 29.7%，而上述指标增长最不明显的群组是领导、管理人员（从 31.2% 到 32.7%），其他职员（从 9.1% 到 11.2%），以及工人（从 16.9% 到 17.5%）。[①]这些数据表明，在新环境下，对有资质专家的专业要求变化最大，而其他类别人员工作的流程、内容和组织方式变化较小。

从年龄段来看，如图 21 所示，接受培训学习者的比例提升最突出的是 40 岁以上就业人群。

---

① " Подготовка（профессиональное образование и профессиональное обучение）и дополнительное образование работников организаций в 2020 году" " Повышение квалификации и профессиональная подготовка работников организаций в 2016 году"，https://rosstat.gov.ru/.

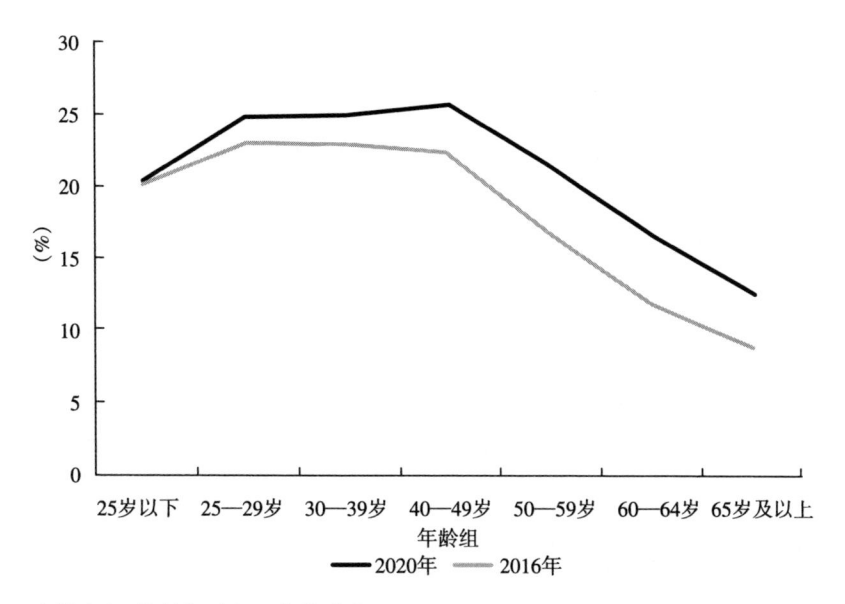

俄罗斯的劳动力市场和人力资本:新冠肺炎疫情和趋势

资料来源:俄罗斯联邦国家统计局。

图 21　2016 年、2020 年不同年龄组从业人员接受培训学习者占比

以下几个原因可以解释这一现象。首先,与年轻员工相比,年长者在疫情期间面临更高的感染风险。因此,为了降低高龄员工的感染风险,一方面,这类人员最早被雇主转为远程办公模式,故而他们迫切需要学习新的工作技能;另一方面,雇主强制其休假,用于再培训。

其次,一般认为,在疫情背景下信息通信技术的作用总体得以凸显,包括熟练使用电脑、互联网通信工具、协作数据处理的方法等,而高龄员工对这些技术的掌握程度不及年轻员工。[①] 因此有理由认为,在新冠肺炎疫情背景下出现了新的职业要求,需要年长的员工进行额外的人力资本投资,以补足技能的缺漏。

整体而言,按照世界标准衡量,俄罗斯劳动力受教育的程度相当

---

① 比起高龄劳动力,年轻劳动力的技能水平更能符合劳动力市场的要求,这是俄罗斯劳动力市场的特点之一。出现这一情况的根源在于 20 世纪 90 年代初俄罗斯经济模式发生了根本性转变,当时在短时间内引入了市场管理原则来取代计划经济。在向市场化转型的过程中,在苏联时期积累的人力资本出现了大规模的贬值。因此,在苏联解体后进入劳动力市场的劳动者比在苏联时期获得人力资本的劳动者具备更多优势。

高：25—64岁的人口中有30.2%受过高等教育，该指标与经合组织国家的平均水平大致相当，远超金砖国家的指标。① 相比世界上这一指标的佼佼者卢森堡，俄罗斯落后16.3个百分点。但如果比较青年人口中受高等教育的比例，俄罗斯的排名较为一般。2020年，25—34岁的俄罗斯人中大学毕业生的比例为40.3%，远低于世界最高水平——韩国的69.8%。②

按照世界标准衡量，俄罗斯青年的人力资本存量不够高，原因在于2011年和2015年以后高等院校毛入学率③的下降。如图22所示，这一指标的历史峰值是2009年的92.1%，但在2011年下降到了80%。在2012—2015年期间，高等院校入学人数的比例为90%，但随后开始下降，在2020年降至73.4%。

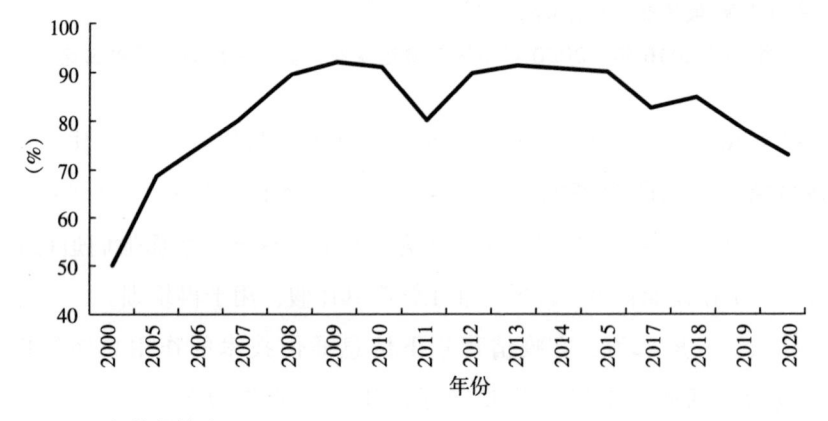

注：2016年数据缺失。
资料来源：2011年、2016年、2022年俄罗斯教育指标统计汇编。

图22 俄罗斯17岁青年人口中进入高等院校人数占比

---

① Н. В. Бондаренко и др. Индикаторы образования：2022. Статистический сборник，М.：НИУ ВШЭ，2022，С. 480-482.

② Индикаторы образования：2022. Статистический сборник / Н. В. Бондаренко，Л. М. Гохберг，О. А. Зорина и др. Нац. исслед. ун-т《Высшая школа экономики》. - М.：НИУ ВШЭ，2022. с. 483.

③ 毛入学率指的是进入高等院校的学生占17岁青年总人数的比例。毛入学率是俄罗斯官方统计的一个指标，表示高中毕业生进入大学的概率，且每年的中学毕业生人数和大学入学人数的年龄分布相同。

对俄罗斯高等院校国家资助大学生（公费生）和自费大学生人数研究表明，2011年和2017—2020年毛入学率变化的主要原因是自费生人数的变化。如图23所示，在2010—2020年期间，公费生人数几乎没有变化，而自费生人数在这一时期普遍下降，特别是在2011年和2015年之后尤为明显。

两个原因可能导致了2010—2020年期间自费生人数的减少。一方面，在2009年和2015年，卢布贬值引发通货膨胀，导致居民实际收入大幅下降。收入的降低导致了2011年和2017年入学人数剧烈变化。另一方面，在2010—2020年期间，国立大学的平均学费增加了1.9倍，非国立大学增加了1.3倍，而在此期间，居民实际收入只增加了30%。自费接受高等教育的实际成本上升，是高校自费生人数呈长期下降趋势重要的原因。

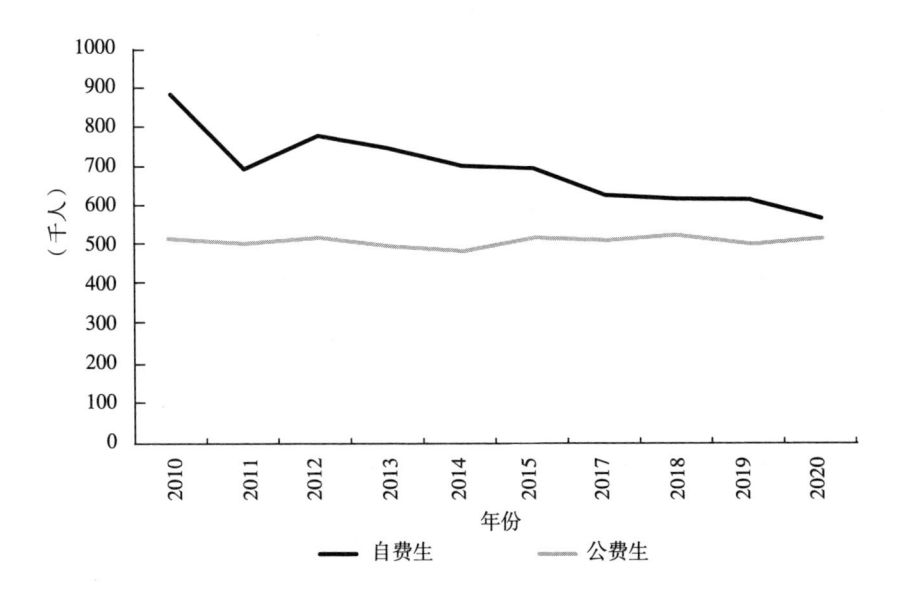

注：2016年数据缺失。

资料来源：Индикаторы образования, 2016, c. 100；Индикаторы образования, 2022, c. 203。

图23 俄罗斯高等院校公费生和自费生人数

尽管如此，俄罗斯劳动人口平均受教育年限这项指标仍相当高，2019年为15年，与在一些经合组织国家观察到的数值相当。①在很大程度上，这一成果归功于俄罗斯民众较为积极地参与终身学习。终身学习通常指25—64岁人群为完善知识和提高技能而进行的任何教育活动——正规教育、继续教育、自我教育。②2020年，上述年龄段的俄罗斯人参与终身学习的比例为43.2%。③

八、结论

本文从第一波疫情的短期影响和21世纪以来的长期趋势两方面，对新冠肺炎疫情和防控措施对俄罗斯劳动力市场和人力资本的影响作出评估。为此，本文分析了一系列用以衡量人口、就业和失业、工作时间、薪酬和教育情况的指标。

研究表明，新冠肺炎疫情加速了人口自然减少这一俄罗斯早已出现的人口趋势。疫情在第一年缩短了人均预期寿命，终结了该指标长期增长的势头。疫情带来的死亡人数增加与出生人数减少的长期趋势相叠加。此外，在疫情第一年，劳务移民的外流导致国际移民净流入的减少。数据显示，近年来，由于高等教育费用的增速超过了居民实际收入的增速，高校入学人数一直在下降。长此以往，可能造成国家人力资本发展水平的下降和高水平专业人才的短缺。

另一方面，在分析过程中发现，俄罗斯劳动力市场的特点之一是雇主偏好采用一些特别的措施来压缩用人成本，如强制无薪休假、缩短工作时间等，从而避免裁员和加剧社会紧张。本文还指出，疫情促

---

① "Доклад о человеческом развитии 2020", https://hdr.undp.org/.
② 正规教育包括由开展教育活动的组织提供的基础教育、中等职业教育、高等教育。继续教育包含正规教育计划之外的系统学习类型：岗位培训、职业培训和再培训、职业和业余课程、讲座、研讨会等。自我教育是个人学习，与正规教育和继续教育不同，它不记录在文凭或其他文件中，而是通过阅读书籍、杂志，使用录音和录像、计算机及互联网，参观图书馆、博物馆、剧院、电影院，收听和收看广播电视中的教育节目来帮助获取知识和技能。
③ Н. В. Бондаренко и др. Индикаторы образования：2022. Статистический сборник, М.：НИУ ВШЭ, 2022, с. 76.

使俄罗斯更多的企业员工参加培训和再培训；高水平专业人员就业率长期呈快速增长趋势，对这些人员的需求即使在疫情条件下也在继续增长；俄罗斯民众积极参与终身学习，这有助于人力资本的发展。

　　本研究可得出以下结论：总体上，俄罗斯劳动力市场针对不同来源的外部冲击展现出高度韧性和适应力。劳动力市场满足了国家经济对高技能水平劳动力不断增长的需求，也确保了劳动力资源的有效使用。因此有理由推断，在当前政治和经济形势极度不稳定的情况下，俄罗斯的劳动力市场将会确保劳动力资源的不间断和有效分配，服务好国民经济的进一步发展。

本文译者：李琰
中国国际问题研究院助理研究员

新冠肺炎疫情大流行对俄罗斯医疗卫生系统的影响

玛丽杨娜·古比娜[*]

【摘要】 过去几十年间,俄罗斯一直在进行优化医疗卫生系统的改革。然而,改革的措施也在社会大众和医学界中引起不少负面反应。本文旨在指出俄罗斯医疗卫生系统存在的主要问题,并对抗击新冠肺炎疫情中所采取的各项措施进行综述。研究结果表明:在疫情暴发初期,俄罗斯和世界大多数国家一样缺少床位和传染病医护专家。为此紧急调动抗疫资源用来改造医院、搭建临时野战医院、动员所有相关专业的医务人员。研制出疫苗以后,医疗系统的压力有所减轻。与此同时,社会上对疫苗接种持相当谨慎的态度,这给俄罗斯抗疫工作造成一定困难。

【关键词】 新冠病毒;医疗卫生系统;俄罗斯;疫苗生产

一、引言

从危害地球30%人口生命和健康的"西班牙大流感"暴发至今,

---

[*] 玛丽杨娜·古比娜(Марьяна Андреевна Губина),经济学副博士,圣彼得堡国立大学世界经济教研室副教授,中国人民大学–圣彼得堡国立大学俄罗斯研究中心研究员;研究方向:国家卫生健康系统、世界制药市场、知识产权保护。

已过去将近100年。百年间人类在医学领域有过无数的发明创新。药物制剂帮助人们大大降低病死率、减轻重症痛苦、延长寿命和提高生命质量。下面列举的发明也仅仅是医药卫生领域所有科学发现中的冰山一角,例如:1921年加拿大人弗雷德里克·班廷从动物细胞中提取出胰岛素;1928年英国人亚历山大·弗莱明发明抗生素;1955年美国人西德尼·法伯发明了第一批化学治疗制剂。广泛接种疫苗对战胜某些疾病发挥了重要作用(天花得到了根治,脊髓灰质炎和麻疹仅为偶发病例)。此外,俄罗斯国家医疗卫生系统的建立也发挥了重要作用。第一个综合性医疗卫生模式于1918年在苏联建立,称为"谢马什科医疗体系"。该模式具有复杂的结构,包括一级至三级分支,根据不同的疾病和医疗保健措施分级诊疗。在不同的国家,医疗卫生机构存在各种模式:公共、社会保险和私营。[①] 每一种体系按不同方式处理问题,诸如国家怎样承担医疗保健费用,需要多少医疗机构、床位和各专业医护人员才能够不间断地有效保障居民医疗全覆盖。

虽然从广义上看,20世纪医疗保健的发展具有划时代意义,但是2020年暴发的新冠肺炎疫情却表明,大多数国家医疗卫生系统在应对传染病挑战时仍然准备不足。疫情仅几个月就破坏了世界经济的稳定发展,在封控期间,除重要的战略行业外,各国经济生活实际上处于停滞状态。在一轮又一轮的疫情面前,各国领导人不得不在两个极端的方案中作出选择:或者宁可付出经济状况恶化的代价,也要阻止疫情传播;或者在经济和日常生活中不采取严格限制措施,以此来减轻医疗挤兑,加快经济复苏。应该指出,这里没有唯一正确的办法。首先,各国医疗卫生系统的现有装备不同,在疫情下各国只能采取相应灵活的应对措施。[②] 其次,世界各国民众的社会心理存在很大差异,一

[①] М. А. Губина, "Современные модели здравоохранения: опыт развитых стран", Вестник Санкт-Петербургского университета. Экономика. № 1, 2008, с. 133.

[②] "The COVID-19 Health Systems Response Monitor (HSRM)", https://eurohealthobservatory.who.int/monitors/hsrm/compare.

些国家的民众积极配合、自觉居家隔离，而另一些国家不得不采取强制隔离措施，即便这样，也并非总是奏效。

近两年来，俄罗斯对医疗保健问题的关注度大大提高，该领域的研究也异常活跃。我们可以先从几个基本范畴的定义谈起。

二、关于"医疗卫生系统""全球卫生治理"的定义

人类罹患各种疾病的历史与人类自身的历史一样悠久。但是在整个历史进程中医疗救护并不具有系统性，也不是国家特别关注的对象。直至19世纪末，人们还只在必要时才向私人医生或巫医求助，日常主要靠自己医治。① 由此得出的第一个结论就是：要区分看上去相同的两个概念："医术"和"医疗卫生系统"。二者中第一个范畴已存在多个世纪，而第二个范畴却是从20世纪的工业革命时代才开始出现的。

对"医疗卫生系统"的定义存在各种观点。比较狭义的观点认为，医疗卫生系统仅局限于在民众发生疾病、残疾或死亡时对其提供医疗服务，也包括疾病预防。另一种观点则认为，医疗卫生系统的定义中除了包含基本治疗环节以外，还应包括药品生产（制药和生物技术工业）、医疗产品和设备生产（医疗器械行业）、医学和医疗卫生领域的研发、医学教育、零售（药店）、食品工业（膳食补充剂生产）、纺织工业（医护人员装备），以及汽车工业（救护车、急救部门交通运输车辆）。②

我们的观点基于世界卫生组织对医疗卫生系统的定义。③ 世卫组织在《世界卫生报告2000》中将医疗卫生系统定义为"以改善、恢复或

---

① Ю. П. Лисицын, *История медицины*, Москва: Гэотар-Мед, 2004.

② М. А. Губина, "Развитие здравоохранения в условиях глобализации: мировой опыт", в *Диссертация на соискание ученой степени кандидата экономических наук*, Санкт-Петербург: Санкт-Петербургский государственный университет, 2009.

③ "Системы здравоохранения, здоровье и благосостояние: Оценка аргументов в пользу инвестирования в системы здравоохранения", https://apps.who.int/iris/bitstream/handle/10665/348000/WHO-EURO-2008-3963-43722-61508-rus.pdf?sequence=1&isAllowed=y.

维持健康为主要目的的所有组织、人员和行动"。

根据这一定义,医疗卫生系统的概念包括:提供医疗服务(个人的和公共的);旨在提供医疗服务的活动(尤其是筹资、资源调动和管理);能够影响健康水平的其他部门的管理活动,即便健康并非这些部门的首要目标。

根据世卫组织的观点,医疗卫生系统已超出"为个人提供医疗服务机构的总和"这一概念的范畴,还包括控制各种疾病的国家计划、医疗保险组织、劳动保护和技术安全立法。[1]

俄罗斯医疗卫生系统的机构包括:卫生部、联邦消费者权益保护和公益监督局、联邦的和地区的强制医疗保险基金等。上述机构不在公共医疗服务范围之内,但是如果没有这些机构,俄罗斯医疗卫生系统就无法正常运行。

医疗卫生系统在国家层面开展日常工作之前,国际社会就已经认识到,危险的传染病流行是全球问题,依靠一己之力根本无法解决。我们认为,这是"国家医疗卫生系统"和"全球卫生治理"两个不同的范畴。后者作为不可分割的属性包含社会各界(教育、科学、经济等)专家在卫生领域的国际合作,以制定出应对跨国威胁的共同解决方案。[2]

在全球化时代,医疗卫生系统遇到了严重的挑战。首先,交通运输和新技术的发展便利了人们的跨境流动(如旅游、商务差旅、移民等),同时也加剧了病毒全球传播的风险。其次,大规模的国际商品贸易(包括食品)也是导致病毒和致病细菌广泛传播的另一个风险。再次,温室气体排放导致气候变化,进而导致虫媒传染病及由病原微生物引起的其他疾病蔓延。上述现象表明,必须加强对全球卫生问题的

---

[1] J. P. Narain, N. Dawa, R. Bhatia, "Health System Response to COVID - 19 and Future Pandemics", *Journal of Health Management*, Vol 22, No. 2, 2020, p. 139.

[2] K. Bozorgmehr, "Rethinking the 'Global' in Global Health: a Dialectic Approach", *Globalization and Health*, No. 6, 2010.

研究，重点研究跨国卫生问题及其解决方案。

全球卫生治理理念形成于20世纪90年代，是世卫组织开展工作的基础，该组织在全球卫生领域发挥领导作用。"全球卫生治理"被定义为"各国、政府间组织和非国家机构利用正式的和非正式的制度、规则和程序，解决需要跨境集体行动的卫生问题"①。

尽管经过了几十年的艰苦努力，新冠肺炎疫情这一新的挑战却使全球和各国医疗卫生系统陷入困境。在抗击新冠疫情期间，各国之间紧张的政治局势和过激的民族主义阻碍了在全球范围展开应对疫情威胁的措施。疫情暴露了医疗卫生领域多边合作体系效率低下的问题，因而需要对该领域进行改革。②

根据世卫组织的研究数据，在向该组织提交报告的70个国家中，有36个国家50%以上的基础医疗救助遭遇中断。③实际上所有国家的医疗卫生系统均因近年来床位数量减少而受到严厉的批评。经过疫情，我们可以对为何各国和世界卫生系统不能有效应对疫情威胁作出一些阶段性的结论。

三、各国医疗卫生系统应对新冠肺炎疫情准备不足的原因

大多数发达国家的医疗卫生系统应对新冠肺炎疫情准备不足，其原因是在相当长的时间里这些国家缺乏应对传染性疾病的经验。除了上文已提到的"西班牙流感"，近年来世界上还爆发了其他一些夺去无数生命的危险疾病。

2002—2003年的严重急性呼吸系统综合症（SARS），主要在亚洲

---

① D. P. Fidler, *The challenges of global health governance*, New York: Council on Foreign Relations, 2010.
② WHO and World Bank, " Global Preparedness Monitoring Board, 2020 ", https://www. gpmb. org/docs/librariesprovider17/default - document - library/annual - reports/gpmb - 2020 - annualreport-ru. pdf? sfvrsn=84ef475c_3.
③ "Cause of Death. by Non-communicable Diseases(% of Total)", https://data. worldbank. org/indicator/SH. DTH. NCOM. ZS.

国家流行，造成近10%的患者死亡；2012—2015年的中东呼吸综合症（MERS），主要在中东、欧洲和亚洲一些国家流行，造成近40—50%的患者死亡；2014—2015年的埃博拉出血热在非洲一些国家流行，造成近40%的患者死亡。

上述疾病并没有对全球造成威胁，因为疫情仅涉及有限数量的国家，并且目前已不再具有地区扩散的危险。同时许多专家指出，最近10年遭遇疫情的一些国家和地区（如中国、越南、韩国、中国台湾）为提升传染病防治能力，不仅是简单地增加医院床位，还对传染病防治设施进行了系统的现代化改造。[①] 新冠肺炎疫情的发病率和死亡率统计数据显示，上述国家在疫情中的损失相对较小。[②]

表22显示了2019年高收入国家和低收入国家人口主要死亡原因。在高收入国家，凭借医学和医疗卫生事业取得的成果以及良好的生活条件，大多数发病和死亡病例归因于所谓的"老年病"，如冠心病、阿尔茨海默病、中风等。低收入国家的状况却截然不同，在这些国家传染病导致的死亡病例仍然占居首位。总体上看，2019年全世界致死原因呈如下结构：73.6%为非传染性疾病，18.4%为传染性疾病以及与妊娠和生育有关的疾病，8%为创伤。[③]

表22 2019年全球高收入国家和低收入国家10大人口主要死亡原因

死因顺位	高收入国家		低收入国家	
	病名	类型	病名	类型
1	冠心病	非传染病	新生儿病理症状	传染病

[①] WHO and World Bank, "Global Preparedness Monitoring Board, 2020", https://www.gpmb.org/docs/librariesprovider17/default-document-library/annual-reports/gpmb-2020-annualreport-ru.pdf?sfvrsn=84ef475c_3.

[②] Johns Hopkins University Coronavirus Recourse Center, https://coronavirus.jhu.edu/map.html.

[③] "Physician (per 1000 People)", https://data.worldbank.org/indicator/SH.MED.PHYS.ZS.

续表

死因顺位	高收入国家		低收入国家	
	病名	类型	病名	类型
2	阿尔兹海默病或其他痴呆症	非传染病	下呼吸道感染	传染病
3	中风	非传染病	缺血性心脏病	非传染病
4	气管癌、支气管癌、肺癌	非传染病	中风	非传染病
5	慢性阻塞性肺疾病	非传染病	肠道感染	非传染病
6	下呼吸道感染	传染病	疟疾	传染病
7	结肠、直肠癌	非传染病	交通事故外伤	创伤
8	肾脏疾病	非传染病	结核病	传染病
9	高血压性心脏病	非传染病	艾滋病	传染病
10	糖尿病	非传染病	肝硬化	非传染病

资料来源：世界卫生组织。

与不断扩大的"老年病"治疗需求相比，传染病的威胁逐渐降低，这导致医疗卫生系统的转变。第一，上述发病结构影响了物质资源的再分配，使其向更急需的方面倾斜。如表23所示，大多数发达国家都在有计划地缩减医院床位，同时增加医务人员的数量。

表23　全球部分国家医疗卫生系统发展水平的关键指标

国家	治疗床位（张/10万人口）				医生人数（个/10万人口）		医疗卫生支出在国内生产总值中的占比（%）
	2000年	2018年	重症监护床位	传染病床位	2000年	2018年	2019年
奥地利	800	535	28.9	0.29	380	520	10.4
比利时	670	497	17.4	—	280	600	10.7
英国	410	250	10.5	0.01	400	580	10.2

续表

国家	治疗床位（张/10万人口）				医生人数（个/10万人口）		医疗卫生支出在国内生产总值中的占比（%）
	2000年	2018年	重症监护床位	传染病床位	2000年	2018年	2019年
德国	910	602	33.9	0.05	330	430	11.7
丹麦	430	236	7.8	1.01	290	420	10.0
西班牙	360	250	9.7	0.06	310	400	9.1
意大利	470	259	8.6	0.01	690	800	8.7
中国	170	430	—	—	120	200	5.6
荷兰	490	269	6.7	—	240	370	10.1
挪威	380	313	8.5	0.01	340	490	10.5
韩国	470	708	10.6	—	300	370	8.2
俄罗斯	1140	700	8.2	—	700	440	5.7
美国	350	249	25.8	—	260	260	16.8
法国	800	304	16.3	0.17	650	650	11.0
瑞士	630	361	11.8	—	390	430	11.3
日本	1470	778	5.2	—	190	250	10.7

注："传染病床位"一列中部分数据由研究人员对医疗单位的直接调查获得，带有评估性质。

资料来源：经合组织。

第二，在死亡率及死因构成中占据高位的非传染性疾病，吸引了更多科研关注。SARS和MERS等传染病的暴发只在短期内引起国际社会的关注和对上述病毒的研究兴趣，在疫情结束后1—3年，疫苗的研发已无任何前景。

第三，医疗卫生系统向非传染性疾病的诊断和治疗转移还影响了医学教育，从而也影响了医务人员的配备。在新冠肺炎疫情期间，各国不得不动员所有科室医务人员，并紧急对其进行再培训以补足传染病医生和护理人员的缺口。

四、俄罗斯医疗卫生系统的优化与新冠肺炎疫情的挑战

根据俄罗斯科学院国民经济预测研究所专家评价,俄罗斯卫生系统在应对新冠肺炎疫情期间效率低下。支持这一结论的主要根据是过高的人口死亡率。这一指标反映了新冠肺炎疫情期间死亡的人数(因各种原因死亡,不仅是新冠肺炎所致),与假设没有疫情条件下预期死亡人数的差别。① 截止到2020年5月的统计显示,在这一指标过高的国家中,俄罗斯排在美国、巴西、印度和墨西哥之后,在世界上位居第五位。②

评估应对疫情效率的另一个指标是仅由新冠肺炎造成的死亡率。在俄罗斯该指标是每10万人口244.7例,这个数字高于世界大多数国家,仅低于匈牙利、捷克、意大利和希腊,高于挪威5倍,芬兰4倍,丹麦、以色列和德国1—1.5倍。③

俄罗斯科学院的专家认为,导致俄罗斯医疗卫生系统在每轮疫情中付出沉重代价的主要原因是20年来对卫生系统进行的优化改革。随着医疗卫生的商业化,各医疗网点,首先是医院住院部的数量遭到缩减,造成俄罗斯居民医疗卫生服务可及性下降。如表24所示,在一些乡村和小城镇,综合性医院关闭,医疗诊所的数量却没有增加。初级救护站的数量也大大缩减。

---

① В. Н. Иванов, А. В. Суворов, "Современные проблемы развития российского здравоохранения(Часть 2)", *Проблемы прогнозирования*, Том. 33, No 1, 2022, c. 51.

② "Covid - 19 - the - economist - global - excess - deaths - model", https://github.com/TheEconomist/covid-19-the-economist-global-excess-deaths-model.

③ "University Coronavirus Recourse Center", https://coronavirus.jhu.edu/map.html.

表 24 俄罗斯医疗卫生系统的主要指标

指标	2004 年	2011 年	2020 年
综合性医院的数量（个）	9847	6343	5065
医疗诊所的数量（个）	22 084	16 262	22 891
每日到医疗诊所就医人次（人次/万人）	251	261	284
急救站数量（个）	3266	2912	2113
初级救护站数量（个）	—	35 043	33 618
医生数量（人/万人）	48	51	50
护理人员数量（人/万人）	108	107	102
医院床位数量（张/万人）	112	94	81

资料来源：俄罗斯联邦国家统计局。

表 23 中统计的大多数发达国家都出现了缩减医院床位的趋势，但是这些国家的优化程度没有达到俄罗斯这样的规模。此外，这些国家对医疗卫生给予较多的财政支持，2019 年为国内生产总值的 8%—11%，而俄罗斯仅为 5.7%。因此，上述国家的综合性医院和医疗诊所配备了高科技诊断和治疗设备，并广泛使用现代化医疗技术；而俄罗斯因对医疗卫生领域财政拨款不足，医疗机构的设施显现出严重的区域性不平衡。

必须指出，表 23 中许多国家每 10 万人配备的医生数量在不断增长，门诊医疗环节也相应加强，这在某种程度上弥补了医院病床减少的短板。而在俄罗斯，根据俄官方统计数据（表 24），该指标略有增长（每万人仅增 2 名医生）。而根据世界银行数据（表 23），俄罗斯每 10 万人医生数量从 700 人缩减到 440 人。[1]

同时我们注意到，与其他国家相比，俄罗斯存在大量专业面较为局限的医师，但是门诊部的医生明显匮乏，这导致很多患者无法得到及时、专

---

[1] "Cause of Death, by Non-communicable Diseases (% of Total)" https://data.worldbank.org/indicator/SH.DTH.NCOM.ZS; "Physicians (per 1000 People)", https://data.worldbank.org/indicator/SH.MED.PHYS.ZS. 笔者比对其他指标没有发现明显差异。

业的救治，给居民健康带来不良后果。

俄罗斯削减医院部门的另一个因素是2012年下达的"五月总统令"。根据这项总统令，全部医务人员（医辅人员、医技和护理人员、医师）的薪酬大幅度增加。正如俄罗斯科学院专家所说，薪酬的增长不是由于医疗卫生的财政经费增加，而是得益于医疗卫生系统的优化。①

五、俄罗斯国家医疗卫生系统应对新冠肺炎疫情的措施

为充分了解应对新冠肺炎疫情措施的效果，显然需要研究俄罗斯采取的所有综合性措施。这些措施包括：在一定时期实行全面封控或者部分封控如限制社会交往、自我隔离、关闭教育和国家机构及商业娱乐网点、限制工业企业和服务行业运营；数字化追踪密接人员；禁止出入境；对人员采取两周隔离检疫，以阻止新冠肺炎疫情传播扩散。② 这些措施主要属于州和地区一级政府的职权范围。我们在本文研究中的任务是确定在国家层面，特别是俄罗斯的医疗卫生系统所采取的措施。

在疫情暴发初期，医疗卫生机构的首要任务是维持重症病人的生命。为实施这一措施，必须为病人提供隔离病床、医护人员，以及相关诊疗设备。一方面，由于缺少足够数量的传染病病床，医疗机构采取了应急措施，对许多医疗单位进行改造，作为临时新冠肺炎传染病医院。

比如在莫斯科，为治疗新冠肺炎感染者腾出了3万张床位（分布在市属医院、联邦医院及私人诊所）。在展览馆和体育场馆还预留了1万张床位。对60多家医疗机构进行改造，以备在疫情高峰期专门为新冠病人提供医疗救护。③ 在圣彼得堡，为新冠病人准备了近1万张病床，其中大多数

---

① В. Н. Иванов, А. В. Суворов, "Современные проблемы развития российского здравоохранения(Часть 2)", *Проблемы прогнозирования*, Том. 33, № 1, 2022, с. 51.

② "Эпидемия коронавируса: реагирование национальных систем здравоохранения", https://ach.gov.ru/upload/pdf/Covid-19-health-fin.pdf.

③ "Ракова рассказала о достижениях москвы в борьбе с пандемией", https://mosgorzdrav.ru/ru-RU/news/default/card/5771.html? ysclid=lknx70c38b760637294.

床位得益于医院改造。会展中心搭建了有 2000 张床位的临时医院。[1] 在新冠肺炎疫情暴发前，圣彼得堡全市共有 4 家传染病医院，疫情高发时为救治新冠病人，又对包括联邦级医院在内的 24 家医院进行了改造。[2] 在其他地区也采取了类似措施，尽一切可能救治新冠病人。在疫情高发期，俄罗斯各地区共部署了 17.7 万张医院病床。[3]

另一方面，新冠肺炎疫情背景下，世界各国均出现传染病学专家奇缺现象，医疗卫生系统为此采取紧急措施扩大医护人员队伍。与世界各国一样，俄罗斯也实行了临时方案，一是医护人员支援新冠肺炎定点救治医院。根据俄联邦政府官方数据，全国共有门诊和住院部的 140 余万名医护人员接受了救治新冠病人的培训。[4] 此外，统筹调配各地医护人员，以保证疫情严重地区有足够的医疗骨干。在疫情暴发期间，莫斯科医疗单位派出 300 多名专家支援俄罗斯 14 个地区开展为期两周的疫情防控工作。[5]据统计，参加机动医疗队工作的直属卫生部医疗单位就有 32 家。[6]

二是招募曾中断医疗工作或没有获得相应资质证书（有效期 5 年）的人员。[7]这些人员必须按照短期培训大纲接受培训，作为实习医生在专科医生的监督下工作。

三是一些退休的医生被重新聘用。在开始大规模接种新冠疫苗阶段，俄联邦卫生部安排退休的老年医务工作者重返工作岗位，从事接种新冠疫

---

[1] "В Петербурге расконсервировали ковид-госпиталь в《Ленэкспо》", https://www.rbc.ru/rbcfreenews/60a77bd99a79477c005a8086.

[2] "К концу недели в Петербурге будет развернуто 10 тысяч коек под COVID-19", https://www.gov.spb.ru/press/governor/216850/.

[3] Стопкоронавирус.рф, https://xn--80aesfpebagmfblc0a.xn--p1ai/.

[4] 同[3]。

[5] "Более 300 московских врачей во время пандемии помогали регионам в борьбе с covid-19 с мая 2020 года", https://mosgorzdrav.ru/ru-RU/news/default/card/6378.html?ysclid=lknx15109d543327545.

[6] 同[3]。

[7] "Медикам без аккредитации разрешили лечить пациентов с COVID-19 до 1 июля", https://www.pnp.ru/social/medikam-bez-akkreditacii-razreshili-lechit-pacientov-s-covid-19-do-1-iyulya.html.

苗的工作。①

四是临时抽调医学专业的学生和教师。大多数欧洲国家也利用了这个机会，比如高薪招聘医疗人员、为医学院毕业生入职医院提供便利②，使其提前获得专业资格等。

第三个方面是新冠肺炎诊断和治疗所需的设备和耗材面临紧缺。在疫情暴发初期，全世界出现医疗用品的全面匮乏现象，如呼吸机、个人防护装备（医用口罩、免洗消毒液等）。比如，美国医疗机构不得不重复使用一次性口罩；英国由于缺乏个人防护装备，只得降低对医务人员的防护要求。③ 因此，个人防护装备一时成为疫情中的第一需要。许多国家对此类商品实行出口限制，并积极调动国内的生产能力。

俄罗斯在疫情发生的头两个月与世界大多数国家一样缺乏个人保护用品。鉴于这种状况，俄罗斯于2020年3月2日起实行部分种类医用产品的出口禁令，④ 有效期至2020年4月30日。当时俄罗斯国内医用口罩价格差异悬殊，一些地区口罩单价在17—65卢布不等。⑤ 根据俄联邦工业和贸易部数据，自疫情开始以来，俄罗斯医用口罩的产量增长超过30倍，从平均每天生产60万只增长到1900万只。该生产领域的企业数量由18家增至86家。⑥

从疫情暴发起，拥有高科技储备的国家就启动新冠疫苗的研发工作。

---

① "Мурашко предложил пожилым врачам и медсестрам вернуться на работу", https://www.vedomosti.ru/society/news/2021/10/14/891164-murashko-prizval-ushedshih-na-pensiyu.

② "Медикам без аккредитации разрешили лечить пациентов с COVID‐19 до 1 июля", https://www.pnp.ru/social/medikam-bez-akkreditacii-razreshili-lechit-pacientov-s-covid-19-do-1-iyulya.html.

③ "Эпидемия коронавируса: реагирование национальных систем здравоохранения", https://ach.gov.ru/upload/pdf/Covid-19-health-fin.pdf.

④ 限制令涉及以下医用产品：面罩、防护眼镜、口罩、面罩滤网、化学防护套装和工作服、医用长衫、医务人员套装、皮靴、绷带、药棉、纱布、手套、消毒剂和抗病毒剂、呼吸机等。

⑤ "Минпромторг назвал регионы с дефицитом медицинских масок", https://www.kommersant.ru/doc/4342700.

⑥ "Объем производства масок в России вырос в 20 раз", https://rg.ru/2020/12/07/obem-proizvodstva-masok-v-rossii-vyros-v-20-raz.html.

值得指出的是，疫情开始前，世界疫苗及其成分的生产主要集中在发达国家。根据世卫组织数据，在新冠肺炎疫情前，世界疫苗市场的90%受四大跨国公司控制——英国葛兰素史克，美国辉瑞，德国默沙东和法国赛诺菲。① 由于进入该行业的门槛很高，在疫情暴发前，这些公司无须为竞争担忧。然而，新冠肺炎疫情改变了疫苗生产的地理分布，中国、印度、俄罗斯、巴西、南非和墨西哥开始研发国产疫苗。其中一些国家（如中国、俄罗斯）在保障本国供给的同时，还大量向国外出口。表25 显示了世界新冠疫苗生产和出口情况。

表25　2021 年生产和出口新冠疫苗的领先国家

国家	疫苗生产剂量（万剂）	疫苗出口剂量占生产剂量比重(%)	疫苗出口剂量占世界总出口剂量比重(%)
中国	532 880（41.2%）	31.9	33.7
欧盟	309 380（23.9%）	64.0	39.3
印度	213 640（16.5%）	5.8	2.4
美国	129 710（10.0%）	55.1	14.2
俄罗斯	27 220(2%)	37.6	2.0
韩国	20 630	88.8	3.6
巴西	14 920	0.0	0.0
墨西哥	10 630	34.0	—
南非	8700	86.5	1.5
日本	6390	99.8	1.3
其他国家	17 760	—	1.9

注：括号内数据表示占世界生产剂量的比重。
资料来源：国际货币基金组织、世界贸易组织、世界卫生组织、世界银行。

俄罗斯制造的"卫星-V"疫苗是首款在世界上正式注册的新冠疫

---

① F. Lobo, *Restructuring the Global Vaccine Industry*, Geneva: South Centre, 2021.

苗（2020年8月11日）。根据至2022年2月的官方数据，如表25所示，俄罗斯疫苗在产量和出口方面世界排名第五，占世界新冠疫苗供应量的2%，占世界同类疫苗出口量的2%。近40%的俄产疫苗出口国外，覆盖阿根廷、哈萨克斯坦、印度、阿联酋和墨西哥等71个国家。

2021年世界所有国家都加快了新冠疫苗接种的速度，世卫组织提出的全球40%人口接种疫苗的目标已经达到。截至2022年3月，世界57%的人口（44.5亿人）已完成疫苗的全程接种。然而，在不同地区接种疫苗的机会极不平衡。在非洲大多数国家疫苗接种率很低，截至2021年12月底，非洲疫苗接种率只达到10%。[1] 在这种疫苗接种水平的巨大差异下甚至出现了一个特殊的术语"疫苗种族隔离"，用以表示发达国家与发展中国家（特别是非洲国家）在疫苗可及性方面的分化。捐献给非洲大陆的疫苗大都临近有效期，按照国际关系问题专家卡文斯·阿德希尔的观点，这是"发达国家深思熟虑的政治决定"[2]。

国际社会应对新冠肺炎疫情的复杂性还在于，研究人员尚未得出结论：需要多少人口接种疫苗和（或）感染新冠肺炎后才可以获得"群体免疫"。[3] 此外，由于病毒的不断变异（如德尔塔和奥密克戎毒株），即便接种过疫苗的人群也可能再度被感染。

六、俄罗斯国家医疗卫生系统应从新冠肺炎疫情中吸取的经验教训

第一，新冠肺炎疫情凸显了增加对医疗卫生系统财政拨款的必要

---

[1] "10 млн случаев COVID - 19 в Африке указывают на необходимость упрочить глобальную солидарность в борьбе с пандемией", http://russian.news.cn/2022 - 01/10/c_1310416173.htm.

[2] 同[1]。

[3] 比如，要保证对麻疹的集体免疫，需有95%的人口接种疫苗。对于脊髓灰质炎，极限免疫水平应接近80%。参见："Вопросы и ответы: коллективный иммунитет, меры самоизоляции и COVID-19", https://www.who.int/ru/news-room/questions-and-answers/item/herd-immunity-lockdowns-and-covid-19。

性。疫情造成的损失达数万亿美元，而备灾开支达数十亿美元。① 长期以来，医疗卫生事业一直未被列入国家战略要务清单。疫情表明，对医疗卫生的支出，特别是对初级卫生保健的经费应大幅增加。

第二，必须对传染病监控和预警系统进行现代化改造。医疗卫生系统所有环节应由国家统一协调，并由国家接管重要药品和关键技术的供应链，提高实验室的研发潜力。现代化改造方案只有在工作人员或者人力资源充足的条件下才能够全部实现，应确保这些人员在密接者追踪、病例处置、传染病预防和监控等方面训练有素。

第三，在个人防护装备和新冠肺炎诊断器材生产等医用工业领域必须保证自给自足。疫情初期世界各国出现的个人防护装备和检测试剂短缺表明，医用口罩、呼吸防护面罩等个人防护装备应超前生产，以确保在传染病流行时对民众和医务人员提供有效的保护。

七、结论

综上所述，应该指出，俄罗斯应对新冠肺炎疫情效率低下的主要原因之一是过去几十年来对医疗卫生系统的优化欠妥，如缩减包括传染病防治所在内的医院数量、缩减医院床位数量，以及缺乏初级医疗保健医生等。同时还必须指出，俄罗斯民众在疫情防控期间对限制措施的不重视加重了俄罗斯新冠肺炎发病率和病死率。但这些问题不属于医疗卫生系统的管辖范围，而是城镇政府的管控问题。

俄罗斯与世界各国一样采取各种措施动员医疗卫生资源，包括对现有医院进行改造以接收新冠患者、部署临时野战医院、对医务人员进行再培训、提高医务人员的薪酬待遇等。

此外，自从新冠疫苗②投入使用后，迫切需要采取各种可行的方法

---

① WHO and World Bank, "Global Preparedness Monitoring Board, 2020", https://www.gpmb.org/docs/librariesprovider17/default－document－library/annual－reports/gpmb－2020－annualreport-ru.pdf? sfvrsn=84ef475c_3.

② 俄罗斯国内批准使用多款国产疫苗,民众接种最多的是加马列亚国家流行病及微生物学研究中心研发的"卫星－V"疫苗。

动员民众接种疫苗。与许多国家相比，俄罗斯的疫苗接种率很低。截至 2022 年 3 月 29 日，只有 50.5% 的人群接种了两剂次疫苗。相比之下，中国同类指标为 87.9%；韩国为 85.9%；大多数欧盟国家为 75%—80%。①这些统计数据表明，俄罗斯对新冠疫苗接种计划组织实施不力。

总之，只依靠推进医疗卫生系统现代化和增加财政拨款，对战胜当前和今后的流行病还是远远不够的。每一位公民的责任心和态度，以及对国家领导人决策的信任起着关键性作用。

本文译者：李东生
中国保利集团保利科技有限公司商法部原总经理，俄罗斯语言学硕士
副译审

---

① "Работа для улучшения здоровья всех и везде"，https：//www.who.int/ru/about.

新冠肺炎疫情对税收的影响：
世界经验与俄罗斯立场

亚历山大·波戈尔列茨基[*]

【摘要】 无论是在整个人类历史上，还是在2020—2022年的新冠肺炎疫情大流行期间，税收与税收政策的演变都受到疾病的极大影响。在疫情的影响下，俄罗斯的税收政策也发生了转变。在新的动荡时期，带有反制裁特征的俄罗斯税收政策在应对疫情的经验基础上，将税收工具的作用定位在了刺激经济发展的方向上。

【关键词】 应对疫情财政措施；新冠肺炎疫情；税收政策；税收创新；征税

一、引言

自2020年新冠肺炎疫情暴发以来，世界形势就一直在迫使我们思考，人类将会伴随着怎样的财政与税收政策进入后疫情发展阶段。在疫情出现之前，世界上大多数国家和地区的经济增速就开始放缓，同时还伴随着贸易战、制裁、国家及国家集团间冲突加剧等去全球化趋势。与此同时，全球债务总额也在不断攀升。这些问题都需要尽早予以解决。疫情使公共财政的情况不断恶化，各种应急的货币政策和财

---

[*] 亚历山大·波戈尔列茨基（Александр Игоревич Погорлецкий），经济学博士，圣彼得堡大学世界经济系教授。

政政策导致了大量的现金和低息贷款涌入经济领域,使得预算赤字大幅上升,公共债务不断增加。在新冠肺炎疫情蔓延的时代,税收政策应具有什么样的特点?在后疫情时代,税收政策的主要发展方向又是什么?这些都是值得详细研究的议题。在本文中,我们将从历史视角和现实情况出发,描述疫情对税收政策的影响,然后重点总结疫情时期世界与俄罗斯的税收经验。

二、疫病流行与税收演化:历史周期与重要的税收制度创新

如表26所示,在人类历史中,曾暴发过几次大规模的流行病,其死亡人数超过了100万。在古代、中世纪和近现代,大多数流行病的暴发都给当时的技术、政治、经济和社会刻上了明显的印迹。虽然流行病的大规模暴发对地球上的大多数人来说是致命的,但它同时也引发了基于新技术、管理方式和国家制度变革的社会发展模式的演变,其中就包括税收政策和税收制度的变革与创新。

表26 按照死亡人数和波及范围统计的历史上几次最严重的疫情

历史时期	疫情及其所处时间段
古代	安东尼瘟疫(165—180年)
中世纪	查士丁尼瘟疫(541—750年) 中世纪黑死病(1331—1353年)
近现代	大瘟疫(1654—1714年) 第一次霍乱大流行(1817—1824年) 第二次霍乱大流行(1826—1837年) 第三次霍乱大流行(1852—1860年) 第三次瘟疫大流行(1882—1927年) 俄罗斯流感(1889—1890年) 西班牙流感H1N1(1918—1920年)

续表

历史时期	疫情及其所处时间段
当代	亚洲流感 H2N2（1957—1958 年） 香港流感 H3N2（1968—1970 年） 猪流感 H1N1（2009—2010 年） 艾滋病（1980 年—至今） 新冠肺炎疫情（2020 年年初—至今）

资料来源：作者根据维基百科整理。

表 27 中总结了人类历史上数次严重疫情对税收制度演变的影响。需要指出的是，虽然当代疫情死亡率的统计数据触目惊心，[①] 但也只有新冠肺炎疫情留下了与税收和税收征管有关的记录。本次新冠肺炎疫情催生的税收创新与技术经济方式转变、政府监管及公众意识转变相契合，在人类反危机税收和税收征管工具箱中占有一席之地，可与过去的鼠疫、天花、霍乱和西班牙流感等可怕的瘟疫在税收史中的重要性相提并论。

表 27 人类历史中的疫情与税收制度演变

疫情	死亡人数	世界的技术、社会、政治和结构的变迁	疫情对经济与社会产生的影响	疫情催生的税收制度创新
安东尼瘟疫（165—180 年）	700 万—1000 万	以奴隶制为基础的技术经济范式出现危机，对外贸易扩张，手工业发展，国家领土结构和法律制度形成	罗马帝国开始衰落，金融危机爆发，蛮族部落被同化，精神堕落，一神论宗教崛起（包括基督教）	财政联邦制初见端倪（通过税收体系建立中央和地方间的财政联系），罗马法理论与实践相结合为税法的出现奠定了基础

[①] 例如，在 20 世纪下半叶亚洲和香港的两次流感中，死亡人数约为 200—700 万人（"1957 flu pandemic"，https://www.britannica.com/event/1957-flu-pandemic；"1968 flu pandemic"，https://www.britannica.com/event/1968-flu-pandemic），而死于艾滋病的人数超过了 3000 万（"ИНФОРМАЦИОННЫЙ БЮЛЛЕТЕНЬ 2023 г."，https://www.unaids.org/sites/default/files/media_asset/UNAIDS_FactSheet_ru.pdf）。

续表

疫情	死亡人数	世界的技术、社会、政治和结构的变迁	疫情对经济与社会产生的影响	疫情催生的税收制度创新
查士丁尼瘟疫（541—750年）	1500万—1亿	拜占庭帝国经济衰退（城市和乡村遭到破坏），国家宗教基础得到巩固	西罗马帝国崩溃，地中海区域人口灾难爆发，伊斯兰教诞生，世界上最古老的医院成立（巴黎主宫医院于651年成立，至今仍在运营）	开始按收入比例征收教会税（所得税的前身），伊斯兰税收模式出现
中世纪黑死病（1331—1353年）	1亿—2亿	人口减少导致劳动力成本增加，长期战争导致财政负担加大	劳动力资源匮乏，土地重新分配，富人追求奢靡和放荡不羁的生活，教会影响力增强	税收个人化（人头税、奢侈税），教会什一税管理集中化，对外贸给予税收优惠
"大瘟疫"（1654—1741年）	130万	实行城市自治，出现人口统计和复式簿记（为测算收入提供了新技术）	手工业和贸易迎来大发展，城市化与货币流动加速，大规模移民和奴隶贸易弥补了人口损失	税收理论诞生与发展（威廉·配第），税收体系更加科学、管理集中化，引入收费医疗
19世纪—20世纪初的流行病（霍乱、天花、鼠疫、流感）	超过6000万	开展工业革命，废除奴隶制，爆发大规模的战争、冲突、起义和革命	大规模生产和城市化，包括医疗卫生在内的公共基础设施得到发展	通过常规收费和准税收（按企业社会责任分类）为医疗（包括抗疫）筹集资金

续表

疫情	死亡人数	世界的技术、社会、政治和结构的变迁	疫情对经济与社会产生的影响	疫情催生的税收制度创新
新冠肺炎疫情（2020年年初）	到2022年春天600万—1800万	新技术经济范式兴起（数字化、自动化、智能化），地缘政治矛盾与冲突加剧，贸易战、货币战和技术战胶着，收入两极分化严重	"大隔离"：经济活动暂停，全球生产体系和交通运输中断，贸易与旅游停止，文体活动取消，社会疏离，经济利己主义抬头，数字监控普及，卫生系统出现危机，公共支出剧增	税收与税收监管数字化（实施远程税务稽查、引入公民税收分级制、改变数字企业所得税征收方法），提高国内与国际业务的税收透明度，取消国外投资者的税收优惠和特权

资料来源：Pogorletskiy A. I., Söllner F. Pandemics and Tax Innovations: "What Can We Learn from History?" *Journal of tax reform*. Vol. 6, No. 3, 2020, p. 275。

在下文中，我们将考察税收与税收征管在新冠肺炎疫情时期的变化，并总结2020—2021年间，全球和俄罗斯税收政策实践的特点。

三、新冠肺炎疫情影响下的国家与国家间税收监管变化

到21世纪10年代末，由地缘政治因素引发的不确定性和动荡明显加剧，随之而来的是大规模贸易战的爆发（主要包括中美贸易战以及俄罗斯和西方国家间的贸易关系紧张）。这些变化势必对全球发展产生影响，到2019年年末，全球经济总量增速和国际贸易额的增长都有所放缓，同时全球制造业的发展也明显趋于冷淡。[1] 21世纪20年代初的情况比预期还要差。2020年年初新冠肺炎疫情在全球范围内蔓延，成为全球新经济危机的导火索。"全球大隔离"导致国家间经济联系中

---

[1] "Tentative Stabilization, Sluggish Recovery?", https://www.imf.org/en/Publications/WEO/Issues/2020/01/20/weo-update-january2020.

断,全球生产体系崩溃,商业活动和就业岗位急剧减少,证券市场和大宗商品市场都出现衰退,企业与家庭的收入、投资和消费都在下降,世界经济陷入了一场灾难之中。

测算结果显示,2020年全球经济总量下降了3.3%①,国际贸易规模同期下降了近三分之一②,全球失去了大约2亿个③工作岗位。与此同时,全球生产体系也遭到了破坏。在疫情之前,中国在这一体系中占有重要地位,④而在2020年的第一季度,由于检疫和关闭边境,中国是第一个停止向其贸易伙伴提供制成品和零部件的国家。另一方面,在2020年3月,欧洲、北美和东亚国家也实施了大规模的防疫措施,导致了全球生产、旅游和交通运输的停滞。按照国际货币基金组织专家的评估,2020年的"全球大隔离"带来的负面影响已经超过了2008—2009年全球金融危机造成的损失。⑤显而易见,在新冠肺炎疫情暴发初期,世界经济亟需一剂强心针,以遏制危机的发展势头,推动各国经济重回增长轨道。

为了稳定经济局势,世界各国在国际组织的支持下,都实施了规模空前的经济刺激计划。在这其中,既有为企业与家庭提供贷款和增加资金流动性的货币政策措施,也包括了增加预算支出、减免税收的各类财政政策工具。按照世界经济论坛专家的观点,在2020年4月之前,货币政策被证明是最有效的,⑥但随着世界主要国家的利率趋近于

---

① "GDP Growth (annual)",https://data.worldbank.org/indicator/NY.GDP.MKTP.KD.ZG.

② "Trade Set to Plunge as COVID-19 Pandemic up ends Global Economy",https://www.wto.org/english/news_e/pres20_e/pr855_e.htm.

③ "COVID-19 and the World of Work. Second edition",https://www.ilo.org/wcmsp5/groups/public/---dgreports/---dcomm/documents/briefingnote/wcms_740877.pdf.

④ "Managing COVID-19: How the Pandemic Disrupts Global Value Chains",https://www.weforum.org/agenda/2020/04/covid-19-pandemic-disrupts-global-value-chains/.

⑤ "The Great Lockdown: Worst Economic Downturn Since the Great Depression",https://blogs.imf.org/2020/04/14/the-great-lockdown-worst-economic-downturn-since-the-great-depression/.

⑥ "Антикризисным мерам рекомендовано упрощение. Эксперты ВЭФ оценили поддержку от правительств и центробанков",https://www.kommersant.ru/doc/4321381.

零，货币政策工具的潜力实际上已经枯竭。因此，在后续阶段，财政刺激被认为是应该得到优先考虑的反危机工具，其一揽子措施的巨大价值也在世界范围内得到了证明。仅在疫情初期阶段，全球财政刺激的规模就达到了8万亿美元①，而到2020年年底，这一数字已经扩大到了13万亿美元②。在这种情况下，世界经济论坛的专家指出，有必要在跨国层面上对财政调控进行协调。③

在意识到新冠肺炎疫情所带来的灾难性后果后，各个国际组织纷纷提出了国家税收管理改革的相关建议。在这其中，作为国际税收合作的重要组织——经合组织在2020年3月2日提出建议，对受疫情影响最严重的经济部门实行税收减免。④ 联合国秘书长古特雷斯于2020年3月25日向二十一国集团国家领导人发出呼吁，建议各国启动协调一致的一揽子刺激措施，其中就包括了减税和税收优惠计划。⑤ 2020年3月26日举行的二十国集团线上峰会再次强调了采取此类措施的必要性，并第一次提出了在全球疫情暴发形势下税收应对的主要方向。⑥

最初，经合组织计划将2020年作为全球高技术企业税收改革的关键一年，这些高技术企业提供远程数字产品和服务。⑦ 按照最初的设想，对这一计划有兴趣的国家应在年底前提交议案，确定该国是否有

---

① M. Jamrisko and G. S. Hunter, "When ＄8 Trillion in Global Fiscal Stimulus Still Isn't Enough", https：//www. bnnbloomberg. ca/when‐8‐trillion‐in‐global‐fiscal‐stimulus‐still‐isn‐t‐enough‐1. 1425600.

② "コロナ対策、世界で1300兆円 終息にらみ環境手厚く", https：//www. nikkei. com/article/DGXZQODB228US0S0A221C2000000/.

③ " Антикризисным мерам рекомендовано упрощение. Эксперты ВЭФ оценили поддержку от правительств и центробанков", https：//www. kommersant. ru/doc/4321381.

④ "Press Conference with Laurence Boone, OECD Chief Economist", http：//www. oecd. org/economic‐outlook/.

⑤ "Генсек ООН призвал страны G20 создать мощный пакет мер против угроз коронавируса", http：//www. finmarket. ru/news/5199096.

⑥ "Страны G20 будут единым фронтом бороться с социальными и экономическими последствиями пандемии", http：//www. finmarket. ru/news/5201253.

⑦ "OECD Leading Multilateral Efforts to Address tax Challenges from digitalisation of the economy", https：//www. oecd. org/tax/beps/oecd‐leading‐multilateral‐efforts‐to‐address‐tax‐challenges‐from‐digitalisation‐of‐the‐economy. htm.

可能从基于物理存在规则（联结度规则，nexus rules）征税转变为基于产品交付到其消费国的事实征税。在疫情期间，提供传统商品和服务的企业收入锐减，甚至破产，而跨境远程线上运营的企业和通信设备制造商的利润则大幅上涨，这是因为在居家隔离和远程工作的条件下，对通信设备的需求显著上升。在这样的背景下，经合组织的改革计划就更具现实意义了。

在表 28 中，我们对疫情背景下国家和跨国层面上的各类税收调控措施的一般性特点进行了描述。需要注意的是，所列出的税收调控措施并非前所未有的。实际上，它们曾在东南亚国家摆脱 2003 年 SARS 疫情以及 2008—2009 年全球金融危机与"大衰退"的过程中得到了全部或部分地应用。

表 28　新冠肺炎疫情背景下税收调控措施的一般性特点

时间段与特点	税收调控措施：已使用和待使用的
前疫情阶段的情况（2020 年年初之前）：地缘政治对抗和贸易战导致世界经济体系的发展和各国经济增速放缓	■为刺激经济增长与提高税收透明度制定了国家与国际税收应对措施： ·修改国家税制（美国 2017—2018 年税制改革，2019 年日本销售税改革，2019 年俄罗斯增值税和消费税调整）； ·在二十国集团和经合组织支持下落实 BEPS 计划①（防止跨国公司激进型税收筹划）； ·制定跨境电子交易收入征税的框架规则（OECD） ■借鉴以往危机和疫情期间的税收调控经验： ·2003 年的 SARS 疫情：为受疫情影响的行业提供税收优惠（客运航空与东南亚旅游部门）； ·2008—2009 年的"大衰退"：减税刺激经济发展（降低所得税和增值税税率，刺激生产和消费增长），同时增税以维持政府财政正常化（提高高收入群体的个人所得税税率，提高消费税和增值税税率），打击偷税漏税，反对国内和国际两个领域内企业和个人避税

---

① BEPS(Base Erosion and Profit Shifting)，指实施方在防止跨国公司侵蚀税基或将利润转移到税收管制较为宽松地区的措施。——译者注

续表

时间段与特点	税收调控措施：已使用和待使用的
新冠肺炎疫情期间（始于2020年2—3月）："全球大隔离"导致世界经济与各国国内经济活动急剧萎缩	■税收刺激的主要方向： ·生产活动； ·消费需求（降低消费领域税收的税率，包括增值税、销售税和消费税） ·受疫情影响最大的行业（运输与物流、旅游与酒店、零售、文体娱乐、餐饮、教育）； ·中小企业； ·自由职业者 ■增加政府税收收入的财政措施： ·提高现有税率并引入新税种； ·解除先前签署的税收协定下的义务，不再为汇出的被动收入（股息、利息和特许权使用费等）提供税收优惠； ·加强对纳税人个人收入、交易和财产的监控（充分利用数字监管平台），提高税收征收率 ■为国家经济复苏与投资活动提供税收激励： ·在国家经济进入稳定的恢复增长轨道期间，降低利润、财产和消费税率； ·为初创企业和中小企业提供税收优惠（免税期）； ·为创造新就业岗位的活动提供税收优惠，尤其是对存在大规模失业人口地区； ·在国家经济恢复阶段，减轻自由职业者的税收负担（或完全免税）； ·为在经济萧条地区开展进口替代生产或雇佣当地人员生产的外国投资者提供税收优惠 ■对国家医疗卫生系统提供税收优惠，包括： ·诊断、医疗、康复、医学科研与教育机构； ·医疗卫生设备与耗材的制造商和供应商； ·为公共采购供应药品和原料药的制药公司； ·医疗卫生场所建设和医疗设备安装； ·医务人员（对其购买或租赁住房提供税收减免，为私车公用提供补偿等）； ·医疗领域的研发活动（设备加速折旧优惠，降低医学研究捐赠的税收）

续表

时间段与特点	税收调控措施：已使用和待使用的
后疫情恢复阶段：在预算赤字和政府债务不断增长，以及地缘政治冲突和贸易战可能长期持续的背景下世界经济和国家经济的复苏式增长	■提高政府税收收入的财政措施： ·提高高收入阶层的个人所得税税率； ·继续推广税收征管数字化； ·继续开展国际税务合作，打击偷税漏税和不透明的避税机制 ■在强化国家经济安全的框架内提高保护性税收壁垒： ·为发展进口替代生产提供税收激励； ·取消对实施封锁政策国家供应商和投资者的税收优惠

资料来源：Погорлецкий А. И., "Изменения в национальном и межгосударственном налоговом регулировании под влиянием пандемии коронавируса Covid-19"，*Международный экономический симпозиум* — 2020. Материалы международных научных конференций，*Устойчивое развитие：общество и экономика*，*Соколовские чтения*. Бухгалтерский учет：взгляд из прошлого в будущее，СПб.：Санкт-Петербургский государственный университет，2020. C. 370-377。

在疫情期间，税收调控机制的作用主要集中在两个方面：一是激励企业的生产和投资活动，保护现有工作岗位并创造新的就业机会，同时鼓励消费；二是通过税收来建立国家财政收入基础。很明显，一方面，在经济低迷时期，企业收入下降，为减少生产成本往往裁员减薪，从而导致就业岗位减少，消费需求萎缩，此时税收刺激的作用就在于保护企业，并为后疫情时期的经济复苏保存工作岗位，如果税收负担适度，就会为未来的经济加速增长提供动力。另一方面，危机时期，通过减免税收，政府财政支出和公共债务会大幅提升，而随着形势好转，适度增加税收又会在减少政府财政赤字和债务等方面发挥积极作用。

合理地平衡税收的激励作用和财政作用并非易事，在危机时期如此，在平常时期亦是如此。税收优惠可以刺激企业投资和家庭消费，同时税收也可以保障政府履行其完整的职能，后者需要一个国家有稳定的财政基础，税收收入恰恰是该基础中重要的组成部分。正因如此，无论是俄罗斯，还是在其他任何地方，税收的激励作用和财政作用都能找到用武之地。

在疫情初期，俄罗斯使用了一套综合性的税收调控工具，其中既包括临时刺激措施（如 2020 年推迟企业缴纳增值税与社会税费等多项税款），也包括长期财政税收计划（如提高高收入群体的个人所得税税率，开征新的税种，对银行存款征税等）。表 29 中显示了俄罗斯针对企业与自然人的各种具体税收措施。

表 29　新冠肺炎疫情第一阶段（2020 年春夏）俄罗斯税收法规的主要变化

纳税主体	主要税收措施变化
企业	免除 2020 年第二季度受疫情影响的中小企业和非商业机构的税收和保险费
	自 2020 年 4 月 1 日起，（无限期）将中小企业的保险费率从 30% 降至 15%
	对为预防、诊断和治疗新冠肺炎而无偿转让给国家的财产免征增值税
自然人	对因工作环境特殊和为居民提供公共服务额外加重工作负担的工作人员所获奖金免征个人所得税
	2019 年缴税的自由职业者可申请退税
	从 2021 年起，将高收入阶层（超过 500 万卢布）的个人所得税税率提高到 15%
	从 2021 年起，对超过 100 万卢布银行存款的利息收入征税

资料来源：http://www.consultant.ru/document/cons_doc_LAW_332619/。

除此之外，俄罗斯应对新冠疫情税收调控的重点也放在了国家税收政策的外部组成部分。例如，与塞浦路斯、荷兰、瑞士和卢森堡等俄罗斯主要投资来源国修订了国际税收协定条款。这些外国公司于俄罗斯境内取得的被动收入（如股息和利息）的税款扣除比例由 0%—

5%的优惠税率,修改为按照俄罗斯国内税率征收——股息为15%,利息为20%。

应该指出的是,到2020年年底,由于税收调控措施运用得当,俄罗斯经济遭受的损失远低于部分发达和发展中国家。按照世界银行的测算,2020年,俄罗斯国内生产总值下降了4%,预算赤字占国内生产总值的4.6%,[①] 而根据国际货币基金组织的统计,俄罗斯的公共债务占到了国内生产总值的19.1%。[②] 如图24所示,2020年,俄罗斯政府应对疫情的财政支出总额约占国内生产总值的4%,在二十国集团成员国中排位靠后。这样看来,在2020年,俄罗斯的经济和公共财政虽然也受到了新冠肺炎疫情的冲击,但并不像二十国集团其他国家那样严重。

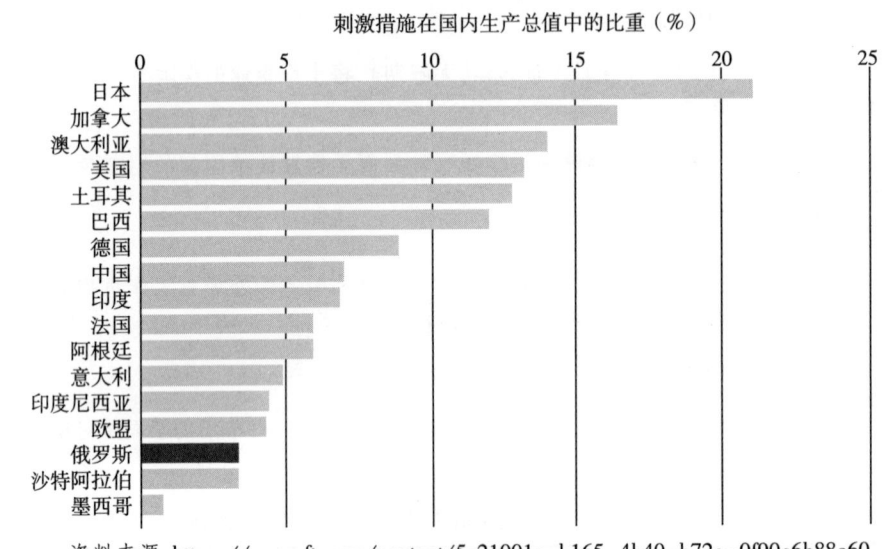

资料来源:https://www.ft.com/content/5a21001c-b165-4b40-b72e-0f90c6b88a60。

图24 2020年部分二十国集团国家应对疫情的一揽子财政刺激措施在国内生产总值中的比重

---

① "Russia Economic Report #44", http://pubdocs.worldbank.org/en/520231608062784328/Russia-Economic-Report-44-in-English.pdf.

② "Fiscal Monitor: Policies for the Recovery", https://www.imf.org/en/Publications/FM/Issues/2020/09/30/october-2020-fiscal-monitor.

对国家经济的大规模财政支持导致全球公共预算赤字在经济总量中的占比从2019年的3.8%迅速上升到2020年的11.8%,而全球公共债务总额在经济总量中的占比也从2019年的83.5%上升到2020年的97.6%,已经超过了2008—2009年的水平。表30反映了2018—2021年世界主要国家与国家集团上述两个财政指标的总体评估情况。

表30 2018—2021年世界主要国家与国家集团的预算赤字和债务总额指标

(单位:%)

国家与国家集团	预算赤字在经济总量中占比				债务总额在经济总量中占比			
	2018年	2019年	2020年	2021年	2018年	2019年	2020年	2021年
全球	-3.1	-3.8	-11.8	-8.5	82.3	83.5	97.6	99.5
发达国家	-2.7	-3.3	-13.3	-8.8	103.6	104.8	122.7	124.9
二十国集团	-3.7	-4.5	-13.0	-9.4	89.7	91.3	106.8	109.0
二十国集团中发达国家	-3.3	-4.0	-14.3	-9.6	111.2	112.7	132.1	134.7
美国	-5.8	-6.4	-17.5	-11.8	106.6	108.2	128.7	132.5
德国	1.8	1.5	-5.1	-3.4	61.8	59.6	70.0	69.9
法国	-2.3	-3.0	-10.6	-7.7	98.1	98.1	115.3	117.6
意大利	-2.2	-1.6	-10.9	-7.5	134.4	134.6	157.5	159.7
日本	-2.6	-3.4	-13.8	-8.6	232.6	234.6	258.7	258.7
英国	-2.3	-2.3	-14.5	-10.6	85.8	85.2	103.6	110.8
加拿大	0.3	0.5	-20.0	-7.8	88.8	86.8	115.7	116.4
澳大利亚	-1.2	-3.8	-10.4	-11.4	41.7	47.4	63.8	74.8
韩国	2.6	0.4	-3.1	-2.7	40.0	41.9	48.1	53.0
二十国集团中新兴市场国家	-4.3	-5.4	-10.9	-9.1	53.1	55.4	64.3	66.6

续表

国家与国家集团	预算赤字在经济总量中占比				债务总额在经济总量中占比			
	2018 年	2019 年	2020 年	2021 年	2018 年	2019 年	2020 年	2021 年
中国	-4.7	-6.3	-11.8	-11.0	53.7	56.5	65.2	69.4
印度	-6.3	-7.4	-11.5	-9.7	69.5	73.0	85.5	83.1
俄罗斯	2.9	1.9	-4.6	-2.3	13.6	13.8	21.0	20.7
巴西	-7.0	-5.9	-14.5	-5.9	85.6	87.7	95.6	92.1
南非	-4.1	-6.3	-14.2	-12.2	56.7	62.2	77.7	84.9
全球经济增速（%）	3.5	2.8	-3.5	5.5	—	—	—	—

资料来源："Fiscal Monitor Update. January 2021", https://www.imf.org/en/Publications/FM/Issues/2021/01/20/fiscal-monitor-update-january-2021。

在这种情况下，增税和限制开支是使公共财政情况恢复正常的有效方法。① 因此，过去那种建立在供给经济学假设基础上的新自由主义税收政策方法②很可能会被人们遗忘。与过去相比，全球生产体系的转型和公共卫生支出的增加也需要更积极地利用税收的财政功能。引入数字平台和中性税收优惠计划来加强对税收征管的监督，可以提高所有交易的税收透明度。同时，在经合组织的主持下开展包括 BEPS 计划在内的国际税收合作，以及在相关国家的税务部门之间进行多边信息交换等活动，在后疫情时代都将变得比从前更加活跃。

如图 25 所示，在疫情背景下，全球公共债务在经济总量中的比重在很短的时间内迅速上升，部分发达国家（集团）以所谓的"通货膨

---

① "IMF Fiscal Monitor – April 2020", https://www.imf.org/en/Publications/FM/Issues/2020/04/06/fiscal-monitor-april-2020.
② 指通过扩大税基，来增加税额的办法，从供给学派的拉弗曲线中可以得出这样的结论。

胀税"① 来消化债务。2022年2月末以来，激烈的地缘政治对抗、各国国内市场和世界市场价格高企、美国及其盟友对俄罗斯的"地狱制裁"等一系列事件使部分发达国家走上了这条路。

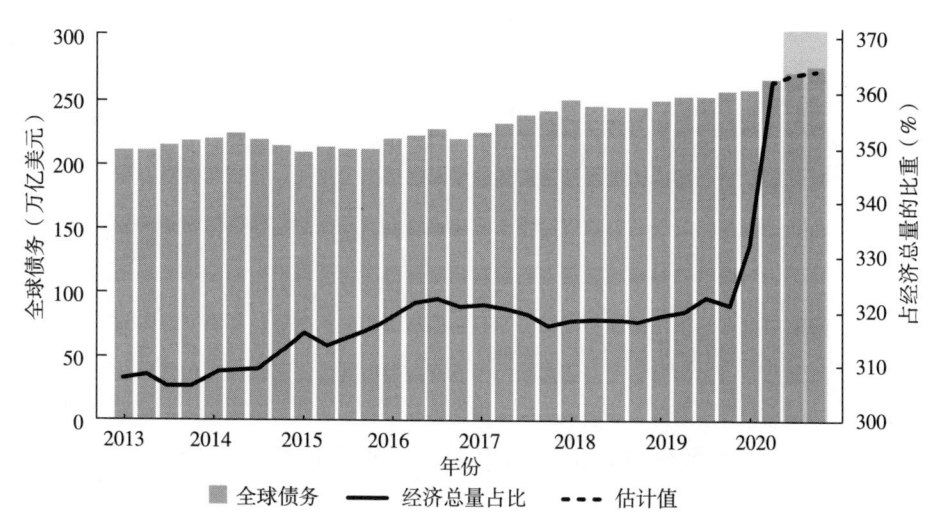

资料来源：https://www.ft.com/content/91efe8fa-857c-438a-a0f3-96dfb8e7daaa。

图25 2013—2020年全球债务总额增长动态

然而，在疫情期间及后疫情时代，公共财政面对的主要问题之一是如何在税收和非税收有限的情况下保障预算收入。税收政策的调整方向不仅要考虑疫情期间的困难，而且要考虑到税收收入的增长潜力。在这种情况下，首先应该使用的是个人所得税工具，向在疫情中获利的亿万富豪征税。其次，在疫情期间获得超额收入的高科技企业应该被纳入征税范围。在下文中，我们将考察这些机制是如何运行的。

---

① "通货膨胀税"是指通过"劣币"（铸币贬值）使一国与其他经济体的债务贬值，即通过通胀的方式汲取流通中的货币量。参见 A. I. Pogorletskiy and F. Söllner, "Pandemics and Tax Innovions: What Can We Learn from History?", *Journal of Tax Reform*, Vol. 6, No. 3, 2020, pp. 256-297。

四、后疫情时代税收政策的主要调整方向

据统计，在过去几年中，各国亿万富翁的总财富增加了19%。[①] 图26展示了1995—2020年全球富人总资产的增长动态，图27展示了2020年4月与7月全球工业、高技术行业及医疗产业中亿万富豪们的财富增长情况。显而易见，疫情期间，在世界上绝大多数人都饱受收入下降和失业之苦的大背景下，亿万富豪们的总资产却出现了显著的增长。

2020年，国际货币基金组织专家发表了一篇关于税收政策工具的使用对促进经济增长与保护各阶层群体机会平等影响的论文。文中指出，与目前采用的各种个人所得税率相比，更高的累进个人所得税率能够在减轻企业税负的同时，促进国家经济增长更具包容（公平）性。文中还指出，大多数新兴市场国家的税负水平较低，而俄罗斯目前的

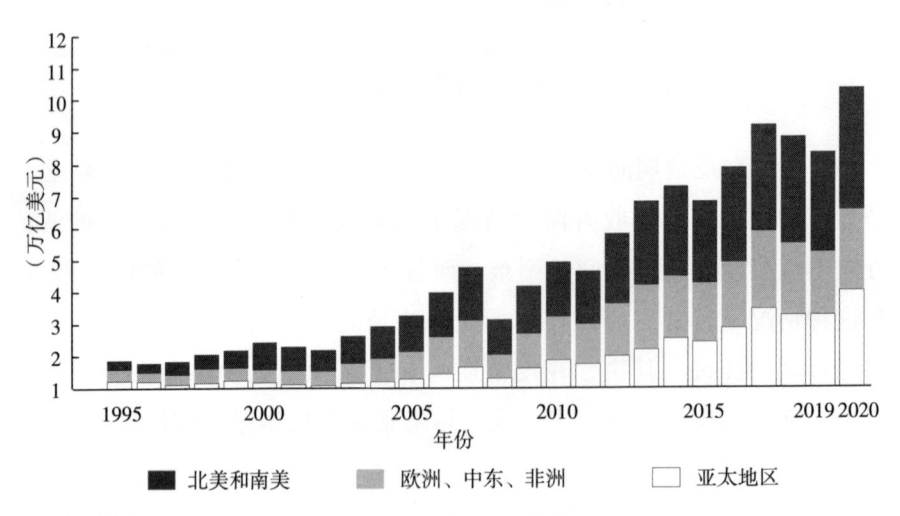

资料来源：https://www.kommersant.ru/doc/4520857。

图26 1995—2020年亿万富豪的财富增长动态

[①] Я. Рождественская, "Самые богатые россияне стали на 20% богаче", https://www.kommersant.ru/doc/4520857.

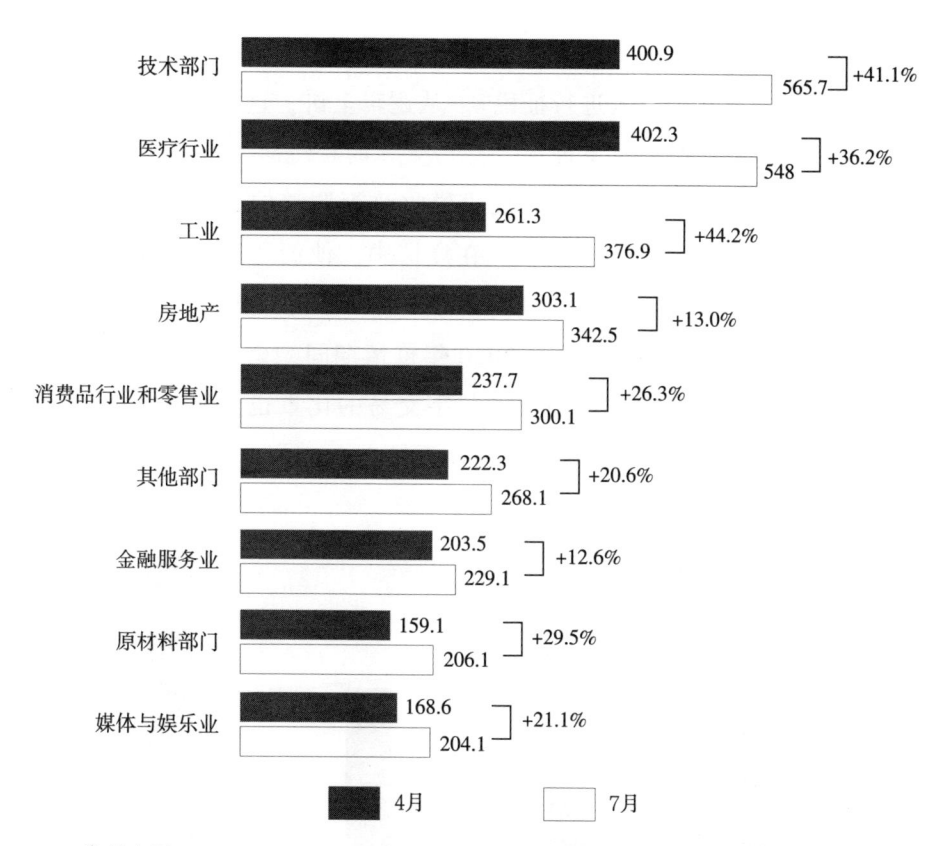

行业	4月	7月	增长
技术部门	400.9	565.7	+41.1%
医疗行业	402.3	548	+36.2%
工业	261.3	376.9	+44.2%
房地产	303.1	342.5	+13.0%
消费品行业和零售业	237.7	300.1	+26.3%
其他部门	222.3	268.1	+20.6%
金融服务业	203.5	229.1	+12.6%
原材料部门	159.1	206.1	+29.5%
媒体与娱乐业	168.6	204.1	+21.1%

资料来源：https://www.kommersant.ru/doc/4520857。

图27　2020年4月与7月各行业亿万富豪的财富增长情况

税负标准要明显高于新兴市场国家的平均水平，并已经接近了发达国家标准。在疫情背景下，提高高收入群体的个人所得税，会使社会财富的分配更加公平，有利于增加税收收入，并对经济增长产生积极影响。按照该论文观点，在疫情背景下，使用累进个人所得税可以进一步扩大对个人收入征税的规模。[①]

从当前的情况看，俄罗斯为应对疫情所进行的个人所得税改革与全球化的税收政策转型目标相契合。从2021年起，俄罗斯将年收入超

---

① K. Abdel-Kader, de R. Mooij, "Tax Policy and Inclusive Growth", https://www.imf.org/en/Publications/WP/Issues/2020/12/04/Tax-Policy-and-Inclusive-Growth-49902.

过500万卢布的个人所得税率提高到了15%①，同时开始对100万卢布以上的银行存款利息收入进行征税②。从逻辑上讲，这些措施符合现代对个人所得累进征税的改革理念。

在疫情时期及后疫情时代，现代税收政策调整的另一个方向是对因疫情而获利的企业家进行征税，在疫情中，他们通过数字化和远程商业运营获得了超额利润。从图28中可以看出，新冠肺炎疫情成为数字化的触发器，与疫情前相比，2020年疫情期间，全球数字产品与服务的份额明显增加，同时与消费者数字交易的比重也大幅提升，均超过了50%，而在2017年，这一比例尚不足30%。

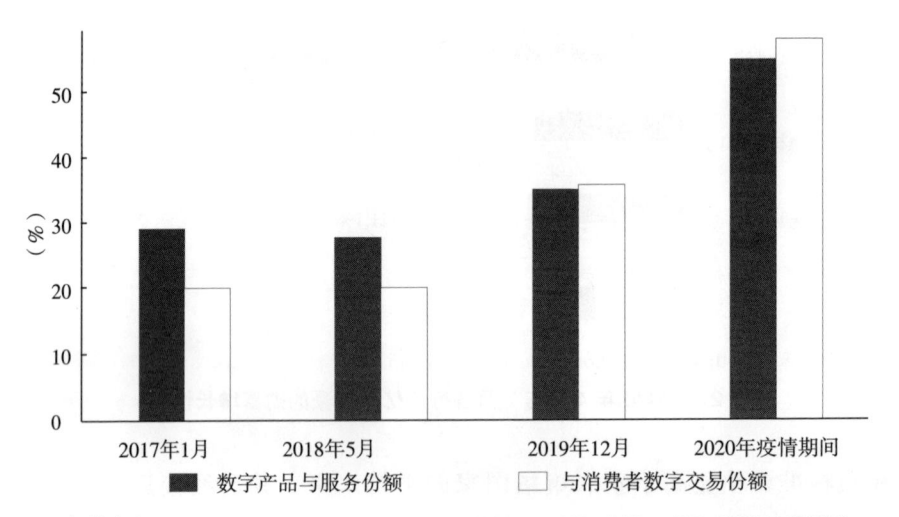

资料来源：https://www.ft.com/content/358f6454-e9fd-47f3-a4b7-5f844668817f。

图28　2017—2020年全球数字产品与服务份额、与消费者数字交易份额的增长

---

① "Федеральный закон от 23.11.2020. № 372-ФЗ 'О внесении изменений в часть вторую Налогового кодекса Российской Федерации в части налогообложения доходов физических лиц, превышающих 5 миллионов рублей за налоговый период'"，http://publication.pravo.gov.ru/Document/View/0001202011230015。

② "Федеральный закон от 01.04.2020. № 102-ФЗ 'О внесении изменений в части первую и вторую Налогового кодекса Российской Федерации и отдельные законодательные акты Российской Федерации'"，http://ivo.garant.ru/#/document/73828130/paragraph/1/doclist/:0。

当然，我们也可以效仿某些国家的方法，鼓励受益于疫情的个人和企业将其部分收入自愿转移到那些对社会发展至关重要的困难企业和非营利组织中去。① 然而，对疫情期间利用其技术优势（包括投机性技术）获取超额收入的企业开征高技术企业利润（所得）税，或许是更有效的方法。正是在这样的背景下，世界经济论坛创始人施瓦布（K. Schwab）在《达沃斯宣言》② 和《新冠病毒：大重置》③ 一书中阐述了跨国公司对社会税收责任的相关话题。书中指出，从本质上讲，我们正在谈论的是一种具有准税收形式的、更大的企业社会责任。

最后，还应该谈一谈近来的地缘政治环境和后疫情时期的税收政策问题。2022年3月，俄罗斯发起了反制裁经济政策，其中包括了多项旨在刺激俄罗斯经济发展的税收措施。④ 需要指出的是，俄罗斯政府在疫情暴发背景下使用的大多数税收工具都经受住了检验，因此，只要对其进行有效地调整（例如暂停税务稽查或实施税收优惠以支持高技术经济部门发展），便可以在新的动荡环境下发挥其功能。在这种情况下，税收需要更多地发挥其激励功能，而非其财政作用。

五、结论

综上所述，可以得出以下结论：

第一，新冠肺炎疫情给公共财政带来了很大的问题，适当的税收调节机制成为应对疫情的有效举措。总体上来说，在人类历史中，所有的税收调节机制都已悉数登场，而且它们在各个危机时期（包括疫

---

① С. Мануков, "Президент Южной Кореи призвал компании, выигравшие от пандемии, поделиться прибылью с проигравшими", https://expert.ru/2021/02/3/koreya/.

② K. Schwab, "Davos Manifesto 2020: The Universal Purpose of a Company in the Fourth Industrial Revolution", https://www.weforum.org/agenda/2019/12/davos-manifesto-2020-the-universal-purpose-of-a-company-in-the-fourth-industrial-revolution.

③ K. Schwab and T. Malleret, COVID-19: The Great Reset, Geneva: World Economic Forum, 2020.

④ "'Горячие' документы — Антикризисные меры – 2022", http://www.consultant.ru/law/hotdocs/t3933/.

情在内）都经受住了考验。无论是疫情当下，还是后疫情时期，税收政策的平衡在于恰当地使其发挥激励和财政功能。对于俄罗斯来说，尤其要重视有关企业社会责任在解决一系列问题方面的国家经验，以及为医疗保健发展采用强制性缴费的创新实践，这一创新从19世纪以来就已被人们所熟知。[①]

第二，在疫情当下及后疫情时期，全球税收制度变迁最有可能的两个发展方向：一是调整个人所得税，其中包括实行更高的累进税率；二是调整数字经济部门高技术企业的所得税，目的是对销售数字产品与服务的收入征税并形成统一规则。这两个方向也是俄罗斯当前税收政策改革的主要特点。

第三，在疫情期间，俄罗斯面对税收方面出现的挑战作出了迅速的回应，及时调整了个人所得税，引入累进税率，积极响应经合组织倡议，为数字领域全球性公司的所得税制定了新规则。

第四，时间将会向我们揭示，在新的地缘政治背景下，后疫情时代的国家与跨国税收管理实践将会如何发展。与此同时，只有包括俄罗斯在内的所有相关国家都采取协调一致的方法，才能化解疫情带来的全球性新型税收冲突。

第五，俄罗斯在新动荡时代不断变化的反制裁税收政策中，利用自身在2020—2021年应对疫情实践中行之有效的方法，将税收工具的功能定位在刺激经济发展上。

本文译者：田浩

法学博士、博士后，吉林外国语大学吉林国际战略研究院院长，副教授

[①] A. I. Pogorletskiy and F. Söllner, "Pandemics and Tax Innovations: What Can We Learn from History?", *Journal of tax reform*, Vol. 6, No. 3. 2020, pp. 285-287.

欧亚经济联盟应对新冠肺炎疫情的举措及其成效

王宪举[*]

【摘要】 2020年新冠肺炎疫情暴发以来,欧亚经济联盟采取一系列措施,协调成员国政策和举措,阻止疫情蔓延,发展经济和贸易,取得了一定成绩。疫情也暴露了该联盟存在的问题,主要是成员国没有明确的义务和责任,往往从自己的利益考虑,很多决议和文件得不到落实。如果不能努力克服这些问题,将影响联盟的发展与前景。

【关键词】 欧亚经济;联盟;新冠肺炎疫情;举措;成效

自新冠肺炎疫情暴发以来,欧亚经济联盟积极采取一系列举措抗击疫情,取得了明显效果,但是也存在一些问题。与此同时,疫情对欧亚经济联盟的经济发展和一体化进程产生严重影响,这是比疫情更为复杂和艰巨的挑战,关系到联盟的前途。

---

[*] 王宪举,国务院发展研究中心欧亚社会发展研究所研究员,中国人民大学-圣彼得堡国立大学俄罗斯研究中心副主任,中国人民大学国家发展与战略研究院特聘研究员;研究方向是俄罗斯、独联体、欧亚经济联盟、上海合作组织等;邮箱:chywxj@sina.com。

一、2020年欧亚经济联盟抗疫措施

2020年3月2日俄罗斯应急指挥部证实，当天俄罗斯确诊一名从意大利回到俄的新冠肺炎患者，状况稳定、症状较轻。① 这是第一例俄罗斯公民新冠肺炎确诊者。到2020年3月21日，俄新冠肺炎患者累计306人。

2020年3月13日，哈萨克斯坦卫生部部长宣布，两名哈萨克斯坦公民新冠病毒检测呈阳性。这是中亚地区首次出现新冠肺炎确诊病例。这两名患者是从德国回国，确诊后被送进阿拉木图一家医院接受治疗。至2020年3月27日，新冠肺炎确诊人数增加到113人。②

自此以后，新冠肺炎疫情在欧亚经济联盟5个成员国（俄罗斯、白俄罗斯、哈萨克斯坦、吉尔吉斯斯坦和亚美尼亚）迅速蔓延，其中俄罗斯确诊人数增加最快。截至2020年4月1日，5个欧亚经济联盟成员国共有3991例新冠肺炎确诊病例。

为抗击疫情，联盟各成员国分别采取了一系列措施。俄罗斯所有地区进入高度戒备状态，取消公共场所所有大型群众活动，中小学和大学转为远程授课。哈萨克斯坦、亚美尼亚进入全国紧急状态，哈政府宣布暂停所有公共活动，关闭学校和大学。自2020年3月28日开始，在努尔苏丹、阿拉木图和奇姆肯特市，居民除工作、购买食物和药品外需尽可能待在家中。关闭公园、步行街、游乐园和花园，逐步限制社会车辆通行，限制公共场所3人以上聚集。吉尔吉斯斯坦政府于3月12日也宣布，暂停所有大型的人员集聚活动，但不关闭学校和娱乐场所。联盟内部对疫情较为严重的成员国实施了旅行禁令。

在各成员国分别采取措施的同时，欧亚经济联盟执行机构——欧

---

① 《俄罗斯境内首次有本国公民确诊新冠肺炎，系从意大利返回》，https://m.huanqiu.com/article/9CaKrnKpKrl。

② 《哈萨克斯坦确认首例新冠肺炎病例》，http://world.people.com.cn/n1/2020/0313/c1002-31631444.html。

亚经济委员会很快就采取了共同举措。2020年3月16日，欧亚经济委员会理事会通过第21号决议，规定自即日起至9月30日，对进口到欧亚经济联盟成员国境内的、用于预防新冠病毒传播的商品实施零关税，主要涉及呼吸机、口罩、护目镜、注射器、注射针头、采血和输血设备、运输担架、疫苗、听诊器、绷带、纱布、药棉、消毒剂和医用手套等医疗物资。理事会要求执委会成立工作组，采取有效措施，实现信息共享，保证疫情形势下欧亚经济联盟内部宏观经济稳定，以及商品、服务、资本和劳动力自由流动。

2020年3月24日，欧亚经济委员会执委会决定，临时禁止出口各类个人防护物资，包括棉签、纱布、绷带、医用口罩、口罩半成品、N95口罩、呼吸机……4月14日，欧亚经济联盟最高权力机构——欧亚经济最高理事会召开视频会议，讨论各成员国共同采取行动，以阻止新冠肺炎疫情蔓延和维护社会经济稳定的问题。俄罗斯总统普京、白俄罗斯总统卢卡申科、哈萨克斯坦总统托卡耶夫、吉尔吉斯斯坦总统热恩别科夫、亚美尼亚总理帕希尼扬出席会议。会议讨论并通过了联合声明。声明表示，欧亚经济联盟决心共同努力应对新冠肺炎疫情这一威胁，以消除其消极后果，坚持各成员国的一体化合作和经济发展，确保各成员国社会及宏观经济稳定，维持商业及投资活动。声明认为，抗击新冠肺炎疫情的斗争不应导致现有合作关系的断绝、国际贸易的中断或投资活动的中止。各成员国采取的行动和系统性措施旨在减轻新冠肺炎疫情对各自经济的影响，并确保共同经济空间的运作。为应对新冠肺炎疫情蔓延，各成员国的目标是继续相互提供必要的援助，加强卫生系统在预防、诊断和治疗感染手段方面的联合研究。联盟各成员国政府、中央银行和欧亚经济委员会应采取协调措施，防止新冠病毒蔓延，加强彼此之间的经济合作，维护包括粮食市场在内的国内市场的稳定，并支持各成员国公民和企业克服新冠肺炎疫情的消极后果。

此会之后，欧亚经济委员会迅速出台了两套抗疫计划，一是实施

"居民健康和卫生防疫一揽子计划",包括交换疫情信息、举行疫情应急防控演练、联合研发疫苗和诊断测试系统;二是稳定经济措施,包括开通"绿色通道"、实施"疫情条件下恢复国际铁路运输方案"、扩大医疗物资出口、暂时禁止出口主要粮食。根据欧亚经济委员会决定,从2020年4月初至6月底,欧亚经济联盟临时禁止14种蔬菜和粮食类产品出口到联盟以外国家,包括:葱头、蒜、萝卜、黑麦、大米、小米、荞麦、荞麦米、荞麦制成品、粮食碎粒、全麦面粉、谷物颗粒、大豆和大豆碎、葵花籽。

2020年10月9日,欧亚政府间理事会会议再次讨论欧亚经济联盟国家疫情形势,与会各国政府总理听取联盟国家卫生防疫部门负责人委员会主席波波娃、欧亚经济委员会技术协调委员纳扎连科关于"居民健康和卫生防疫一揽子计划"实施情况的汇报,并就继续实施该计划作出部署。

由于欧亚经济联盟领导机构及其成员国的共同努力,俄罗斯等5国2020年抗击新冠肺炎疫情的工作取得不小成绩,避免了人员的更大死亡和经济的更大损失。

二、2021年欧亚经济联盟抗疫措施

2021年欧亚经济联盟成员国的新冠肺炎疫情仍然严重,联盟的应对工作仍然复杂而艰巨。随着疫情变化,联盟改变工作重点,主要做了以下几件事情。

(一)研制和接种新冠疫苗

研制和接种新冠疫苗是阻断新冠肺炎疫情传播和流行的有效手段。俄罗斯有7家科研中心抓紧研制新冠疫苗。

2020年8月11日,俄罗斯宣布成功研制出新冠疫苗"卫星-V"和"合成肽疫苗",每剂售价不超过10美元(约合人民币65元)。采用两剂次接种程序,分别以两种人类腺病毒为载体,接种时间需要间

隔3周。医护人员、教师和慢性病患者优先接种疫苗。2021年1月18日起对自愿接种人群进行大规模疫苗接种。截至2021年3月5日,俄罗斯有500万人接种了第一针新冠疫苗,其中有250万人已完成两针接种。[1]

在满足国内需要的同时,俄罗斯开始向欧亚经济联盟伙伴国提供疫苗,白俄罗斯是首个接受俄罗斯新冠疫苗的国家。俄向吉尔吉斯斯坦提供了50万剂疫苗作为人道主义援助,吉政府又从俄订购了50万剂。2021年4月底,第一批俄罗斯"卫星-V"疫苗运抵吉尔吉斯斯坦,5月10日又收到第二批两万剂疫苗。截至5月11日,该国有45670人接种新冠疫苗,其中7062人已接种两剂。而在哈萨克斯坦,至5月15日已有180多万人接种新冠疫苗。

2021年7月17日,欧亚经济联盟5国总理在明斯克举行欧亚政府间理事会会议,通过了在居民保健与卫生防疫领域的综合措施计划,协作应对新冠肺炎疫情在联盟各国的传播。会议决定在联盟内交换新冠肺炎疫情信息、共同对疫情进行实验研究,获取质量可靠、安全有效的新冠疫苗、诊断方法和治疗技术。9月2日,欧亚经济委员会发言人马尔金娜表示,欧亚经济联盟正在基础设施层面为成员国新冠疫苗接种证书互认做准备。成员国公民可在欧亚开发银行开发的"TRAVEL WITHOUT COVID-19"(无新冠病毒的旅行)应用软件中上传疫苗接种信息。欧亚经济联盟之外的阿塞拜疆、土库曼斯坦、摩尔多瓦和乌兹别克斯坦等国公民也可使用该软件。

由于比较及时、普遍接种疫苗,2021年欧亚经济联盟成员国的疫情得到一定控制。

---

[1] 孙壮志、李中海、张昊琦主编:《俄罗斯黄皮书:俄罗斯发展报告(2021)》,北京:社会科学文献出版社,2021年版,第231—232页。

（二）加快联盟一体化进程

1. 通过经济一体化发展战略

2020年12月11日，欧亚经济最高理事会视频会议审议通过了《2025年前欧亚经济一体化发展战略方向》（以下简称《发展战略方向》），要求尽快建立统一市场，消除各类壁垒和限制，共同开展创新和投资活动，联合生产有竞争力的产品，以新技术为驱动促进联盟经济加快发展。《发展战略方向》包含330项发展合作的措施和机制，涉及经济、教育、科学、旅游、体育和医疗保健等领域。实施过程中需签署13个国际条约、60个联盟基础法律文件、对现有的联盟国际条约和成员国法律法规进行25次修订。这个纲领性的战略旨在达到以下11个目标：

（1）形成货物、服务、资本、劳动力共同市场；

（2）提高共同市场的管理效率；

（3）实现海关行政管理质的提高；

（4）保障商品的质量和安全；

（5）形成欧亚经济联盟的数字空间；

（6）建立促进经济发展的各种机制；

（7）搞好协作项目管理，发展高效率的部门；

（8）促进科学技术生产；

（9）提高联盟各个机构的效率；

（10）开展教育、卫生、旅游、体育合作；

（11）把欧亚经济联盟建成当代世界最重要的力量中心之一。

其中第11个目标是最主要、最核心的目标。

2021年4月5日，欧亚经济委员会理事会审议通过了《发展战略方向》的实施计划，包括具体落实措施、实施期限、实施目标、负责机构等内容，其中大部分措施拟定在2021—2023年间完成。如：自2021年起，对联盟成员国及全球"绿色经济"发展经验进行研究分析，提出医疗卫生领域的共同倡议和合作项目，建立统一的教育信息门户网站。

2. 扩大本币结算规模

2021年3月19日，欧亚经济委员会金融市场咨询委员会讨论了建立欧亚经济联盟共同金融市场的实施步骤，决定建立监管和发展统一超国家金融市场的超国家机构。计划在2025年前协调金融立法、开放金融市场、建立共同的交换和支付空间。如果抛开石油等基于美元的能源贸易，联盟国家之间70%以上的贸易已经转为本币结算。①

3. 加快统一市场建设步伐

欧亚经济联盟决定于2021年内完成制订《关于建立统一石油和成品油市场的协定》和《关于石油和成品油运输服务统一法规的协定》。自2025年1月起，联盟统一电力市场将启动运营。2021年3月30日，欧亚经济委员会理事会通过决议，成立欧亚经济联盟成员国间农产品应急供应工作组，以应对成员国食品市场出现不可抗力的情况。当成员国国内市场因不可抗力或其他经贸、检疫、卫生防疫因素影响出现农产品短缺时，工作组将召开会议，研究向该国增加供应农产品。

由于新冠肺炎疫情背景下联盟统一劳动力市场条件发生快速变化，有必要建立促进联盟成员国公民就业的灵活机制，制订对劳务移民统一管理的办法。为此，2021年12月24日，欧亚经济委员会执委会制定了确保疫情期间联盟内部劳动力自由流动的方案。根据该方案，联盟国家应允许已与雇主签订雇佣协议、并得到就业国主管部门批准的联盟其他成员国公民入境就业。同时，要遵守离境国和就业国的防疫要求。②

---

① 《欧亚经济联盟一体化进程再提速》，https://m.gmw.cn/2021-04/16/content_1302234767.htm。
② 《欧亚经济联盟制定疫情期间劳动力自由流动统一方案》，https://www.investgo.cn/article/gb/yshj/202112/572373.html。

（三）协调经济发展

欧亚经济联盟在协调成员国抗击疫情和发展经济方面做了大量工作。2021年，联盟通过了300多个决议，举行了37次各层级会议，消除了必须消除的15项壁垒中的9项。在欧亚经济委员会的协调和助推下，联盟成员国克服了疫情造成的不少困难，经济逆势增长。据欧亚经济委员会统计局材料，2021年欧亚经济联盟经济总量为2.1万亿美元，比2020年增长4.6%。其中俄罗斯1.6476万亿美元，增长4.7%；哈萨克斯坦1940亿美元，增长4%；白俄罗斯658亿美元，增长2.3%；亚美尼亚136亿美元，增长5.7%；吉尔吉斯斯坦82亿美元，增长3.6%。[1]

2021年，欧亚经济联盟国家对外贸易额8441.8亿美元，同比增长35.1%。其中出口5256.5亿美元，增长44.1%；进口3185.3亿美元，增长22.6%，实现贸易顺差2071.2亿美元。俄罗斯进出口贸易额7191.7亿美元，同比增长38.5%，在欧亚经济联盟进出口贸易总额中占比85.2%。[2]

三、欧亚经济联盟在抗疫和发展经济方面存在的问题和发展前景

（一）主要问题

第一，联盟未实现合作生产疫苗。

欧亚经济委员会曾决定共同研发和生产疫苗，但是这个任务没有完成。俄罗斯和哈萨克斯坦共建的大型制药厂，原计划年生产几百万剂俄罗斯研发的"卫星-V"疫苗，但迟迟连10万剂的产量都没有达

---

[1] "ЕАЭС нарастил ВВП до 2 трлн долл в 2021 г.", https://primepress.by/news/ekonomika/eaes_narastil_vvp_do_2_trln_doll_v_2021_g-42712/.

[2] 《2021年欧亚经济联盟国家对外贸易额同比增长35.1%》，https://www.ndrc.gov.cn/fggz/lywzjw/jwtz/202202/t20220228_1317786.html。

到。联盟成员国的疫苗主要依赖俄罗斯、中国等国家的援助和进口。

第二，联盟未能消除相互贸易的障碍。欧盟经济委员会确定了运输路线，以保障货车驾驶员的安全，防止疫情感染，但是经济委员会对经济、贸易的协调不够，各国对货车入境的程序没有统一，所以未能建立联盟框架内的"绿色通道"。

第三，联盟通过的文件多，但是执行和落实不力。有些文件已经失效，新文件却没有制订。由于没有规定明确的义务和责任，欧亚经济委员会无权强制成员国执行文件。各国从自己利益出发，在执行文件时打各种折扣，致使很多文件停留在纸面上。《发展战略方向》及其实施计划，实际上成为意向性声明。①

第四，联盟一体化水平还比较低。以劳务市场为例，中亚国家和白俄罗斯的中青年都去俄罗斯打工，但由于缺乏科学和教育一体化，难以建立完全的共同劳务市场。

第五，联盟内部跨境投资受影响。从2020年第二季度开始，在投资继续从联盟外国家流入的同时，欧亚经济联盟内部累计外国投资总额（2.13亿美元）有所下降，在累计外国投资总量中的占比仅达2.37%（在英国"脱欧"前的欧盟，这一指标超过了65%）。疫情下，几乎所有联盟范围内的重大投资项目都被推迟或暂停。国家间的融资也几乎陷入停滞。除俄罗斯在2020年9月向白俄罗斯提供15亿美元的紧急贷款外，这一领域几乎没有明显的活动。欧亚开发银行在2020年的投资仅增加9300万美元（2019年为8.76亿美元）。

随着西方国家对俄金融和贸易制裁加剧，哈萨克斯坦等成员国担心因支持俄罗斯而被附带制裁，并担心今后一个时期俄罗斯经济衰退对本国带来不利影响。哈萨克斯坦一些学者甚至把欧亚经济联盟比作冷战时期的经济互助委员会，对联盟发展前景表示怀疑，主张哈退出

---

① 《欧亚经济联盟通过"2025年前经济一体化发展战略方向"实施计划》，http://intl.ce.cn/specials/zxgjzh/202104/13/t20210413_36468644.shtml。

该联盟。① 但是总体来看，包括哈萨克斯坦在内的联盟各国内，主张留在联盟内的意见仍占主导地位。

2021 年 4 月，欧亚经济联盟各成员国领导人发表联合声明，主张在疫情期间坚持商品自由流通原则，确保食品、医疗设备、药品和防护用品等商品的自由流通。联盟各国通过相互提供医疗援助、交流疫情防控经验等合作，共促域内疫情形势稳定。

2021 年 7 月，欧亚政府间理事会会议批准"防止新冠病毒在欧亚经济联盟内传播的医疗保健和卫生防疫综合措施计划"，并要求通过落实该计划全面加强卫生合作，共同做好疫情防控工作。各成员国抗击疫情的密切合作也有助于增进联盟内部的互信。

（二）2022 年抗疫措施及发展方向

2022 年欧亚经济联盟成员国的新冠肺炎疫情依然严峻。欧亚经济联盟针对疫情发展情况作出新的协调，采取了新的举措。2021 年 12 月 27 日，为纪念独联体成立 30 周年，包括欧亚经济联盟国家在内的独联体国家领导人在圣彼得堡举行非正式会议。普京在会议上强调，目前独联体国家需要更深入讨论的主要议题之一是共同抗击疫情。会议呼吁独联体国家建立统一的区域预防和治疗体系，开展科学研究和信息交流，共同应对疫情威胁。② 针对新冠疫情防控的新形势和公共卫生领域合作，各国元首进行了讨论，一致认为要加强独联体框架内的公共卫生与防疫合作，加强各国间的经验、物资、技术交流，预防和控制疫情在独联体国家间跨境传播。③

2020 年 2 月 24 日至 25 日，联盟总理理事会在哈萨克斯坦努尔苏

---

① 《"没有选择"，哈萨克斯坦会被拖入"黑洞"吗?》，https://new.qq.com/rain/a/20220420A05XQJ00。
② 《普京:独联体国家需要更深入讨论共同抗击疫情》，https://www.chinanews.com.cn/gj/2021/12-29/9639845.shtml。
③ 《独联体成员国领导人非正式会议在圣彼得堡举行》，https://sputniknews.cn/20221007/1044536649.html。

丹举行会议，讨论在新的疫情下加强成员国协作的举措，首先是加快疫苗接种的工作，其次是减少对经济的负面影响。哈萨克斯坦总理斯迈洛夫代表理事会就联盟经济形势作了报告。他预测，2022年联盟经济将增长3.1%，低于2021年的增速。哈萨克斯坦总统托卡耶夫在讲话中建议，鉴于新冠肺炎疫情继续蔓延、俄乌冲突爆发和西方对俄制裁，欧亚经济联盟应建立主要由成员国中央银行参加的政府间评价和应对危机工作小组。会议讨论了乌克兰局势、西方对俄罗斯和白俄罗斯制裁情况，并通过了协作抗击新冠肺炎疫情和发展经济的11个文件。普京总统强调，在欧亚经济联盟范围内，应继续取消同新冠肺炎疫情斗争需要的商品关税。

欧亚经济委员会执委会主席米亚斯尼科维奇在欧亚经济联盟最高理事会会议上提出，在共同抗击新冠肺炎疫情的同时，联盟2022年经济发展的3个主要方向是：大力增加基础设施投资，发展数字经济，加强生产协作。但是，2月24日开始的俄乌冲突在很大程度上影响了欧亚经济联盟的疫情防控工作。联盟不得不把工作重点转向反西方制裁和发展经贸合作上。俄罗斯外交部第一独联体国家司司长叶夫多季莫夫承认，"西方对俄罗斯施加的规模空前的非法制裁影响了欧亚经济联盟国家，联盟不得不在制裁背景下开展工作。为了反对制裁，必须在独联体、集体安全组织和上海合作组织现有安全机制下，适应制裁情况并协调工作。应非常重视更广泛地使用本币结算，避免使用美元。"①

俄罗斯经济发展部全俄外贸研究院国际经济和财政研究所中心主任波日科夫称，俄罗斯可以通过欧亚经济联盟降低西方制裁造成的损失。一是大力发展联盟成员国间相互贸易，2021年成员国相互贸易额为726亿美元，发展的潜力很大；二是加强工业协作，主要是生产进口产品的替代品；三是开辟商品进口的替代路线，发展"北—南"国

---

① "В МИД рассказали о стремлении ЕАЭС отказания от расчетов в долларах"，https://ria.ru/20220414/eaes-1783440731.html.

际运输走廊；四是促进金融基础设施建设，逐步形成共同金融市场，简化相互贸易结算。与中国、印度、埃及等不受西方制裁的国家扩大相互贸易的本币结算，为此需要加快联盟内部一体化。①

四、前景展望

俄乌冲突不仅改变了欧洲安全和经济合作秩序，而且给欧亚经济联盟的发展蒙上了一层阴影。联盟成员国担心，作为经济一体化发展的火车头，俄罗斯经济发展的前景复杂。俄经济发展部初步估计，俄经济在2022年将下降8.8%。2022年俄通货膨胀率将达到20.7%，2023年则超过6%。② 受到西方制裁的白俄罗斯经济也不乐观，2021年经济勉强增长2.3%，2022年经济下跌在所难免。世界银行《全球经济展望》报告指出，俄乌冲突、对俄制裁措施以及新冠肺炎疫情等不利因素相互交织，对全球经济造成负面影响，位于欧洲与中亚地区的新兴市场国家和发展中国家受到的冲击最严重。中亚经济2022年或将萎缩4.1%。世界银行对哈萨克斯坦和乌兹别克斯坦的经济增长预期分别从年初的3.7%和6%下调至1.8%和3.6%。哈2022年的通胀率将达到10.5%，2023年也将维持在7.2%的高位。③ 随着疫情形势逐步好转，中亚各国陆续放松了隔离限制措施，地区经济呈现出复苏迹象。然而，突然恶化的地缘政治局势让刚刚回暖的经济再次遭到重创。可以预见，中亚各国经济复苏之路将面临更多不确定因素和风险。④

对于欧亚经济联盟更长远的发展前景，联盟成员国内部存在不同的评价和预测。其中俄罗斯独立的非商业组织"战略评估和预测中心"

---

① ЕАЭС как источник стабилизации в условиях внешнего давления", https://expert.ru/2022/03/21/yeaes-kak-istochnik-stabilizatsii-v-usloviyakh-vneshnego-davleniya/.

② 《俄联邦审计署署长：初步估计俄罗斯经济在2022年将下降8.8%》，https://m.21jingji.com/timestream/html/%7ByehLOg99zhA=%7D.

③ 《世界银行：中亚经济复苏面临的不确定因素增多》，http://world.people.com.cn/n1/2022/0413/c1002-32398173.html.

④ 同③。

认为，该联盟存在四种发展的可能性：一是发展不稳定直至解体；二是保持现状；三是因竞争不过欧盟而被搞垮；四是建立自己的力量中心。[①] 该组织竭力主张争取第四种前景，即《发展战略方向》确定的"把欧亚经济联盟建成当代世界最重要的力量中心之一"。为此不仅需要落实《发展战略方向》规定的目标及其实施计划，而且需要修改《欧亚经济联盟条约》，扩大跨国家机构的权限，逐步统一成员国的法律，统一成员国的经济、外交和安全等多边行动，建立欧亚议会等更多超国家机构。但是这样做的难度很大，恐难得到哈萨克斯坦等国的赞同和支持。由于俄乌冲突造成的困难，未来几年欧亚一体化的发展很难有真正的突破。比较现实和稳妥的办法是积极落实业已批准的33个项目和机制，提高联盟各国投资和创新积极性，形成促进经济增长和就业的灵活机制，从而保障成员国经济向前发展。

在对外方面，欧亚经济联盟有意与摩尔多瓦、乌兹别克斯坦和古巴这3个观察员国积极发展合作。联盟与越南、新加坡和塞尔维亚签署的自贸协定、与伊朗签署的临时自贸区协定以及与中国签署的经贸合作协定均已生效，发挥与这些国家的合作潜力将是联盟的方向之一。此外，联盟正在与以色列、埃及、印度等国进行自贸协定谈判，其中与印度、埃及达成协议的可能性较大。

总之，在新冠肺炎疫情尚未消除、俄乌冲突仍在继续的背景下，无论是在联盟内部，还是对外关系，欧亚经济联盟都面临严峻的挑战，其发展前景存在较大的不确定性。

---

① "Сценарии развития ЕАЭС к 20230 году", https://www.csef.ru/politica-i-geopolitica/326/sczenariirazritiya-eaes-k-2030-9odu-9366.

后　记

2021年是《中俄睦邻友好合作条约》签署20周年，这是中俄关系发展史上的重要里程碑，开启了两国人民世代友好的新篇章。这一年，百年未有之大变局与新冠肺炎疫情交织叠加，世界经济和政治格局进入加速演变和深度调整的时期。作为当代大国合作的典范，中俄关系经受住了各类风险挑战的考验，在习近平主席和普京总统亲自引领下，"中俄新时代全面战略协作伙伴关系"呈现出更加强大的生命力与韧性。

中国与俄罗斯同为亚欧大陆举足轻重的大国，互为新时代全面战略协作伙伴，积极推动欧亚经济联盟与"一带一路"倡议深度对接，携手构建人类命运共同体，共享发展机遇、共担风险挑战，对地区稳定与发展产生非常重要的影响，也为应对百年变局贡献"中俄方案"。

因此，深入系统研究俄罗斯经济发展和全方位深化新时代中俄关系，对于促进中俄两国和两国人民的福祉、推动世界和平稳定、维护多边主义和维系全球战略平衡，具有极其重要的意义。

作为中俄两国政府间合作项目，中国人民大学-圣彼得堡国立大学俄罗斯研究中心（以下简称"俄罗斯研究中心"）自2015年9月设立以来，扎实工作、精诚努力，受到中俄学界和社会各界的关注，于2017年7月被中国教育部批准备案为"教育部国别和区域研究中心"，并获得 2020 年度中国人民大学高端智库建设"先进集体"奖。此外，俄罗斯研究中心充分发挥人文社会科学优势，在人文交流、教育平台搭建、智库合作等领域取得一系列研究成果。其中，《俄罗斯经济发展研究》年度报告作为俄罗斯研究中心的标志性成果，吸引了越来越多中国和俄罗斯专家学者的参与。

《俄罗斯经济发展研究》年度报告具有一定的学术独创性和参考价值，是国内第一部由中俄两国学者联合撰写的聚焦俄罗斯经济发展和中俄经贸关系的学术研究和政策分析报告。自 2016 年出版以来，本报告已成为中国和俄罗斯具有一定影响力的中俄联合研究报告之一，并于 2019 年荣获中国人民大学"国家高端智库"建设优秀成果之"深度影响力报告"奖。

2020 年对于俄罗斯而言异常艰难，在新冠肺炎疫情全球蔓延和国际市场石油价格下跌的双重打击下，俄罗斯经历了自 2009 年以来最为剧烈的经济收缩，但及时的反危机措施有效保持了经济基本面稳定。2021 年俄罗斯政府继续执行积极的财政和货币政策并取得了良好的效果，实现了较快复苏，全年经济增长 4.7%，已经恢复到 2019 年新冠肺炎疫情暴发前的水平。

在《俄罗斯经济发展研究（2021—2022）》即将截稿的 2022 年 2 月下旬，俄乌冲突爆发。作为冷战后最严重的地缘政治危机，俄乌冲突已进入第五个月，前景尚不明朗。然而，可以确定的是，俄乌冲突爆发以来美西方国家对俄罗斯开启的前所未有的"史诗级"制裁，不仅重创俄罗斯经济，延缓世界经济复苏，而且使处于变革中的全球经济治理体系面临更严峻的挑战。

从民族国家层面看，2008 年金融危机后，随着发达国家和发展中国家经济实力对比的变化，包括中国和俄罗斯在内的金砖国家等新兴市场国家在全球经济治理体系中的地位和重要性凸显。但美国作为西方发达国家的领头羊却不能正视中国和俄罗斯的发展与崛起，尤其是从特朗普政府到拜登政府，动辄就是贸易对抗和经济制裁。2022 年 2

月新一轮俄乌冲突爆发后,美国带领西方发达国家迅速对俄罗斯实施了前所未有的经济制裁,这是冷战后美西方国家第一次对一个政治、军事和经济大国实施全面经济制裁。据统计,2014年3月克里米亚入俄以来,美西方对俄实施了8163项制裁,使其成为承受制裁最多的国家。其中,2022年2月22日至4月1日对俄施加的制裁措施高达5409项(约相当于过去40年对伊朗制裁的1.5倍),包括金融、科技、贸易、直接投资和人员往来等,随后俄罗斯也实施了强硬的反制裁。随着冲突的持续,美西方与俄罗斯之间的制裁和反制裁将不断升级。

纵观战后美西方国家对伊朗、朝鲜、叙利亚、古巴和俄罗斯的制裁,民族国家是制裁的主体力量,即由政府出面实施制裁措施,但这次对俄罗斯实施全面经济制裁的主体呈现多元化。在美西方国家政府的压力下,跨国公司作为全球经济治理的微观主体不得不"选边站",许多大型跨国公司开始撤离俄罗斯市场。其中包括:奥迪、宝马、丰田和福特关闭在俄工厂;波音暂停向俄出售波音飞机的零配件,同时停止提供对波音飞机的维护保养和技术服务;美国超威半导体公司、英特尔、台积电、格芯对俄断供芯片;苹果电脑暂停在俄所有产品销售;英国石油公司出售俄罗斯石油公司近20%的股份,壳牌和埃克森美孚退出在俄的合资企业;挪威国家石油、西班牙雷普索尔公司、意大利石油总公司也退出相关合作;道达尔能源不再投资新项目;麦当劳、肯德基、必胜客、星巴克、可口可乐、宜家等纷纷退出俄市场……

总之,俄乌冲突爆发以来,美西方国家政府和企业共同对俄罗斯实施了有史以来最严厉的制裁,几乎囊括一切可能的领域。用美国总统拜登的话来讲,按照目前西方国家对俄罗斯的制裁力度,"只需要一年就可以把它前15年的经济增长彻底抹掉"。可见,美西方国家对俄罗斯进行全面经济制裁的目的是使俄罗斯经济金融彻底与美欧发达经济体、与世界经济"脱钩",使俄罗斯成为世界经济的孤岛,从而快速摧毁俄罗斯经济。若这一目标实现,俄罗斯作为新兴市场国家一支极

后　记

其重要力量的影响力将被严重削弱。从全球经济治理主体的角度看，新兴市场国家代表性和话语权的提升将遭遇更严峻的新挑战。从这个意义上看，中俄新时代全面战略协作伙伴关系的重要战略意义更加凸显。

《俄罗斯经济发展研究（2021—2022）》聚焦的问题主要包括：2021年俄罗斯宏观经济政策主线与经济复苏，西方经济制裁背景下俄罗斯的进口替代，俄罗斯对外贸易，俄罗斯公共卫生支出改革，俄罗斯自然人房产税改革，俄乌冲突后重新审视俄罗斯农业的战略机遇与挑战，能源转型背景下中俄低碳能源合作的现状与趋势，新冠肺炎疫情对俄罗斯劳动力市场和人力资本、俄罗斯医疗卫生系统和俄罗斯政府税收等的影响，以及欧亚经济联盟应对新冠肺炎疫情的举措及其成效等。

本报告由俄罗斯圣彼得堡国立大学经济系世界经济教研室主任谢尔盖·苏德林教授和中国人民大学-圣彼得堡国立大学俄罗斯研究中心主任关雪凌教授共同担任编委会主编；本报告所汇集的文章，主要由俄罗斯研究中心的中俄两国专家学者提供。当然，文章内容仅代表作者本人观点，如有不妥，敬请读者批评指正。

本报告受到中国人民大学2020年度"中央高校建设世界一流大学（学科）和特色发展引导专项资金"和中国人民大学"教师国际培训学院（系）特色项目"的支持。吕萍、田浩、李东生和李琰四位专家承担了将俄文稿件译成中文的繁重工作，俄罗斯研究中心特约研究员张长乐先生对全部俄文稿件进行了精心校对。

在此，对多年来参与《俄罗斯经济发展研究》报告的作者、译者和支持并关注俄罗斯研究中心发展的所有领导和同行特别致谢。

关雪凌
2022年7月